Leo Brawand
Rudolf Augstein

W0171491

Leo Brawand

Rudolf Augstein

.

ECON

Die Deutsche Bibliothek – CIP-Einheitsaufnahme

Brawand, Leo:
Rudolf Augstein / Leo Brawand. – Düsseldorf : ECON, 1995
ISBN 3-430-11557-4

Gesetzt aus der Melior, Linotype
Satz: Heinrich Fanslau GmbH, Düsseldorf
Papier: Papierfabrik Schleipen GmbH, Bad Dürkheim
Druck und Bindearbeiten: Mohndruck, Gütersloh
Printed in Germany
ISBN 3-430-11557-4

Inhalt

1

In Sorge um das Lebenswerk

Gratulationscour im Vietcong-Tunnel – »Der bedeutendste deutsche Journalist« wird 70 – »Lieber Herr Augstein, das ist ein Hilferuf« – Kilz und Kaden müssen gehen – Stefan Aust: Der »Kampfzwerg« gegen *Focus* und die Info-Illustrierten

Das SPIEGEL-Hochhaus an Hamburgs Ost-West-Straße gilt den einen als Wachtturm demokratischer Freiheiten, den anderen als Brutstätte finsterer Verleumdungskampagnen. Es hat Kanzler, Künstler, Manager und Minister zu Gast gehabt. An diesem Novembertag im Jahre 1993 jedoch erwarten Hunderte von Mitarbeitern und Eingeladenen dichtgedrängt einen Besuch besonderer Art: den Hausherrn Rudolf Augstein, der seinen siebzigsten Geburtstag feiert.

Beifall brandet auf, als er sich verspätet durch die Drehtür schwingt, seinen Freund Hans-Dietrich Genscher samt gelbem Pullover im Schlepptau. An dem im Foyer bereitgestellten Flügel pumpt sich in diesem Moment ein weißhaariger Sänger voll Luft und schmettert dann dem Geburtstagskind aus Wagners Meistersingern das »Lied zur Arbeit« entgegen:

Jerum! Jerum!
Halla halla he!
Oho! Trallalei! O he!
O Eva! Hör mein Klageruf,
mein Not und schwer Verdrüßen:
die Kunstwerk', die ein Schuster schuf,

sie tritt die Welt mit Füßen!
Gäb' nicht ein Engel Trost,
der gleiches Werk erlost,
und rief' mich oft ins Paradies,
wie dann ich Schuh' und Stiefeln ließ!
Doch wenn der mich im Himmel hält,
dann liegt zu Füßen mir die Welt,
und bin in Ruh'
Hans Sachs ein Schuh-
macher und Poet dazu.«

Wagner-Fan Augstein strahlt. Ein Lockenkopf namens Gerd Schulte-Hillen, Vorstandsvorsitzender vom »Gruner + Jahr«-Verlag und somit Kompagnon Augsteins, überreicht ihm danach die Partitur mit Wagners Handschrift, die der des SPIEGEL-Herausgebers ein wenig ähnelt. Der Beschenkte dankt sichtlich gerührt und hat anschließend Mühe, sich händeschüttelnd durch jenen dunklen schmalen Gang zur Kantine durchzuarbeiten, der im Hausjargon »Vietcong-Tunnel« heißt. Es wird ein glückwunschtrommelndes Spießrutenlaufen durch die eigene Vergangenheit.

Da wartet Heilwig Ahlers auf ihn. Sie ist die Witwe von Conrad Ahlers, dem Verfasser des berühmt gewordenen Artikels »Bedingt abwehrbereit«, der laut Adenauer angeblich einen »Abgrund von Landesverrat« eröffnete. Die Titelgeschichte löste einst die spektakulärste innenpolitische Krise der Bundesrepublik aus, die »SPIEGEL-Affäre«, zwang das Urlauber-Ehepaar Ahlers per Polizeigewalt aus Spanien zurück und brachte Rudolf Augstein für 104 Tage ins Gefängnis.

Neben ihr Ariane Barth, die erfolgreichste Schreiberin in der ansonsten männerbetonten Redaktion und Zeitzeugin jener Palastrevolte einiger linker 68er-Journalisten, die nichts weniger wollten, als Rudolf Augstein seine Zeitschrift wegzunehmen und für ihre radikalen politischen Ziele einzusetzen. Erst als es, wenn auch wohl nur verbal, darum ging, Rudolf Augstein am nächsten Laternenpfahl aufzuhängen, fiel der Redaktionsputsch mangels Zustimmung in sich zusammen.

Augsteins 70. Geburtstag: Ein Ständchen für das Geburtstagskind mit dem Lied »Zur Arbeit« aus Richard Wagners »Meistersingern« (oben).
Foto: Jupp Darchinger
Jubilar Augstein; Gratulant Brawand: Es hat ihm gefallen, mit Lachen die Wahrheit zu sagen. Rechts Heilwig von der Mehden, die Witwe Conrad Ahlers', links der ehemalige SPIEGEL-Chefredakteur und spätere Talkshow-master Erich Böhme (unten)

Da umarmt ihn Leo Brawand, der im Oktober 1946 in Hannover, wie Augstein, zum ersten Arbeitstag in die von britischen Besatzern gegründete Redaktion marschierte und, wie Augstein, »pork and beans« der Sieger aß, um nicht vor Hunger umzufallen; der später jener Kommission angehörte, die mit Augstein über sein historisches Kapitalgeschenk an die Belegschaft verhandelte. Da begrüßt ihn Johannes K. Engel, gleichfalls Veteran aus hannoverschen Zeiten und mit 26 Chefredakteursjahren (bis zu einer Herzoperation) reif für das Guinness-Buch der Rekorde. Daneben Augsteins Nachbar und politischer Freund Karl Schiller, den der Jubilar wenig mehr als ein Jahr später zum letztenmal, an seinem Totenbett, besucht, und Erich Böhme, inzwischen berühmter Talk-Meister, der nach der Wende 1989 in einem SPIEGEL-Kommentar protestierte: »Ich will nicht wiedervereinigt werden!« und die Redaktion verließ.

Und schließlich, bleichen Gesichts wie immer, aber ausnahmsweise lächelnd, samt Buchgeschenk und Glückwunsch Valentin Falin, der frühere sowjetische Bonn-Botschafter und Helfer bei Augsteins SPIEGEL-Gesprächen mit den Kreml-Gewaltigen in Moskau. Er war, wie vom Donner gerührt, dabei, als Augstein einmal, auf der Höhe der Polenkrise, im Hotel ein Fenster öffnete und auf dem Roten Platz vorbeifahrenden Panzern brüllend entgegensang: »Theo, wir fahr'n nach Lodz!«

In dem orangefarbenen Speisesaal angekommen, der wie eine zu groß geratene italienische Eisdiele aussieht, hört sich der Jubilar eine Lob- und Dankesrede des Chefredakteurs Hans Werner Kilz an. Unter allgemeinem Jubel hält Kilz ein dickleibiges SPIEGEL-Spezial-Heft hoch, auf dem eine Augstein-Karikatur sowie die Namen von Dutzenden prominenter Gratulanten prangen, die zu Augsteins Siebzigstem, ohne daß er davon weiß, Bedeutendes und Ergötzliches aus seinem Leben niedergeschrieben haben. Das meiste jedenfalls, wie die Beiträge vom einstigen Mitschüler Uri Avnery, von Gorbatschow, Habermas, Kissinger und Loriot, preist Augsteins Verdienste. Nur Rainer Barzel von der CDU mosert ein biß-

Rudolf Augstein, Chefredakteur Hans Werner Kilz: Eine Gratulationscour in gebundener Form, die den 70jährigen als »bedeutendsten deutschen Journalisten der Gegenwart« feiert (oben). *Foto: Jupp Darchinger*
Stefan Aust: Mit dem neuen Chefredakteur eine Rückbesinnung auf die traditionellen Stärken – und ein Auflagenzuwachs von 30 000 Exemplaren (unten).
Foto: teutopress

chen, er sei ein ganzes Jahrzehnt, 500 SPIEGEL lang, der »Buhmann« des Magazins gewesen.

Alles ist Friede, Freude, Küßchen, Küßchen. Alte, längst ausgeschiedene Mitarbeiter, sogar im Zorn Gefeuerte, drängen sich um ihn, und Sekretärinnen himmeln den »bedeutendsten deutschen Journalisten der Gegenwart« an wie einst im Mai. Selbst ein Gast, der sich über Augsteins angeblich neuen »nationalen Kurs« in der Zeitschrift beklagt, der Hamburger Presseanwalt Heinrich Senfft (»Immer öfter habe ich mich über dich und den SPIEGEL krank geärgert!«), legt im Vietcong-Tunnel bewegt die Arme um den alten Freund. Rudolf Augstein schwimmt an diesem Ehrentag auf einer Woge allgemeiner Sympathie.

Nur wenige Wochen danach jedoch schwappt ihm eine Welle von Unruhe und Widerstand aus seiner Redaktion entgegen und zwingt den vermeintlich dem Tagesgeschäft Enthobenen zu einschneidenden Entscheidungen. Denn was an dem Geburtstag allenfalls als eine vorübergehende Wolkenwand am Horizont erschien, verdüstert inzwischen nachhaltig die Medienlandschaft der Bundesrepublik und Augsteins SPIEGEL.

Allen voran scheint der Start eines zweiten deutschen Nachrichtenmagazins – es heißt *Focus* und gilt als zweitklassig – zumindest wirtschaftlich zu gelingen, als erste von bestimmt einem Dutzend Nachahmungen, seit, noch in Hannover, ein Imitat mit dem Titel *Die Straße* pleite ging. Das Produkt aus dem Hause Burda kommt dem Zeitgeist mit Kürze, Kunterbunt und Fast-food-Information entgegen, wie es teilweise schon das private Fernsehen liefert. Zusätzlich geht eine sogenannte Info-Illustrierte mit dem Tanzstundentitel *Tango* an den umkämpften Markt*, und eine Redaktionsmannschaft des Großverlegers Heinrich Bauer bastelt an einem dritten »Nachrichtenmagazin« – der Untertitel gilt rechtlich als ungeschützt; Augstein hat ihn 1947 gleichfalls aus den USA übernommen –, das zunächst unter dem Arbeits-

---

* Tango erwies sich als Flop und wurde nach acht Monaten eingestellt.

titel »Feuer« läuft und dann *Ergo* heißen und mit einer Startauflage von wöchentlich 500 000 Stück erscheinen soll. Das macht die an Schönwetter und volle Kassen gewöhnte Mannschaft im Hochhaus an der Ost-West-Straße nervös. Die zweite und teils schon dritte Generation nach Rudolf Augstein hat noch keinen Sturm erlebt; im März 1994 wendet sich der politische Redakteur Wolfram Bickerich deshalb in einem persönlich-privaten Brief an den Herausgeber und schlägt Alarm:

Lieber Herr Augstein,
das ist ein Hilferuf.

Es ist eine Unruhe im Hause SPIEGEL, die ich so noch nicht erlebt habe, und ein Klima, das so stickig und mies noch nie war ... Die Lage scheint vielen so verfahren, daß sie sich in Resignation flüchten. Sie spulen ihren Job ab und denken an ein Leben *nach* dem SPIEGEL. Früher lebte man *mit* dem SPIEGEL und freute sich auf nichts anderes ...

Es liegt an der Inkompetenz der Chefredaktion, mit der wir uns in schwieriger Marktlage plagen müssen. Sie suchen Autorität, aber haben sie nicht. Sie wollen regieren und können nur reagieren.

Sie werden antworten, wir hätten – in unserer Gesamtheit – genau jene Chefredakteure gewählt. Leider (fast) wahr. Es ist ein Beweis für Ihre These, die großzügige Eigentumsübertragung damals sei ein Fehler gewesen. Nur zeitigt dieser Fehler Folgen. Das Anzeigengeschäft, so wird getuschelt, steht vor der größten Bewährungsprobe. *Focus* funktioniert, jedenfalls wirtschaftlich; nun sollen Focus 2, Tiedge, Bauer/Volz und *News* den Markt weiter verwirbeln ...«

Bickerich fleht Augstein an, in dieser ernsten Situation eine neue, kompetente Chefredaktion zu bestellen, und schließt den Brief mit: »Viele im Hause würden aufatmend danken.« (Siehe Dokumentation S. 289 f.)

In der Tat schwanken die beiden Nachwuchskapitäne Hans Werner Kilz und Wolfgang Kaden auf der SPIEGEL-Brücke ohne überzeugendes Konzept; sie versuchen zeitweilig sogar,

15

auf die *Focus*-Masche mit ähnlichen Themen einzugehen, was zu einer Entpolitisierung des Blattes zu führen droht. Anstelle von Tornado-Flugzeugen der Bundeswehr beispielsweise, über deren Einsatz in Jugoslawien allenthalben diskutiert wird, machen sie die »Vampire in Hollywood« zu Titelbild und -thema, samt einem zähnefletschenden Kinounhold auf dem Umschlag. Prompt sackt der Verkauf ab, doch weitere »weiche« Titel folgen. Die Stärke der Zeitschrift, das politisch Investigative, bleibt fast auf der Strecke.

Auch mehren sich die »Kurzgeschichten«, und Unprofessionalität dringt bis in die Rubrik Leserbriefe. So wird zum Beispiel auf der Höhe der Diskussion um den sogenannten Lauschangriff ein Brief des – auch als solcher ausgewiesenen – Gründers des »Bundes-Freundeskreises der F.D.P.« nicht gedruckt, mit dem er seinen Freien Demokraten die Leviten liest, indem er schreibt: »Schon die Hinauszögerung des Asylkompromisses hat manchen F.D.P.-Sympathisanten geärgert. Die erneute Benennung von Frau Leutheusser-Schnarrenberger war wiederum ein Vergraulsignal für viele. Und um den fälschlicherweise ›Lauschangriff‹ genannten technischen Vorgang zum Aufspüren der rasant anwachsenden organisierten Kriminellen wird auch die F.D.P. eines Tages nicht herumkommen.« Statt dessen erscheint unter anderen eine ganze Reihe Briefe zu einem voraufgegangenen Bericht über den europäischen Feldhasen.

Alte SPIEGEL-Leser bemerken die Verflachung; so mokiert sich der Briefeschreiber Klaus Türk über den »drolligen Gang der Redaktion zum ›Regenbogen‹« und sorgt sich ironisch über entsprechende Auflagenverluste der Regenbogenpresse in Deutschland. Hinzu kommt ein gewisses Phlegma der sonst aus eigenem Ehrgeiz immer sprungbereiten Redaktion. Aktuellste Themen aus Politik und Wirtschaft, die etwa am Dienstag oder Mittwoch auftauchen, verschiebt man gern mit dem Argument, man wolle sie »nächste Woche gründlich abhandeln«.

Ein Absatzrückgang von einigen zehntausend Heften trifft – bei mehr als einer Million Auflage – Augsteins Unternehmen nicht schwer, und darauf sind die hämischen Schlagzeilen anderer Gazetten wie »Der Riese zittert« kaum gemünzt. Schwerer wiegt der Verlust von Anzeigen, die mancher konservative Firmenchef dem – nach Augsteins eigenem öffentlichen Bekenntnis »im Zweifel linken« – Blatt jetzt offenbar entzieht und dem vermeintlichen Rechtsausleger *Focus* zukommen läßt. Das geht gleich in die Millionen und bedeutet nicht nur für die 25prozentigen Eigner Augstein sowie Gruner + Jahr, sondern für jeden einzelnen in Redaktion und Verlag weniger Gewinn am Jahresende. Seit langem nämlich gehört der Belegschaft die Hälfte des SPIEGEL-Kapitals – Augstein hat es ihr in einem Anfall sozialen Großmuts geschenkt. Rund 800 Mitarbeiter sind also gleichzeitig faktisch seine Teilhaber.

Schon auf der Ordentlichen Versammlung dieser stillen Gesellschafter am 9. Mai 1994 muß ihr Vorsitzender, der Redakteur Peter Bölke, Unangenehmes vermelden. Die Kernsätze seines Lageberichts lauten:

»Nach Jahren kontinuierlichen Aufschwungs erzielte der SPIEGEL 1993 keinen neuen Rekordgewinn. Er verdiente erstmals deutlich weniger als im Vorjahr. Zum einen spürt auch der SPIEGEL die wirtschaftliche Rezession, insbesondere im Anzeigengeschäft. Zum anderen gibt es seit gut einem Jahr die Zeitschrift *Focus*, die wie der SPIEGEL am Montag erscheint. *Focus* ist im Anzeigengeschäft unmittelbar Konkurrent, im redaktionellen Bereich dagegen nur deshalb, weil offenbar noch immer viele glauben, dies sei wirklich ein Nachrichtenmagazin.

Tatsache ist: Der SPIEGEL hatte im vergangenen Geschäftsjahr gut 1000 Seiten Anzeigen weniger; das schlägt unmittelbar auf den Gewinn durch. Im laufenden Jahr ist Besserung nicht in Sicht. Die Situation könnte sich sogar noch weiter verschärfen, wenn in der zweiten Jahreshälfte weitere Zeitschriften auf den Markt kommen.«

Das trägt nicht gerade zur Beruhigung bei, und es rächt sich jetzt, daß Rudolf Augstein, trotz mehrerer Anläufe, sein SPIEGEL-Haus im Alter noch nicht bestellen konnte. Ausgerechnet zu einer Zeit größter Herausforderung und Marktunsicherheit

17

fehlt eine professionell stabile Führungsspitze. Erich Böhme, durchaus risikofreudig – obwohl es da anfangs Besorgnisse gab, weil Böhme zum Beispiel als einziger in seinem Auto einen Feuerlöscher installiert hatte –, was er durch die Berichterstattung über die kriminellen Machenschaften des CDU-Ministerpräsidenten Barschel unter Beweis stellte, stand seit dem Dissens über die Haltung zur deutschen Wiedervereinigung nicht mehr zur Verfügung.

Das Nachfolgepaar Kilz und Kaden – in der Redaktion spöttisch »Filz und Faden« genannt – kann die plötzlich veränderte Situation nicht meistern, das erkennt Augstein sehr schnell. Zunächst lobt er deshalb den tüchtigen Wirtschaftsjournalisten Kaden auf den Posten des Chefredakteurs beim Tochterblatt *Manager Magazin* fort, merkt aber danach, daß Hans Werner Kilz es allein nicht schafft, obwohl der Verlag nach draußen verlauten läßt, Flexibilität und schnelles Handeln seien mit der Single-Lösung einfacher.

Auflage und Anzeigenbelegung der Zeitschrift sacken weiter ab, so daß der Gründer und Herausgeber allmählich um sein Lebenswerk fürchten muß. Er, dem nicht die große Bugwelle eines Henry Nannen vorausgeht, der im Grunde rigorose Maßnahmen scheut, der lieber überzeugend argumentiert und, sobald er seine Gesprächspartner auf seine Linie gebracht hat, scheinbar resignierend sagt: »Ihr tut ja doch, was ihr wollt!«, stellt sich zum erstenmal als »Herr im Hause« gegen seine Redaktion.

Jetzt feuert er, nach nur vier Monaten Chefredakteursehren, Hans Werner Kilz, wobei ihm als Anlaß ein politischer Kommentar im Blatt – sonst seine ureigene Domäne –, der ihm nicht zur Kenntnis gebracht worden war, zupaß kommt. Augstein weiß nun, daß er im Hause keinen durchsetzungsfähigen Chefredakteur finden wird, weil die Mitarbeiter mit ihrer 50-Prozent-Beteiligung vermutlich nur den Bequemsten wählen werden. Überhaupt leidet das Haus, mehr als viereinhalb Jahrzehnte nach der Gründung, an Verkrustungen; die Seilschaften einzelner Ressorts und die Macht ihrer Leiter erschweren das Führen.

Hilfe muß also von außen kommen, und der SPIEGEL-Herausgeber hat da jemand im Auge, den er seit mehr als zwanzig Jahren kennt – und dem er den journalistischen »Biß« zutraut, den der SPIEGEL wieder braucht, um seine Position zu verteidigen. Sein Kandidat ist Stefan Aust, erfolgreicher Chef von »SPIEGEL TV«, der Fernsehtochter des Nachrichtenmagazins, dem allerdings in der Redaktion an der Ost-West-Straße blanke Ablehnung entgegenschlägt. Ein guter Fernsehmann, aber wenig Erfahrung mit Printmedien, sagen die einen. Er werde dem SPIEGEL einen scharfen Linkskurs aufzwingen, meinen die anderen; immerhin habe Aust direkt nach dem Abitur bei dem Apo-Blatt *Konkret* gearbeitet – von seinen Artikeln in den schmuddeligen Hamburger *St. Pauli-Nachrichten* ganz zu schweigen. Augstein jedoch läßt sich seinen Mann nicht ausreden; er kennt dessen Arbeit nicht nur als Mitautor des von ihm finanzierten Films »Der Kandidat« (auf Franz Josef Strauß gemünzt) vom »Filmverlag der Autoren«, sondern verfolgte auch, wie der Bauernsohn aus Stade mit Augsteins späterer Ehefrau Gisela ein erstes Fernsehfeature gemacht und dann bei dem politischen TV-Magazin »Panorama« mitgearbeitet hat. 1972 drehte er sogar ein Porträt des F.D.P.-Wahlkämpfers Augstein. Aust sagt: »Augstein hat immer aus nächster Nähe mitgekriegt, was ich getan habe. Aber ich habe nie auf etwas spekuliert.« Der Herausgeber spürt auch an Austs scharfen Attacken in SPIEGEL TV – etwa wie er an den Stasi-Fersen des brandenburgischen Ministerpräsidenten Manfred Stolpe klebt –, daß er hier Holz von seinem Holze vor sich hat. So einen Mann mit aufgekrempelten Ärmeln braucht seine Redaktion – und zwar schnell.

Im Dezember 1994 hat sich der Zwist so zugespitzt, daß der Showdown unvermeidlich wird. Ein schriftlicher Bericht der »KG Beteiligungsgesellschaft für SPIEGEL-Mitarbeiter mbH & Co.« bringt den stillen Gesellschaftern weitere Hiobsbotschaften. Es heißt darin:

»Der SPIEGEL durchlebt eine schwierige Phase. Das Magazin *Focus*, von Anfang an gegen den SPIEGEL aufgebaut, hat den Markt verändert. Die Produkte sind äußerlich und dem

Inhalt nach grundverschieden; dennoch ist nicht zu übersehen, daß sich ein Wettbewerb entwickelt hat, der für den SPIEGEL unmittelbar spürbar ist ...

Das heißt für die stillen Gesellschafter der Mitarbeiter KG: Sie müssen sich auf eine verringerte Ausschüttung einstellen. Es wird im Mai nächsten Jahres nicht nur um ein paar Prozentpunkte weniger gehen. Der Gewinn, den die KG an die stillen Gesellschafter ausschüttet, wird gegenüber dem Vorjahr halbiert.

Das ist unangenehm, weil viele auf stetig steigende Ausschüttungen gesetzt haben; aber es ist kein Grund für Pessimismus. Der SPIEGEL macht keine Verluste, er ist auch nicht, entgegen immer wieder auftauchenden Gerüchten, an der Nullgrenze. Der Gewinn ist immer noch ordentlich, nur eben nicht mehr außerordentlich. Es schmerzt, wenn im Mai nicht soviel Geld fließt, wie die stillen Gesellschafter es gewohnt sind, aber die Miteigentümer des SPIEGEL erhalten immer noch eine gute Rendite auf ihr eingesetztes Kapital ... Der SPIEGEL hat Probleme, die lösbar sind; seine Existenz ist nicht bedroht.«

Für manche der jahrzehntelang an Erfolg und hohe Gewinne gewöhnten Redakteure bedeutet das eine Wagnersche Götterdämmerung im kleinen. Als in der nächsten Mitarbeiterversammlung die Frage auftaucht, ob nicht jeder der stillen Gesellschafter seinen Kapitalanteil verkaufen könne – bis zu 400 000 Mark pro Anteil seien da im Gespräch –, erhebt sich Veteran Brawand und raunzt: »Dafür haben wir Alten den SPIEGEL nicht gemacht, daß ihr, die folgende Generation, ihn jetzt verscherbelt!«

Im nachhinein spricht man an der Ost-West-Straße über diese Zeit als von den »Dezemberunruhen«, und für Rudolf Augstein wird der Zwang zum Handeln riesengroß. Er löst das Personalproblem an der Spitze der Redaktion durch Härte, aber so zielstrebig wie immer, wenn er sich und seinen Freunden erklärt: »Ich *muß* das tun!« Alle Kandidaten, die da aus Zeitungen und Magazinen der Bundesrepublik sonst ins Feld geführt werden, taugen nicht für die gestellte Aufgabe. Augstein kann den Ressortleitern und Sprechern der Mitarbeiter KG immer sagen, er habe einen geeigneten Kandidaten als Chefredakteur, sie nicht.

Und Rudolf Augstein, Begründer und Galionsfigur des SPIEGEL in einem, sitzt am längeren Hebel. Er kann – versteckt oder offen – drohen, den Bettel hinzuschmeißen, wenn er nicht seinen Willen kriegt.

Als der Kampf vorbei und Stefan Aust schließlich auch von der Mitarbeiter KG mit ihren Eigentümerstimmen als neuer und alleiniger Chefredakteur bestätigt ist, wird Peter Bölke am 6. Februar 1995 auf einer erneuten Versammlung gefragt, ob der Herausgeber tatsächlich mit seinem Ausscheiden gedroht habe. Bölke verneint das halbwegs, räumt jedoch ein: »Diese Sorge bestand in großen Teilen der Redaktion, und daß bei den Entscheidungen diese Überlegung eine Rolle gespielt hat, ist klar. Wir brauchen nach Herrn Augstein ohnehin keinen Herausgeber. Bedeutung hatte aber die Tatsache, daß es einen Widerhall in der Öffentlichkeit gefunden hätte, wenn Rudolf Augstein gesagt hätte, mit diesen Leuten will ich nichts mehr zu tun haben. Das hätte Folgen, über die ich gar nicht nachdenken möchte.«

Wer ihn kennt, kann sich gut vorstellen, wie Augstein insistiert hat: Wenn ich hinschmeiße, sollt ihr mal sehen, wo ihr bleibt. Er spielt nicht zum erstenmal in seinem Leben »Alles oder nichts«, und es ist nicht das erste Mal, daß er damit gewinnt. In einem Sonderrundschreiben erläutern die KG-Sprecher, unter welchem Druck sie gestanden haben (siehe Dokumentation S. 291 f.).

Zähneknirschend muß also die Belegschaft ihrem obersten Chef nachgeben, aber der Unmut hält noch eine Zeitlang an. In der Führung der Mitarbeiter KG heißt es, die Art und Weise, in der innerhalb weniger Monate Kilz zum alleinigen Chefredakteur gemacht und dann über Nacht abgelöst wurde, »ist ein trauriges Kapitel in der Geschichte des SPIEGEL. Geschäftsfördernd war sie sicher nicht.« Gleichzeitig mit seiner Zustimmung tritt der Vorstand der Mitarbeiter KG denn auch zurück und schreibt Neuwahlen aus. Ein Mitglied der Kulturredaktion sagt es deutlich: »Wir haben es nicht als koscher empfunden, einen Mann hinzusetzen, um ihn bei nächster Gelegenheit wieder abzuschieben. Auch die Art, wie Augstein dabei die Redaktion und die Mitarbeiter KG platt gemacht hat, fanden wir nicht gut. Wie es mit Aust läuft, muß man mal sehen.«

Und dann geschieht ein kleines Wunder: Man sieht in der Folgezeit, daß Augsteins Wahl, der frühzeitig auch sein Mitgeschäftsführer Karl Dietrich Seikel zugestimmt hat, bei aller Kritik an der Methode die richtige zu sein scheint. Stefan Aust mag von linksaußen kommen, aber er besitzt Profiqualitäten und erweist sich überdies als lernfähig – sowohl was das Politische wie das Magazin-Handwerkliche betrifft. Das Gemurmel in der Redaktion beginnt sich im selben Maße zu legen, wie unter dem »Kampfzwerg« (Aust mißt, wie Augstein, 1,69 Meter) die ersten Erfolge reifen: Um mehr als 30 000 Exemplare steigt die Auflage im ersten Quartal 1995 gegenüber dem Vorquartal.

Und Peter Bölke von der Mitarbeiter KG frohlockt im nachhinein: »Viele der Bedenken, die es ursprünglich gegen Aust gab, haben sich als unbegründet erwiesen. Die Tatsache, daß ein doch prominenter und intelligenter Mann wie Aust die Führung übernommen hat, hat sowohl in der Redaktion als auch in der Öffentlichkeit einen Stimmungsumschwung bewirkt – einen Umschwung, der überaus positiv für den SPIEGEL ist.«

Mit seiner Rückbesinnung auf die traditionellen Stärken und neuem Schwung liegt der SPIEGEL wieder gut im Rennen. Ein Titel wie der über die NS-Verbrechen von Auschwitz erweist sich als über dem Durchschnitt verkaufsfähig, und mit zwei ausgesprochenen Scoops landet das Magazin wieder in den Schlagzeilen von Presse und Fernsehtagesschau: mit einer Titelgeschichte über die verschleuderten Steuermilliarden in den neuen Bundesländern sowie mit einer ebenso exklusiven Coverstory über den offenbar vom Bundesnachrichtendienst eingefädelten Plutoniumschmuggel aus Moskau.

22

Augsteins Ziehsohn Aust verfährt von Anfang an genau nach der Methode, die Fernsehstar Hanns Joachim Friedrichs – in einem gleichfalls erstklassigen Titelbeitrag – kurz vor seinem Tod den SPIEGEL-Kollegen als richtig bestätigt hat. Er meinte, auf die aktuellen Probleme der ARD-Anstalten bezogen:»Wenn sie gegen die Privaten bestehen will, muß die ARD es machen wie der SPIEGEL; nicht kopieren – Rückbesinnung auf das, was man am besten kann.«

Gründliche Recherche, flott lesbare Darstellung und hin und wieder eine saftige Enthüllung – das alte, seit bald fünfzig Jahren bewährte Rezept findet neue Anwendung, zur Freude der Leser sowie der einschlägig interessierten Politik, die Augsteins Blatt nicht missen mag. Antje Vollmer, Abgeordnete vom Bündnis 90/Die Grünen und Bundestagsvizepräsidentin, meint,»daß der SPIEGEL eigentlich uns gehört, daß er Eigentum der ganzen Republik ist, wer auch immer die Anteile im Besitz hat«. Sie argwöhnt allerdings auch,»bedeutende Männer sind jederzeit in der Lage, ihr Lebenswerk zu zerstören, und wer will schon Rudolf Augstein stoppen – mächtig, hilflos und noch immer genialisch«.

Ex-SPIEGEL-Chefredakteur Claus Jacobi spielt mit ähnlichen Gedanken. In Springers *Welt* schreibt er mit Blick auf seinen früheren Chef:»Überdauert ein Werk seinen Schöpfer, so erstrahlt dessen Ruhm. Überdauert ein Werk seinen Schöpfer nicht und zerbricht ohne ihn, so erstrahlt dessen Ruhm womöglich noch heller.«

Aber so sehen die Visionen des SPIEGEL-Herausgebers für die Zeit nach Augstein mit Sicherheit nicht aus. Es wäre sonst ein Verrat an den alten, teils schon verstorbenen Pionieren der Zeitschrift ebenso wie an der deutschen Demokratie. Er müßte dann gleichsam die»Lizenz«von 1947 dem britischen Panzermajor John Chaloner und seinen beiden Sergeanten Harry Bohrer und Henry Ormond zurückgeben, die den Nachkriegsdeutschen im Rahmen ihrer»Reeducation«das Nachrichtenmagazin zum Geschenk machten.

23

2
DIESE WOCHE
oder
Wie alles anfing

Ein »Dummy« für 1 Reichsmark – Zwei britische Zeitungsgründer auf dem Dümmersee –»Gefallene Engel, verlorene Kinder Gottes« – Stehkonvent beim »Kleinen« – Chaloner wird kaltgestellt – Aus DIESE WOCHE wird DER SPIEGEL

Rudolf Augstein steht im Sommer 1946, ein Jahr nach dem verlorenen Krieg, im Dienst der Sieger. Um die Zeit zu überbrükken, bis er, der abgemusterte Leutnant der Wehrmacht, vielleicht sein Studium in Göttingen aufnehmen kann, arbeitet er an dem von der Besatzungsmacht herausgegebenen *Hannoverschen Nachrichtenblatt* als Redakteur. Gerüchteweise hört er davon, demnächst würden die Briten ein ganz tolles Wochenmagazin herausgeben, und er zeigt sich beiläufig interessiert.

Während er noch glaubt, bei der neuen Zeitschrift handele es sich um »ein satirisches Blatt«, gibt es bereits ein Probeexemplar, einen »Dummy«, den der umtriebige Major Chaloner zusammengebastelt hat. Titel: DIESE WOCHE; Datum: 29. März 1946, Preis: 1 Reichsmark. Das Umschlagbild zeigt in Schwarzweiß Englands Außenminister Ernest Bevin. Es ist das Urmodell des späteren Nachrichtenmagazins DER SPIEGEL.

Davon existieren gerade mal zehn Exemplare, gedruckt in der heilgebliebenen Druckerei des Städtchens Osnabrück, wo der ehemalige Panzersoldat Chaloner von den »Westminster Dragoons« über längere Zeit den Aufbau einer Tageszeitung bewerkstelligt bzw. überwacht. Nebenbei bastelt er an seiner

25

fixen Idee, die ihn seit Kriegsende beschäftigt: Er will den Deutschen ein Wochenblatt wie das britische *News Review* oder das amerikanische *Time* verpassen. Ohnehin ärgert er sich, daß es der wiedererstandenen Presse »an Pfiff« mangelt und die Besatzer »allerlei Penner und Nichtskönner« in die Redaktionen hieven.

Chaloner spricht leidlich Deutsch, aber ihm zur Seite stehen Hildegard Neef, nicht nur ausnehmend hübsch, sondern als Dolmetscherin und Sekretärin ein As, sowie Fräulein Lampe. Ihnen legt Chaloner Dutzende von Artikeln aus britisch-amerikanischen Zeitungen und Magazinen zum Übersetzen vor. Dann werkeln die beiden mit Kleister, Schere und Fotos an dem Dummy herum, bis in die Nacht hinein und oft von Chaloner so kujoniert, daß sie in Tränen ausbrechen. Aber später wird er von ihnen sagen: »Beide verdienen höchstes öffentliches Lob, denn wenn der SPIEGEL so etwas wie Geburtshelfer gehabt hat, dann waren es diese beiden Mädchen!«

Das dünne Musterheft, das schließlich in einem zweiten Versuch dabei herauskommt, zeigt schon den typischen Drei-Spalten-Umbruch, die Personalien mit Fotos sowie Sektionen »Deutschland«, »Ausland« usw. Chaloner hat sein Baby auch schon in London vorgestellt und eine vorläufige Zusage für die sogenannte Stufe zwei erhalten, die die Suche nach einem Standort für die Redaktion sowie die Rekrutierung von Personal vorsieht. Als Druckort wählt Chaloner Hannover aus, denn nach einem Krankenhausaufenthalt, bei dem er fast an Penicillin stirbt (seine Allergie war zunächst nicht erkannt worden), avanciert er zum alleinverantwortlichen Presse-Chief der Leinestadt.

Auch einen britischen Aufseher hat er schon parat, den Sergeant Harry Bohrer aus Prag, der sich im Oktober 1945 selbst (Bohrer: »Das gibt es nur in der britischen Armee!«) zur 30th Information Unit nach Hannover versetzt hatte. Ihn bestellt er in seine Osnabrücker Dienststelle, zeigt ihm die Bevin-Ausgabe der projektierten Zeitschrift und fragt, ob er sich den Job zutraue. Chaloner hat immerhin zwei Jahre an einer Jugendzeitschrift in England, *dem Boys' Own Paper,* mitgearbeitet,

Besatzungssoldaten Ormond, Bohrer, Chaloner: Die britischen Gründerväter
wollten 30 Prozent des SPIEGEL-Kapitals übernehmen, aber Rudolf Augstein
lehnte ab (oben).
Augstein mit den Lizenznehmern Stempka, 2. von links, und Barsch, rechts
(unten): Im Auftrag der Siegermacht angetreten, um die Deutschen zu guten
Demokraten umzuerziehen.

Bohrer dagegen besitzt nur kaufmännische Kenntnisse aus einer Glasfabrik, aber er sagt begeistert ja.

Ein zweites Gespräch der beiden Zeitungsgründer, mit reichlichem Steinhäger-Konsum, findet auf dem Dümmersee statt, wo der forsche Major außer zwei Segeljollen noch ein Ruderboot für sich requiriert hält. An einem heißen Sommertag muß Stabsfeldwebel Bohrer die Ruder schwingen, während Chaloner über sein Projekt referiert und zwischendurch den Schnaps austeilt. Es ist dieses der eigentliche Stapellauf des Magazins; beide einigen sich über das redaktionelle Konzept nach angelsächsischem Vorbild. Am Schluß rudert Bohrer, steinhägerbeflügelt, das Boot so krachend an den Steg, daß der Major beinah ins Wasser fällt. Das Projekt jedoch steht; ein Gentlemen's Agreement hält fest: »Bohrer stellt geeignete Journalisten zu einem Team zusammen, übernimmt das redaktionelle Management, gibt die ersten Hefte heraus und hilft so, das Magazin zu starten.«

Im Pressehaus an Hannovers Georgstraße braucht der zum Redaktionsleiter beförderte Glasmanager sich nicht lange umzusehen. Sofort wählt er den 22jährigen Rudolf Augstein als politischen Redakteur aus; dessen Einstellung und Artikel kennt er bereits. (Augstein bestätigt später: »Es war Bohrer, der mich zu dem Magazin geholt hat.«) Der zweite Mann, um einiges älter, kommt ebenfalls aus dem Hause: Hans Joachim Toll; er soll den Kulturteil des Nachrichtenmagazins verantworten.

Schon früh herrscht Klarheit darüber, daß Augstein der Gesalbte, daß er die Nummer eins der Zeitschrift sein wird. Bei ihm melden sich weitere Bewerber, darunter ein gewisser Leo Brawand, seines Zeichens Privathandelsschullehrer, und als schließlich am 14. Oktober 1946 im Anzeiger-Hochhaus die kleine Mannschaft zum erstenmal zusammenkommt, bezieht außer dem »Chef vom Dienst«, Dr. Werner Hühne, nur Augstein ein Einzelzimmer. Etwa zwölf andere Magaziner drängen sich in einem einzigen Raum. Zum Teil sitzen sie an Gartentischen – bessere Möbel hat Sergeant Henry Ormond, von Chaloner als dritter Brite angeheuert, in der zerbombten Stadt nicht auftreiben können.

Auf den Tischen liegen *Time-* und *News-Review*-Ausgaben; Chaloners Osnabrücker Probenummer mit dem Bevin-Artikel wird herumgereicht wie eine Ikone. »So in etwa soll die Zeitschrift sein«, heißt es als einzige Arbeitsanweisung. Weder gibt es eine Ansprache von Chaloner oder Bohrer, noch eine von Augstein. Erst Jahre später beschreibt Chaloner in seinem autobiographischen Roman *Occupational Hazard*, mit abgeänderten Namen der Beteiligten, den ersten Arbeitstag so:

»»Wie viele von euch sprechen Englisch?‹ fragt der Major seine Leute; wie in der Schule hebt etwa die Hälfte die Hände, sorgfältig eine Art Salutieren vermeidend.

›O.K., hier habt ihr jede Menge englische Zeitungen und Magazine; der Sergeant bringt euch täglich die neuesten Ausgaben. Also, diejenigen, die Englisch lesen können – vergeßt erst mal das Schreiben. Guckt euch die Dramaturgie der Artikel an, die Überschriften. Studiert die Anfänge, die Leads und die Substanz der Storys. Wir machen keine Zeitung, sondern ein illustriertes Magazin, farbig und interessant, ein Nachrichtenmagazin, das die Wahrheit bringt, die Fakten, und das auf gut lesbare Weise.‹«

Ebenso holt Augstein die verpaßte Inaugurationsansprache später einmal nach, als er, lyrisch verklärt, äußert:

»Wir taten uns als blutjung-blutige Zeugen der Vernichtung unter dem unausgesprochenen Fahnenschwur ›dies nicht wieder‹ zusammen und formten uns, nur halb bewußt, das Instrument, um – von niemandem gehindert – sagen zu können, was ist: Rebellen von der Gerhart-Hauptmannschen Art Hamlet, gefallene Engel, verlorene Kinder Gottes, die gezwungen sind, die grausame Wahrheit der menschlichen Blindheit aufzudecken.«

Gemessen daran verläuft der erste Arbeitstag banal, mit Einrichten, Diskutieren und dem Aufbau eines Fernschreibers; aber etwas Sensationelles können die drei Briten ihren deutschen Arbeitnehmern schon bieten: Bei Hulda Rehse, der Kantinenwirtin im Anzeiger-Hochhaus, bekommt jeder von ihnen zu der dünnen Mittagssuppe eine Extrakelle mit Fleischstücken oder dicker Brühe in den Teller geklatscht. Fleisch und

Brühe, »pork and beans« sowie der reichlich spendierte Nescafé stammen aus Beständen der NAAFI, der britischen Versorgungseinheit. Henry Ormond, der den Verlagsmanager macht, hat das alles »hintenrum« besorgt.

Woran die Mannschaft nach einigen Tagen zu schreiben beginnt, das soll die erste Probenummer von DIESE WOCHE werden. Major Chaloner, ganz Vorgesetzter, erscheint gelegentlich mit anderen Uniformierten, um sich vom Fortgang der Dinge zu überzeugen. Ansprechpartner – und ein ungewöhnlich gutmütiger und hilfsbereiter – ist Harry Bohrer. Er besorgt für jeden in der Redaktion ein Fahrrad, berät, obwohl ebensowenig Journalist wie die meisten der Jungen, beim Schreiben von Versuchstexten; ihn kann man sogar befragen, wenn eines der Mädchen schwanger geworden ist. Sein Rat: »Geh zum Arzt und sag, sie sei in der russischen Zone von Rotarmisten vergewaltigt worden.«

Zwischen Augstein und dem jüdischen Emigranten wächst eine tiefgehende freundschaftliche Verbindung. Der 23jährige und der 30jährige, dessen Eltern im Konzentrationslager Auschwitz ermordet wurden, bilden die Redaktionsspitze. Alle für die Probenummern erarbeiteten Artikel werden ihnen vorgelegt; Augstein ist es zumeist, der den Kollegen die abgelehnten zurückbringt. Ohne Murren versammeln sich auch die Älteren täglich zum Stehkonvent um den Schreibtisch des »Kleinen«, wie alle ihn heimlich titulieren. Er fungiert als Chef, Bohrer als eine Art Oberaufseher. Und Augstein kniet sich mächtig rein; er liest, diktiert und redigiert bis tief in die Nächte. Manchmal schläft er am Schreibtisch ein; dann macht Bildredakteur Roman Stempka, ein ehemaliger PK-Mann (Angehöriger einer »Propaganda-Kompanie«), heimlich ein Foto, das vor ihm liegt, wenn er aufwacht.

Oft geht er nach Feierabend mit seinem Anhang in das Restaurant, das unter dem grünen Kuppeldach im neunten Stock noch geöffnet hat, oder man sprintet gemeinsam an den »Bratwurstglöckle«-Stand am Steintor, wo es gegen Fleischmarken wäßrige Würstchen und »markenfrei« ein »Heißgetränk« oder »Molke-Bier« gibt. Dazu gesellt sich immer öfter

Augstein, Dr. Werner Hühne, Chef vom Dienst (oben): Der »Kleine« wurde bald der Größte in der zusammengewürfelten Redaktion (unten). Von links nach rechts: Hans Detlev Becker (Deutschland-Ressort), Karlwerner Gies (Auslands-Ressort), Dr. Werner Hühne (Chef vom Dienst), Hans J. Toll (Kultur-Ressort), Augstein und Roman Stempka (Bildredaktion).

Lore Ostermann, eine hübsche Brünette, die Bohrer mit ins Deutschland-Ressort geholt hat (und die Augstein später ehelicht).

Während Harry Bohrer, Absolvent der Prager Schule, die auch Franz Kafka besucht hat, und ein Mann von hoher Bildung, der Redaktionsmannschaft als väterlicher Freund vorsteht, hält Chaloner deutlichen Abstand, auch gegenüber den beiden Sergeants. Gerade ihnen gegenüber kehrt er den Offizier heraus. Sein Deutsch ist nicht so gut, daß er bei stilistischen Feinheiten mitreden könnte. Schon in Osnabrück hatte Dolmetscherin Hildegard Neef oft mit ihm gehadert, weil manches auf deutsch nicht so knapp auszudrücken ist wie in seiner Muttersprache. Chaloners Reserviertheit hängt überdies möglicherweise mit Gedanken zusammen, die er in seinem autobiographischen Werk später so umschreibt:

»Vielleicht ist es gefährlich, ›Wassermann‹ (gemeint ist Augstein) und den anderen Redakteuren diese Chance einzuräumen. Noch immer spürt der Major innerlich, wie jeden Tag, seit er im besetzten Deutschland lebt, den Anblick, den Geruch und alles Entsetzliche im Konzentrationslager Bergen-Belsen. Vielleicht wäre es besser, alle Deutschen mit Führungsqualitäten in die Wälder von Katyn zu verfrachten, wie es die Russen wohl mit allen Polen gemacht haben, die ihnen gefährlich werden konnten?«

Der Vorbereiter des »Unternehmens SPIEGEL« beklagt sich später bitter, er, der schließlich alles in Gang gebracht habe, sei von denen, die dadurch profitierten, nie geliebt worden. Wörtlich: »Ich habe ein triumphales Magazin geschaffen und ein Team, das mich nie geliebt hat – irgendwie traurig.«

Manches mag in Chaloners Erinnerungen trügen, sein Verhalten in jenen Tagen jedoch trägt zur Isolierung bei. Der hochgewachsene, blonde Beau (auch Augstein sagt: »Der Kerl sieht gut aus!«), ordensgeschmückt und mit der ewigen Zigarettenspitze im Mund, setzt sich nie, wie das Bohrer tut, auf Tuchfühlung mit den Redakteuren ins Restaurant oder die Kantine. Daß er sein Team von oben herab behandelt, räumt er selbst, wenngleich literarisch überhöht, in *Occupational Hazard* mit der

Schilderung eines Anpfiffs für den 22jährigen Brawand ein. Den schnauzt er als Major vor versammelter Mannschaft an: »›Ich habe den Eindruck, sobald sich hier jemand Redakteur nennen darf, läßt er sich das Haar lang wachsen, klemmt sich eine Fliege ans Hemd und produziert nur Schrott!‹

›Mein Haar ist so lang, weil ich keine Schere habe, um es zu schneiden‹, sagt da ein blaßgesichtiger junger Mann in fließendem langgezogenen Englisch und blickt ihn an. Hochgezogene Schultern, sein Gesichtsausdruck leer. ›Wir haben hier nur eine Büroschere, und die ist stumpf.‹ Er kennt den Mann nicht. Brewer (Bohrer) hat ihn eingestellt.

›Wer sind Sie denn?‹ fragt der Major unwirsch.

›Mein Name ist Wahrstimme (Brawand), und soweit ich das sehe, bin ich hier der Wirtschaftsredakteur‹, lautet die Antwort.«

Schon Augsteins erste Probeartikel lassen ahnen, daß es sich bei ihm nicht, wie in der Kantine angesichts der neidvoll beobachteten Extraportionen Fleisch manche hetzen, um einen »Kollaborateur« handelt. Anläßlich der ersten freien Wahlen im viergeteilten Berlin schreibt Augstein schon vom »gewaltigen Nachkriegsringen« der Alliierten, wo diese selbst noch Siegereinigkeit vortäuschen. In einem zweiten Artikel demonstriert er, was ein Prinzip des Blattes werden sollte: kein berufsmäßiger Antikommunismus!

Sein Bericht über den zwangsweisen Abtransport ostdeutscher Techniker nach Rußland enthält die Spitze, »daß die anderen Besatzungsmächte bereits früher deutsche Wissenschaftler und Spezialisten nach ihren Ländern verpflichtet haben«. Raketenbauer Wernher von Braun läßt grüßen.

Man macht zwei Probenummern. Beide spiegeln mit ihren Themen zumeist die deutsche Tristesse im Herbst 1946. Zum Beispiel gibt es Artikel über Berliner Trümmerfrauen, über sogenannte »Speck-Dänen«, das heißt Einwohner an der Nordgrenze, die vor lauter Hunger den Anschluß an Dänemark betreiben, über Schwarzmarkthandel vor Hannovers Hauptbahnhof sowie einen Bericht über eine junge Deutsche, die als erste nach den USA ausreisen darf, um einen Ami aus

St. Louis zu heiraten. Kulturredakteur Hans Joachim Toll steuert den Probebeitrag über einen gewissen Peter Ustinov bei, der einen Film über die Geschichte des Radars im Zweiten Weltkrieg fertiggestellt hat.

Es gibt viel zu lernen für die Probejournalisten. »Ich wußte nicht einmal genau, was eine Gewerkschaft ist«, räumt Augstein ein, »bis Harry Bohrer mir ein Buch darüber schenkte.« Brawand stellte in einem Probeartikel die Behauptung auf, der Sozialismus stamme aus dem Osten. Marx und Engels waren bei der »weltanschaulichen Schulung« in seinem Hitlerjugend-Fähnlein 4 der Nordstadt nicht behandelt worden.

Einen ersten Disput zwischen Augstein und Brawand gibt es zu seinem Artikel über eine in Deutschland notwendige Währungsreform. Aus amerikanischen Quellen zitiert er, mit einer Gewaltkur müßten sechzig bis siebzig Milliarden umlaufende und durch Hitlers Kriegswahnsinn fast wertlose Mark durch vier bis sechs Milliarden neue ersetzt werden, Abwertungssatz 10:1. Keine schlechte Schätzung, wie sich eineinhalb Jahre danach erweist. Aber Augstein kann sich einen so radikalen Schnitt nicht vorstellen und warnt, man solle das Vertrauen in die Reichsmark nicht noch weiter aushöhlen. Um die Aussage abzumildern, schreibt er eigenhändig die Bildzeile: »Einer von vielen Plänen – Finanzminister Blücher sagt: ›Es wird nichts draus!‹«

Ganze vier Wochen Zeit läßt der Major eines »Tank-cavalry«-Regiments seiner frisch zusammengewürfelten Mannschaft für ihre Stilübungen; in einem Parforceritt will er sein Projekt nach vorn bringen, obwohl man in London das wenige vorhandene Papier lieber für gehobene Literatur oder Schulbücher verwenden möchte. Er weiß nur zu gut, daß erst mit der »Erlaubnisstufe drei« grünes Licht für den Druck und Verkauf von DIESE WOCHE gegeben wird. Aber Chaloner ist stur wie sein Panzer; er will an die Öffentlichkeit, nicht zuletzt deshalb, weil er sich davon Nutzen für seine geplante Journalistenkarriere in Londons Fleet Street erhofft.

Als er Freitag, den 13. November 1946, morgens in sein Büro kommt, reicht ihm die Sekretärin den Bescheid seiner Vorge-

Lore Augstein, geb. Ostermann, Rudolf Augstein (oben am Umbruchstisch, unten vor dem Standesamt): »Was macht man, wenn man gerade geheiratet hat und dann die Frau seines Lebens trifft?«

setzten, »Stufe drei« könne noch nicht verfügt werden; es gelte, noch einiges vorher zu klären. Chaloner überfliegt das Papier, steckt es in den Umschlag, klebt ihn wieder zu und vergattert seine Sekretärin: »Ich habe das nicht gelesen; war heute noch gar nicht hier, verstanden?!« Dann marschiert er spornstreichs in das Druckereigebäude von »Madsack und Co« – die Augstein immer als »Firma Madensack« verulkt – und setzt mit einem Knopfdruck die Rotation in Gang. Gegen Londons Order.

Also kommt die Zeitschrift am Montag, dem 16. November 1946, mit ersten 15 000 Exemplaren auf den Markt: DIESE WOCHE, 1. Jahrgang, Preis 1 Reichsmark, herausgegeben von der britischen Production Unit Hannover. Sie wird den Verkäufern aus der Hand gerissen; nach drei Tagen kostet das Blatt auf dem schwarzen Markt schon 15 Mark. Ein sensationeller Erfolg.

Denn es macht schnell die Runde, daß da, ganz anders als in den lammfrommen Zeitungen, berichtet wird, was Sache ist. Auch gegen die Besatzungsmacht. Und tatsächlich legt Rudolf Augstein in der ersten Nummer noch schärfer los als in den Probeheften. Sein Aufmacherartikel greift direkt Englands Regierung an, die Besatzungsmacht der britischen Zone und seine Arbeitgeber. Wie meist in diesen Tagen geht es ums Fressen und um die Moral; Augstein spricht den hungernden und frierenden Besiegten aus der Seele, als er schreibt:

»Die Schamlosigkeit der Londoner Regierung wird immer größer. Puter und anderes Geflügel, Extrafleisch, Süßigkeiten und Zucker kündigt Mr. Strachey, der britische Ernährungsminister, für Weihnachten an. Haben diese christlichen Staatsmänner nicht die geringste Vorstellung von dem, was augenblicklich in Deutschland vorgeht? Augenscheinlich nicht, sonst würden sie nicht solche idiotischen Erklärungen abgeben.«

Dem stellt er das Hungerleben der Besiegten gegenüber:

»Im Ruhrgebiet haben die Bäcker kein Brot, sie backen nur einmal in der Woche. Wer Brot kaufen will, rennt von Laden zu Laden, bis er sich schließlich, nachdem ihn das Wort ›Ausverkauft‹ zwanzigmal abgeschreckt hat, in eine Schlange einreiht, deren Länge kaum eine Hoffnung läßt. Im Ruhrgebiet gibt es auch keine Kartoffeln. Zunächst war der Einkellerungssatz auf einen Zentner pro Person festgesetzt; inzwischen ist er auf einen Zentner für je zwei Personen reduziert worden, vorausgesetzt, daß Kartoffeln da sind.«

Augstein setzt damit sein liebstes journalistisches Handwerkszeug ein: seine pfiffige Ironie. Er landet mit dem Artikel einen unangreifbaren Coup, der Sensation macht und gleichzeitig den Siegern ihre »Reeducation« um die Ohren haut. Denn nicht er, der politische Redakteur des neuen Magazins, beschimpft den Ernährungsminister und das Kabinett in London, sondern der britische (und noch dazu jüdische) Verleger Viktor Gollancz; der hat den provozierenden Befund im Londoner *News Chronicle* veröffentlicht. Augstein zitiert ihn nur; er hat abgeschrieben.

Nach dem Hungerpaukenschlag am Beginn des Heftes gibt es am Ende sogar noch ein stärkeres Furioso für die besiegte deutsche Seele – und, unabsichtlich, scheinbare Rechtfertigung für unverbesserliche Nazis. Da verkündet im allerletzten Artikel ein britischer Politiker:

»Nur die Sieger klagen Besiegte an. Während wir sie anklagen, tun wir selbst Dinge, für die wir sie vor Gericht bringen ... Diese Politik, für die wir zum Teil oder allein verantwortlich sind – Annexionen, Vertreibungen, wirtschaftliche Versklavung, Nicht-Verbrüderung und Hungersnot –, stammt mehr aus dem Geist Hitlers als aus dem westlichen Liberalimus ... Wenn das Gewissen der Menschen wieder einmal zu schlagen beginnt, dann werden die Vertreibungen zu der unauslöschlichen Schande aller derer gezählt werden, die sie begingen oder ihnen zustimmten. Die Deutschen wurden mit einem Höchstmaß an Grausamkeit aus den Ostgebieten des Reichs vertrieben.«

Man ahnt es schon. Wieder heißt der Verfasser dieser deutschfreundlichen Thesen Victor Gollancz. Sie stammen aus dem neuesten Buch des Labourpolitikers, das den Titel *Our Threatenend Values* (Unsere bedrohten Werte) trägt. Wieder ein gefundenes Fressen für Rudolf Augstein, der das Buch beschafft und darüber eine Buchbesprechung verfaßt hat. Obwohl im Kulturteil untergebracht, wirkt es abermals wie eine politische Bombe.

Als ihn daraufhin, wie bald noch öfter, die örtlichen Militärs ins »Stirling House«, das ehemalige deutsche »Generalkommando«, zum Rapport bestellen und ihm heftige Vorwürfe machen, was er denn da in einem Blatt veröffentliche, das immerhin von einer Dienststelle Seiner Britischen Majestät herausgegeben werde, zeigt er sich in seiner besten Rolle: der Unschuld vom Lande. Wie denn, fragt er, dürfe man denn nicht zitieren, was britische Zeitungen drucken; was denn, sei nicht der Herr Gollancz ein hochgeachtetes Mitglied der Labourfraktion im englischen Unterhaus?

Die deutschen Leser aber hat Augstein mit dieser Sprache gegen die Sieger im Sturm genommen. Alle 15 000 Exemplare der ersten Ausgabe sind am ersten Tag vergriffen, wobei auch eine Rolle spielt, daß eine Reichsmark nicht mehr viel gilt; erst für sieben oder acht Mark gibt es in dieser Zeit der Zigarettenwährung einen Glimmstengel.

Mehrere Artikel aus den beiden voraufgegangenen Probeläufen haben Gnade vor dem Duo Bohrer/Augstein gefunden und machen die Nummer eins zusätzlich interessant. So wird, als Vorläufer für Hunderte von Enthüllungsgeschichten, über die Butterschiebungen einer hessischen Molkerei am schwarzen Markt, über eine Beleidigungsklage Winston Churchills wegen einer Buchveröffentlichung, über den jetzt als Schäfer beschäftigten Schauspieler Werner Krauss (»Jud Süß«) und darüber berichtet, daß Elisabeth Flickenschildt wegen des Verdachts auf Fragebogenfälschung im Kittchen sitzt. Nach dem inzwischen entdeckten Redaktionsmotto »Nichts interessiert den Menschen mehr als der Mensch« bringt das Heft ein Dutzend Personalien.

Als sich der Erfolg abzeichnet, schickt Rudolf Augstein enthusiasmiert ein Telegramm an John Chaloner, in dem es heißt: »Über unserer Tür wird immer in goldenen Buchstaben Ihr Name stehen!«

Was er nicht weiß und was auch Chaloner erst vierzig Jahre später genauer erfährt, als nämlich Londons Foreign Office und das Kriegsministerium die Akten freigeben: Zwischen dem Außenministerium in London, den Headquarters der britischen Vertretung im Alliierten Kontrollrat Berlin und der PRISC-Group (Public Relations and Information Services Control) im westfälischen Bünde entsteht schon wegen der ersten Ausgabe der neuen Zeitschrift ein Riesenkrach, der mit den frechen Artikeln in den folgenden Heften noch anwächst. Das junge Blatt trägt deshalb, kaum am Kiosk erschienen, schon den Todeskeim in sich.

Chaloner gerät ganz plötzlich in doppelten Verschiß: einmal wegen unerlaubten Andrucks und Verkaufs der Zeitschrift, zum anderen wegen Rudolf Augsteins provozierenden Artikeln gegen die Londoner Regierung. Eine Geheimorder des Chefs der PRISC-Group der britischen Vertretung im Berliner Kontrollrat, C. J. S. Sprigge, vom 29. November 1946 an die »Unit« in Hannover soll Nägel mit Köpfen machen und sowohl den renitenten Panzermajor wie auch seine aufmüpfigen Pressebengels an die Kandare nehmen.

Sprigge befiehlt in seinem Brief an »Lt. Col. C. P. Bayer«, den Ranghöchsten vom »Regional Staff« an Hannovers Georgstraße, zweierlei:

1. »Wegen seines unautorisierten Vorpreschens mit DIESE WOCHE an die Öffentlichkeit enden Major Chaloners Beziehungen zu dieser Zeitschrift ab sofort und in vollständigem Umfang.«

2. »Oberstleutnant Bayer wird Major Chaloner eine Rüge wegen Überschreitens seiner Befugnisse erteilen. Major Huijsman übernimmt persönlich die Verantwortung für DIESE WOCHE, und zwar so lange, bis eine Lizenz erteilt wird. Mein Befehl ist, daß die Zeitschrift auf die vorsichtigste Weise berichtet, selbst wenn das auf Kosten der Brillanz und Pikanterie geht. Dies ist erforderlich, damit die kommenden Ausgaben nicht solche fragwürdigen Berichte enthalten wie die erste Nummer!«

Während die Geheimkuriere zwischen London, Berlin und dem westfälischen Bünde hin und her jagen, hat Chaloners Crew im achten Stock des Anzeiger-Hochhauses aber längst die Nummer zwei fertiggestellt, und zum Entsetzen der Briten geht es mit den »fragwürdigen Berichten« munter weiter: Schon auf der ersten Seite ein Tritt vors Schienbein der Amerikaner. Dies in Form einer Meldung aus New York, nach der die jüngste Weizenrekordernte in den USA erfreulicherweise eine größere Zuteilung an Amerikas Schnapsbrennereien ermöglicht. Eine Karikatur dazu zeigt einen feisten whiskytrinkenden Ami an der US-Küste und ihm gegenüber an den Gestaden Europas zwei ausgemergelte Gestalten, die um Brot betteln. Auf dem US-Getreidesack neben dem Amerikaner dazu noch die Aufschrift: »US-Getreide – Schnaps statt Brot«!

Natürlich darf auch Victor Gollancz in Heft zwei nicht fehlen. Unter einem Foto, das ihn mit einem zerlumpten Jungen im Ruhrgebiet zeigt, reitet er diesmal eine Attacke auf Londons »Deutschland-Minister« John Hynd, der, so Gollancz, in Berlin wieder »eine seiner berühmten optimistischen Reden« über die Lage in der britischen Zone gehalten habe, »die jedem intelligenten Mitglied der Alliierten Kontrollkommission kalte Schauer über den Rücken jagen«. Damit Gollancz nicht alles allein machen muß, verpaßt Rudolf Augstein dem Minister selbst noch einen Rüffel: Hynd, dem er das Aussehen eines deutschen Regierungsassessors bescheinigt, habe zugeben müssen, daß die ohnehin kargen Lebensmittelrationen für die Bewohner seiner Zone »seit August nicht mehr voll zugeteilt wurden«.

Diesmal zur Freude der Sowjets, die im Berliner Kontrollrat noch wütend gegen den Deportationsartikel in Nummer eins protestieren, berichtet Augstein über einen Triumph, den Moskau für sich verbuchen konnte. Als es wieder um die Zwangsverschickung deutscher Techniker nach Sibirien ging, hatte der Generaloberst Kuroschkin seinen Ratskollegen ein Dokument vom 30. August 1945 unter die Nase gehalten, das neben der Unterschrift des Sowjetmarschalls Schukow auch die Unterschriften von General Eisenhower und Feldmarschall Montgomery zeigt. Im Text heißt es unter anderem: »Die deutschen Behörden werden zugunsten der siegreichen Nationen Facharbeiter stellen, zum Gebrauch in Deutschland oder sonstwo.« Auch einige Artikel der Nummer drei stehen schon im Satz und gehen den aufgeschreckten Zensoren durch die Lappen. So ein Beitrag, gegen den nach Erscheinen sofort die Franzosen protestieren: Unter der Überschrift »Schickt unsere Gefangenen zurück!« schildert er die Fronarbeit Zehntausender deutscher Exlandser unter unmenschlichen Bedingungen im französischen Kohlebergbau. »Bei täglich 300 Gramm Brot mit 5 Gramm Fett sowie 100 Gramm Fleisch pro Woche.« Ebensowenig Anklang findet ein Artikel im Auslandsteil, der »von anhaltender Krise in Paris« und vom »maroden französischen Franc« zu berichten weiß.

Danach schlägt der Befehl Sprigges ein, und Chaloner bekommt seinen Rüffel verpaßt. Er wird etwas kleinlauter, aber nur ein wenig, und findet über Harry Bohrer heimliche Wege, DIESE WOCHE auf Konfliktkurs zu halten. Etwas anderes macht der Redaktion zu schaffen: Sprigges Remedurbefehl enthält zusätzlich die Anweisung, jede Zeile der kommenden Ausgaben von DIESE WOCHE, seien es Artikel oder Anzeigentexte, per Fernschreiben an Major Nick Huijsman beim britischen Kontrollratsamt in Berlin durchzutickern, eine ausgesprochene Schikane. Sie bringt den Terminkalender der Redakteure im Anzeiger-Hochhaus so durcheinander, daß die nächsten Hefte jeweils nur mit mehrtägiger Verspätung an die Leser kommen.

Aber trotz Huijsmans Wachsamkeit kann von zahmer Berichterstattung in der Folgezeit keine Rede sein. Augstein hängt nicht an dem Job; er weiß, er kann immer noch studieren, bei einer der beiden hannoverschen Zeitungen unterkommen oder fürs Theater schreiben. Seine fatalistische Einstellung (»Wozu aufregen, nächste Woche läuft eine neue Sau durchs Dorf!«) hilft dabei. Bohrer stärkt ihm den Rücken, und in Gesprächen mit Dr. Kurt Schumacher, der im SPD-Hauptquartier gleich um die Ecke in der Odeonstraße residiert, festigt sich sein Wille zur Verteidigung deutscher Interessen. Trotz Huijsmans Zensur schlägt sich das im Heft nieder. So beschuldigt er Frankreich in einem Artikel offen, es sei an der Einheit des besiegten Deutschlands überhaupt nicht interessiert. Und auch in kleiner Münze zahlt er es Paris heim. Ein Bericht über die Anwerbestelle für französische Fremdenlegionäre in Kehl am Rhein zeigt auf, daß hier den zahlreichen deutschen Bewerbern nicht viele Fragen nach ihrem Soldatenjob unter Hitler gestellt werden – selbst Angehörigen der ehemaligen SS nicht.

Und wie der Chef, so seine Leute. Sein Wirtschaftsmann gibt anläßlich des Treffens deutscher und englischer Rationalisierungsexperten im Harz den Briten einen mit. Er schildert in seiner Reportage aus Hahnenklee:»Die einst dichtbewaldeten Harzer Bergköpfe leiden an Haarausfall, einer Art englischen Baumkrankheit« – gemeint ist der Raubbau-Holzeinschlag zugunsten Englands. Dann bringt er ein hanebüchenes Demontagebeispiel, das zeigt, wie britische Firmen sich ihre einstige deutsche Konkurrenz einverleiben: Bei der deutschen Kammfabrik»Kolibri«,»nun wahrlich kein Rüstungsbetrieb«, seien deren moderne Maschinen abgebaut und als Reparation der britischen Kammfabrik zugeschlagen worden. (Später kehren die Maschinen nach Deutschland zurück.) Huijsman und seine Kontrolleure streiten um jeden Artikel, aber Augstein verteidigt sich zäh und amüsiert mit dem Argument, im Rahmen der Umerziehung zur Demokratie komme doch wohl der Pressefreiheit ein hoher Rang zu. Das verbale Hinundhergezerre führt zu solchen Verzögerungen, daß die Ausgaben fünf und sechs zu Weihnachten 1946 als Doppelnummer erscheinen.

Ihr Titelblatt zeigt Papst Pius XII. an der Schreibmaschine, wie er seine Botschaft»Frieden auf Erden« zu Papier bringt – alles deutet auf geruhsame Feiertage hin. Aber ein Wirtschaftsartikel in dem 42seitigen Doppelheft bringt – nach Augsteins politischen Attacken – das Faß zum Überlaufen und läutet das schnelle Ende der jungen Zeitschrift ein.

Leo Brawand hat sich jene Expertengruppen zum Thema genommen, die das englische Handelsministerium unter Sir Stafford Cripps auf die Besatzungszone losgelassen hat, um in den heilgebliebenen Fabriken Erfindungen und Herstellungsverfahren aufzuspüren und einzukassieren. DIESE WOCHE schreibt über den unverhüllten Raubzug:

»In England werden die Berichte vom BIOC (British Intelligence Objectives Committee) gesammelt und stehen der englischen Industrie zur Einsichtnahme und Auswertung zur Verfügung. Eine Million Abschriften der Untersuchungsberichte wurden ausgegeben. Deutsche Wissenschaftler, die nach England geholt wurden, ergänzen die Angaben und arbeiten zum Teil an der Weiterverfolgung der entwickelten Verfahren.

Die Auswertung der deutschen Fertigungsmethoden und technischen Erfindungen soll zur Unterstützung und Produktionssteigerung der englischen Industrie und damit der Sicherung ihrer Konkurrenzfähigkeit auf dem Weltmarkt dienen.

›Von den Geheimwaffen bis zur neuesten Methode der Butterherstellung sollen die deutschen Erkenntnisse jetzt England helfen‹, mit diesen Worten eröffnete Sir Stafford Cripps eine Ausstellung des BIOC in London, auf der die Untersuchungsergebnisse der nach Deutschland gesandten englischen Vertreter ausgestellt sind. Die Ausstellung ist für industrielle und sonstige Fachkreise bis Weihnachten geöffnet und wird im nächsten Jahr in allen größeren englischen Städten gezeigt werden. Bezeichnend für das Tempo der Ausstellung ist, daß Cripps' Eröffnungsrede auf einer neuen deutschen Sprechmaschine aufgenommen und übertragen wurde, die eine bedeutende Neuerung auf dem Gebiet der Elektroforschung darstellt und von der BBC London bereits seit einiger Zeit verwendet wird.«

Und dann, im letzten Absatz des Artikels, schwingt sich der Schreiber zum Rächer der so enterbten Deutschen auf und mahnt die Briten:

»Die deutschen Entdeckungen und Herstellungsmethoden, die besonders unter dem Druck des Krieges entwickelt wurden, dürften einen bedeutenden Ausgleichswert für die 80

43

Millionen Pfund Sterling bilden, die der englische Steuerzahler jährlich für die britische Zone aufbringt. Es bleibt für die deutsche Wirtschaft zu hoffen, daß der englische Reparationsbuchhalter nicht vergißt, diesen Posten auf dem deutschen Konto zu verbuchen.«

Danach ist es nun nichts mehr mit der im Weihnachtsheft auf Seite 21 gedruckten Ankündigung: »DIESE WOCHE erscheint wieder am Sonnabend, dem 4. Januar 1947.« Die Ereignisse überstürzen sich.

Aus Berlin ergeht jetzt der Befehl, das Blatt innerhalb von 24 Stunden einzustellen, damit es »die Regierung Seiner Majestät nicht länger blamiere« (Augstein). Vor allem hat das Foreign Office jetzt wegen des ständigen Ärgers die Nase voll. Aber Chaloner und Bohrer, obwohl angeschlagen, wagen Widerspruch. Sie geben zu bedenken, wie es wohl auf die beabsichtigte Demokratisierung der Deutschen wirken werde, wenn man eine Zeitschrift durch Verbot abwürge, die es mit der demokratischen Pressefreiheit eben ernst genommen habe. Na ja, knurren Englands Kommißköpfe aus Berlin und Bünde zurück, dann aber wenigstens »Übergang des bisherigen Blattes der Militärregierung in deutsche Hände«, und zwar auch binnen 24 Stunden. Und unter neuem Namen.

Auf Rudolf Augstein, den eigentlichen Macher und von Bohrer und Chaloner Favorisierten, kommt jetzt Entscheidendes zu. Er fragt seinen Vater, was er für den besseren neuen Titel halte: »Das Echo« oder »Der Spiegel«. Vater Augstein wählt »Der Spiegel«, und der Sohn stimmt zu. Er ist bereit, künftig als Lizenznehmer zu fungieren, verspricht andererseits aber niemandem, etwa den Kurs des Blattes zu ändern. Alles geht während der Weihnachtsfeiertage vor sich und Hals über Kopf.

Im Berliner Lancaster House unterschreibt Huijsmans Vorgesetzter Michael Balfour eine vorläufige Lizenz für Rudolf Augstein, bekommt am nächsten Tag Bedenken und will alles wieder rückgängig machen, aber da hält Augstein das wertvolle Papier schon in den Händen.

Statt DIESE WOCHE erscheint so am 4. Januar 1947 der erste

SPIEGEL; auf dem Titel Österreichs Gesandter Dr. Kleinwächter, den Hut lüftend. Dazu von Augstein die den einstigen hitlerbegeisterten »Ostmärkern« des Großdeutschen Reiches gewidmete ironische Titelzeile:»Mit dem Hute in der Hand wird man ein befreites Land.« Im Deutschlandteil ist mit schwarzem Trauerrand die Mitteilung der bisherigen britischen Verlags- und Redaktionsleiter zu lesen, die zuständigen Besatzungsbehörden hätten entschieden, daß die Zeitung »nun unter unabhängiger deutscher Leitung herauskommen kann«. Die bisherigen Leiter wünschen »für die neue Zeitschrift DER SPIEGEL einen ganz großen Erfolg.« Und der Chef des neuen, vielversprechenden Magazins ist gerade mal 23 Jahre, einen Monat und 30 Tage alt – es muß eine Sternstunde gewesen sein, als er das Licht der Welt erblickte.

3
»Dann, Herz, halte still« –
Kindheit und Jugend in Hannover

Rudolf, das sechste Kind – Eine »lückenlose katholische Erziehung«
Auf dem Kaiserin-Auguste-Viktoria-Gymnasium – Erste Gedichte,
eine Augstein-Oper und große Pläne –»Fichte war ein Idiot« – Radio
London unter der Wolldecke – Rudolf ist King und Kumpel

Pluto und Mars stehen im engen Quadrat; die Uhr zeigt zweieinhalb Stunden nach Mitternacht, als am 5. November 1923
in Hannover Gertrude Augstein ihr sechstes Kind, den Knaben
Rudolf, bekommt. Der Knirps wiegt fast sechs Pfund und mißt
knapp fünfzig Zentimeter. Bis dieser Rudolf als Leutnant der
Artillerie und »Vorgeschobener Beobachter« an der Ostfront
1944 »Feuer auf den eigenen Standpunkt, aber bitte nicht zu
nahe!« kommandiert, hat er 1,69 Meter Größe erreicht. Eine
schlanke Figur und klare, feine Gesichtszüge wird er bis in
seine Fünfziger und Sechziger behalten.

Rudolf Karl Augstein ist kein kräftiges Kind, aber er
ist aufgeweckt und pfiffig. Seine größeren Schwestern ver-
hätscheln ihn, Mutter Gertrude, klein, bescheiden, vergöt-
tert den Sohn. Vater Friedrich hat seine pädagogischen Ener-
gien schon beim fünfzehn Jahre älteren Bruder Josef veraus-
gabt. Er behandelt den Nachkömmling nachsichtig. Nur
zweimal bekommt Klein-Rudi ein paar Klapse: als er an
einem Weihnachtsabend der achtjährigen Schwester den
eben geschenkten goldenen Spielzeug-Teewagen zerdeppert
und als er in Vaters Fotoladen an der Vahrenwalderstraße
ein kostbares Gerät, einen sogenannten Makifometer der

47

Freudenstädter Firma Max Fiedler, vom Regal reißt, so daß es kaputtgeht.

Nach Rudolf kommt noch ein siebtes Kind, eine Schwester. Vierzehnmal im Jahr, jeweils am Geburtstag und am Namenstag, wünscht Mutter Gertrude, geborene Staaden, ihren Kindern »viel Glück und Gottes reichen Segen«. Die Augsteins sind streng katholisch, aus dem gläubigen Rheinland in die Diaspora Niedersachsen verschlagen. Als Rudolf gerade laufen kann, macht Bruder Josef schon sein Abitur und geht aus dem Haus, zum Jurastudieren.

Ein Foto aus dem Familienalbum zeigt den fünfjährigen Rudolf in einem Aufzug, der sowohl werbewirksamen Verstand des Fotohändlers Friedrich Augstein als auch einen frühen Drang des Juniors zu künstlerischer Darstellung beweist: Angetan mit Lackschuhen, Knickerbockerhosen, Trachtenjakke, Handschuhen und Zylinder, posiert er ernsten Gesichts als Fotograf – hinter einem niedrig eingestellten Stativ und einer Faltkamera samt Selbstauslöser.

Ja, die Familie des Fabrikanten Augstein, der seinen Betrieb lukrativ verkaufen konnte, gilt als gutsituiert, und christlich-katholisches Denken garantiert einen relativ harmonischen Tagesablauf. Zu den Mahlzeiten wird gebetet: »Komm, Herr Jesus, sei unser Gast und segne, was du uns bescheret hast!« Selbstverständlich geht man sonntags in die Kirche; sie liegt abseits der verkehrsreichen Podbielskistraße, die von Anwohnern liebevoll »Podbi« genannt wird.

Sentimental denkt Augstein manchmal an die Wohligkeit der Gottesdienste im Kindesalter zurück; an die Orgel, beim Singen des Liedes »Christus mein König« ständig einen Takt voraus; an die Christmette um Mitternacht und den langen Hin- und Rückweg durch den verschneiten Winterwald; auch an seine Zeit als Meßdiener in dieser Kirche, an das Weihrauchschwenken, das Gewisper hinter dem Altar und die Heimabende in der katholischen Jugendgruppe.

Fromme Sprüche hält er aus dieser Zeit viele parat. Seinen Redakteuren macht er Mut, wenn er in schwierigen Situationen plötzlich rezitiert: »Wenn du denkst, es geht nicht mehr,

Schüler Augstein (auf dem Badefoto links; mit Klassenkameraden, dritter von
links), Kaiserin-Auguste-Viktoria-Gymnasium: »Rudolf besaß bereits als Junge
in kurzen Hosen die Fähigkeit, Erkanntes aus dem Stegreif druckfertig zu formulieren.«

kommt von irgendwo ein Lichtlein her« oder:»Aber die Lauen pflegt der Herr auszuspeien aus seinem Mund.« Natürlich kommt für ihn nur eine katholische Schule in Frage. Weil aber in dieser Hinsicht im evangelischen Hannover kaum Auswahl besteht, muß er auf eine Art Zwergschule, in der es nur eine einzige Klasse, acht Schüler und zwei hochgeschlossene Lehrerinnen gibt.

Sie sind es, die dem Abc-Schützen aus der Podbielskistraße die steile Sütterlinschrift beibringen, die er sein Leben lang schreibt, und die kaum noch jemand in seiner Redaktion zu lesen vermag; ältere Kollegen müssen da »übersetzen«. Hier und in seiner Familie nimmt er auch die spezifisch hannoversche Aussprache an, in der ein Stein »Staan« und der Fluß Leine »Laane« heißt. Bekanntester Spruch der Leinestädter auf diesem Gebiet: »Junge, sprich ein klares A. – Jöa Vaater, jöa!« Später versucht Augstein die Mundart durch Sprechübungen loszuwerden. Er wird sie los; allerdings spricht er seitdem vor Mikrophonen manchmal etwas maniert.

Kirche, Familie und die Zwergschule sorgen dafür, daß sich Rudolf Augstein einer »lückenlosen katholischen Erziehung« rühmen kann. Kirchenlieder spielen auch die älteren Schwestern, zumeist auf dem häuslichen Klavier, und bald singt der kleine Rudi mit, sogar Lieder von Schumann, Schubert oder Hugo Wolf: katholisches Bildungsbürgertum.

Aber er ist kein Stubenhocker, vergräbt sich nicht hinter Bauklötzen, Struwwelpeter, Robinson Crusoe und Karl May. Karl Mays Abenteuer schätzt er so sehr, daß er noch als Soldat 1945 aus dem zerbombten Dresden zu Fuß neun Kilometer nach Radebeul pilgert, um das Karl-May-Museum in der »Villa Shatterhand« zu besichtigen – vergebens, es war geschlossen. Mit den Kindern aus der Nachbarschaft spielt er in den Seitenstraßen der Podbi »Inno?«»Hinkelkasten«, »Bruder hilf!«, »Schlagball« und beobachtet das nicht gerade völkerverbindende Ballabwerfspiel »Ich habe Wut«. Dabei werden mit Kreide Kreise auf den Boden gezeichnet, in denen Ländernamen stehen, und es gilt, bei dem Ruf »Ich habe Wut auf das verdammte England« (oder Frankreich,

Holland, Amerika usw.) aus dem jeweiligen Kreis heraus zu einem anderen zu laufen, ohne vom Ballwerfer getroffen zu werden – der verlorene Erste Weltkrieg hallt auch auf Hannovers Straßen nach.

Als Neunjähriger kommt »Rudi« auf das Kaiserin-Auguste-Viktoria-Gymnasium (abgekürzt KAVG) in Hannover-Linden, eines der drei humanistischen Gymnasien am Ort, auch diese Schule vorwiegend von katholischen Schülern besucht. Sie liegt am anderen Ende der Stadt in einem Arbeiterviertel, also muß der Sextaner Augstein per Straßenbahn – am »Kröpcke« umsteigen – lange Strecken fahren und später per Rad abstrampeln. Die meisten seiner Mitschüler sind, anders als er, der »Skorpion«-Geborene, schon zehn Jahre alt; er ist erst neun und der kleinste.

Herr Ordinarius Hesse wird sein erster Klassenlehrer. Er kann die Schüler schon mal wütend andonnern: »Ich werde euch frikassieren«, wenn sie nicht spuren. Aber er ist kein Unmensch, und als er 1933, einige Wochen nach der sogenannten Machtergreifung der Nationalsozialisten, zum erstenmal morgens weisungsgemäß mit »Heil Hitler« in die Klasse tritt, bedeutet er nach dem Unterricht dem Schüler Ostermann, er brauche sich keinerlei Sorgen zu machen.

Denn der junge Ostermann ist Jude, der einzige in der Klasse. Mit ihm freundet sich Rudolf Augstein an; bedeckt mit ihren grünen Schirmmützen (die Farbe des Gymnasiums) samt rotweißen Streifen (Sexta), fahren sie ein Stück des Heimwegs gemeinsam. Sie stehen auch nebeneinander, wenn in der Aula nach dem Willen der neuen Machthaber die »Schlacht von Sedan« oder der »Tag des deutschen Freiheitskämpfers Leo Schlageter« feierlich begangen wird. Rudolf besucht die Familie im noblen Vorort Waldhausen und verspeist mit Genuß die selbstgebackenen Obsttorten, die Mutter Ostermann ihm vorsetzt.

Ostermann, der heute den israelischen Namen Uri Avnery trägt, erinnert sich: »Rudolf war ein ernster Schüler, und ich meine, daß wir beide die Besten der Klasse waren.« Lange allerdings bleiben sie nicht zusammen, denn Vater Ostermann ist ein kluger Mann, der die bösen Zeichen der Zeit erkennt. Was er von seinem Sprößling aus der Schule hört, bestärkt ihn in dem Verdacht, daß Hitlers neues Deutschland für jüdische Familien keine bleibende Heimstatt sein dürfte. Der Sohn berichtet beispielsweise, daß im Gesangsunterricht mehr und mehr Nazi-Kampflieder die alten deutschen Volksweisen ablösen. Eines davon hat der heutige israelische Staatsbürger noch in Erinnerung und singt es manchmal seinen darob entsetzten Freunden vor:

»Siehst du im Osten das Morgenrot?
Ein Zeichen zur Freiheit, zur Sonne.
Wir halten zusammen ob Leben ob Tod,
mag kommen, was immer da wolle.
Im Volke geboren entstand uns ein Führer,
gab Glauben und Hoffnung an Deutschland uns wieder.
Volk ans Gewehr, Volk ans Gewehr!

Viele Jahre zogen dahin,
geknechtet das Volk und belogen.
Verräter und Juden hatten Gewinn,
das Volk um die Hoffnung betrogen.
Warum jetzt noch zweifeln,
hört auf mit dem Hadern,
noch fließt uns deutsches Blut in den Adern.
Volk ans Gewehr, Volk ans Gewehr!«

Im November 1933 geht die Familie Ostermann nach einer nächtlichen Eisenbahnfahrt bei Kehl über die deutsch-französische Grenze. Sie wandert nach Palästina aus. Wochenlang hatte der kleine Ostermann die Vorbereitungen der Ausreise verbergen müssen. Zu Augsteins siebzigstem Geburtstag schrieb er:
»Habe ich Rudolf das Geheimnis anvertraut? Falls nicht, muß ich mich jetzt entschuldigen, daß ich eines Tages einfach verschwunden bin.« Der Gymnasiast Augstein jedenfalls

macht eine erste Erfahrung mit dem Dritten Reich, in dem er seine weitere Schulzeit verbringen soll.

Sein Zeugnis für das Schuljahr 1933/34 meldet:
Verhalten in der Schule: gut
Beteiligung am Unterricht: lebhaft
Religion: gut
Deutsch: gut
Latein: gut
Erdkunde: gut
Mathematik: gut
Biologie: gut
Musik: sehr gut.
In Handschrift, Zeichnen und Leibesübungen bringt er es nur auf ein »genügend«.

Die neuen Machthaber halten, wie alle Welt später erfahren sollte, nichts vom Humanismus; sie verringerten planmäßig die Zahl der Gymnasien. So wird nach einiger Zeit die Kaiserin-Auguste-Viktoria-Schule mit dem Hannoverschen Ratsgymnasium zusammengelegt, in dem Hitlers Erziehungsminister Wilhelm Rust während der zwanziger Jahre als Lehrer tätig gewesen war. Jetzt hält sich in Augsteins Klasse die Zahl katholischer und evangelischer Schüler fast die Waage. Wenn es Streit gibt, kommt es nach Aussagen von Mitschülern gelegentlich zu einer ökumenischen Klopperei, hie elf Evangelische, da neun Katholische. Und einmal, als der pfiffige Rudi vorher die Aufgaben für eine Klassenarbeit herausspioniert (und sie allen Mitschülern bekanntgibt), heißt es, nachdem die Sache herauskommt, beim evangelischen Lehrkörper, daß sei ja »typisch für einen Katholen«!

Ansonsten spielt die Konfession in der vereinigten Höheren Lehranstalt keine Rolle. So sitzt Rudolf Augstein auf einer Bank mit Paulchen Ziethe, dessen Vater als evangelischer Pastor in die Landgemeinde Völksen am Deister versetzt worden ist, weil er in Stettin als politischer Gegner aufgefallen war. Sohn Paul sogar hat die NS-feindlichen Schriften in der Gemeinde verteilt. Zwischen dem Pastorensohn und Augstein, dessen Familie Hitlers Politik gleichfalls kritisch gegenübersteht, wächst eine enge Freundschaft.

Das Erziehungsministerium in Berlin ordnet zu dieser Zeit immer neue Unterrichtspläne an, die dem nationalsozialistischen Geist Rechnung tragen sollen. Insbesondere Latein und Griechisch müssen Stunden an andere Fächer abgeben; vor allem an den Sport, denn Hitler will eine Jugend »zäh wie Leder, hart wie Kruppstahl und flink wie Windhunde«.

Im Deutschunterricht weht ebenfalls ein neuer Wind, spielen jetzt die »Edda«, das »Nibelungenlied«, »Parzifal« und Wagners »Meistersinger« eine Hauptrolle. Zu den neuen Aufsatzthemen, mit denen sich Augsteins Klasse herumschlagen muß, gehören beispielsweise »Die nationale Richtschnur für Hitlers Handeln«, »Wie ich Volksgemeinschaft erlebte«, »Nationalsozialistische Tugend und ihre Auswirkung in meinem Lebenskreis« sowie »Volk ohne Raum! Welche politischen, wirtschaftlichen und sittlichen Folgen ergeben sich daraus?« Die Theatergruppe des Gymnasiums, traditionsgemäß auf Klassik eingestellt, befaßt sich »mit der Problematik des Opfertodes bei Euripides«.

Wohin die Reise geht, kann überdies an anderen Zeichen abgelesen werden: 1937 wird Studienrat Giese zum Obmann für den Luftschutz bestellt, kurz danach gibt es die ersten Luftschutzübungen, bei denen alle Schüler nach der Stoppuhr in den Luftschutzkeller verschwinden. Schließlich verkündet Lehrer Brink (Spitzname »Bubi«): »Unser Führer schenkt euch das neunte Schuljahr, denn er braucht ja wohl Soldaten.«

Augsteins Lehrer sind, bis auf den Parteigenossen Hermann Heuer, keine Nazis, aber sie fühlen deutschnational, viele sind Weltkrieg-I-Teilnehmer. Wenn in der Aula unter dem riesigen Eisernen Kreuz an der Stirnwand die Abiturfeiern abgehalten werden, tragen sie stolz ihre »EKs« und Verwundetenabzeichen. Die NSDAP jedoch halten sie für einen »Pöbelhaufen«, Hitler nennen sie den »böhmischen Gefreiten«. Seine nationale Erneuerung, der Aufbau der Wehrmacht und die Rassentheorien andererseits gefallen ihnen. In der Biologie-Arbeitsgemeinschaft behandeln sie »Grundlagen der Abstammungslehre«, und die Philosophie-AG, in der Augstein mitdiskutiert, kaut »nationale Philosophen« wie Fichte, Nietzsche und Rosenbergs »Mythos des 20. Jahrhunderts« durch.

Der Schüler Augstein steht den Lehren des Dritten Reiches von Haus aus skeptisch gegenüber. Denn die Augsteins sind schon vom Großvater im rheinischen Bingen her eine bewußt antipreußische Familie, jedem Rassendünkel und militärischem Tschingderassassa abhold. Rudis Opa hatte seinem Vater sogar verboten, das Elternhaus in Militäruniform zu betreten. Gespräche am Mittags- und Abendbrottisch in der Podbielskistraße sowie mit dem väterlichen Freund Pater Martens bestärken ihn in seiner Ablehnung. Bis 1933 haben die Wahlberechtigten der Familie als gute Katholiken für die Zentrumspartei gestimmt. Vater Friedrich, politisch stark interessiert, sieht schon seit den Tagen von Weimar in Hitler »das Böse schlechthin«, wie sein Sohn sich erinnert. Ein Mann, der von Gott als der »Vorsehung« spricht, der völkerrechtswidrig mit seinen Soldaten das Rheinland besetzt und Milliarden in die Rüstung pumpt, ein solcher Mann steuert auf einen neuen Krieg zu. Friedrich Augstein würde es nie einfallen, seiner Familie Schlüpfriges zu erzählen, aber einmal gibt er einen Wirtinnenvers zum besten, über den sich Sohn Rudolf köstlich amüsiert:

»Frau Wirtin hatte einen Traum.
Der war so schön, man glaubt es kaum,
das herrlichste Tedeum.
Sie sah den Führer ausgestopft
im Britischen Museum.«

Häufig muckt er im Unterricht auf, wenn es um die »Errungenschaften« der Regierung oder Partei geht, allerdings zumeist verklausuliert und mit bissiger Ironie. Im Lateinunterricht zum Beispiel wirft er sich mit dem Lehrer Brink die Bälle zu, wenn sie über das Römische Imperium und seine Unterdrückungspolitik gegenüber anderen Völkern sprechen. Ob nicht Hitlers »SA« bei ihren Aufmärschen dieselben Standarten vor sich hertrage wie die eroberungswütigen Römer, fragt Rudolf beispielsweise mit treuherziger Miene. Paul Ziethe, der Sproß aus dem brandenburgischen Pastorengeschlecht und später selbst Pastor, erinnert sich:»Wir hatten teilweise einen sehr kritischen Unterricht, und Rudolf gab dabei den Ton an. Dabei gehörten Ironie und Zynismus immer zu seiner Art.«

Deutsch und Geschichte sind seine Lieblingsfächer; seine Aufsätze zählen zu den besten, die je im Ratsgymnasium geschrieben wurden. Bismarck nennt er selbst seinen »Abgott«. Der Reichsgründer mit seiner weitschauenden Rußlandpolitik erscheint ihm gerade im Vergleich zu dem Berserker Hitler als vorbildlicher Staatslenker. Paul Ziethe erinnert sich:»Bismarck, das war sein Mann, sein Idol. Wenn es im Geschichtsunterricht um die Emser Depesche oder den Vertrag mit Moskau ging, dann leuchteten seine Augen.« Bismarcks Buch *Gedanken und Erinnerungen* liest er mehrere Male. Die Klassenkameraden haben mit dem Dritten Reich und ihrem Führer keine Probleme. Paul Ziethe meint:»Für uns andere Schüler war das sozusagen homogen, deutschnational und das neue Deutschland. Deshalb wollten auch alle kämpfen. Auch Augstein dachte national, aber er war gegen die Nazis.«

Die Banknachbarn Ziethe und Augstein sind auch auf den Klassenausflügen – etwa nach Bodenwerder an der Weser oder zum Steinhuder Meer – viel zusammen. Fotos aus Ziethes Album zeigen die beiden meist nebeneinander. Sie sind so vertraut, daß Ziethe früh in Augsteins künstlerische Aktivitäten eingeweiht wird. Denn das wird zu seiner Ratsgymnasiumszeit deutlich: Rudolf macht Gedichte.

Er fabriziert Reime über alles, was ihm vor die Flinte kommt, und er macht das so gekonnt, daß es seinen jungen Kunstlehrer Bernhard Haake geradezu entzückt. Haake und seine gleichfalls künstlerisch ambitionierte Frau Magdalene nehmen sich des jungen Dichters auch privat an; er wird bei ihnen fast Kind im Hause. Noch als 89jähriger schwärmt Haake:»Es war eine Lehrer-Schüler-Freundschaft, wie man sie ganz selten findet. Für meine Frau und mich war es ein reines

Vergnügen, mit ihm befreundet zu sein. Wir waren beide in dieses Talent verliebt!«

Eines der Gedichte, die der Gymnasiast Augstein verfaßt, geht so:

»Das Schweigen der Berge
Das Lächeln im Traum
Die Wonnen der Liebe
Du hältst sie kaum.

Die Frische der Felder
Des Abends Gesicht
Sie gleiten vorüber
Du hältst sie nicht.

Du kannst sie nicht fassen
Wie Disteln und Dill
Doch wenn sie dich halten
Dann, Herz halte still!«

Kunsterzieher Haake, der vor den Nazis einen jüdischen Verwandten geheimhalten muß, stimmt unausgesprochen politisch mit dem jungen Augstein überein. Entbietet er morgens der Klasse den Hitlergruß, so gleicht das mehr einer wegwerfenden Handbewegung. Die offizielle »Blut-und-Boden«-Kunst des Dritten Reiches finden beide gleichermaßen lächerlich. Haake: »In meinen Stunden ist viel gelacht worden, denn ich war dunnemals sowenig ein Kind von Traurigkeit wie Rudolf, der kräftig zu lästern verstand, wenn wir uns etwa die Hefte ›Kunst im Deutschen Reich‹ betrachteten.«

Der junge Augstein macht lieber selbst in Kunst. Als Unterprimaner schreckt er sogar nicht davor zurück, einen Operntext zu verfassen. Titel: »Die Versuchung des Pescara«; ein Thema, das 1887 der Schweizer Dichter Conrad Ferdinand Meyer zu einer Novelle verarbeitet hatte. Es handelt von Fernando Pescara, einem Feldherrn Kaiser Karls V., der sich einer Verschwörung gegen Karl zum Schein anschließt und sie dann aufdeckt. Das Neue daran: Gymnasiast Rudolf setzt das ganze Drama ins Versmaß. Freund Ziethe bedeutet er, sein »Pescara« sei überdies »gestrafft«, weil man für »zu lange Riemen« keinen Verleger und keine Bühne finde, die das Stück annehmen.

Um diese Zeit startet Augstein überdies seinen ersten Versuch, journalistisch aufzutreten. Für die Goebbels-Zeitung *Das Reich* verfaßt er die Kritik an einer Besprechung des Nietzsche-Bandes von Balduin Noll vom 15. September 1940, in der er Plato, Kant, Hegel und Schopenhauer anführt, um seine Gegenthesen zu untermauern (siehe Dokumentation S. 244 f.). Im Ratsgymnasium macht die intelligente Kolumne Furore, und Lehrer Haake sagt: »Das war nicht schlecht für einen sechzehnjährigen Knaben.«

Überhaupt meint er über den »Ausnahmeschüler« Augstein: »Rudolf war *das* kritische Naturtalent unserer Anstalt. Ihm standen die Wahrheit und die Ironie eines Georg Christoph Lichtenberg, der Witz eines Moritz Gottlieb Saphir, die Drastik eines Dietrich von Niem, aber auch die zart-mokante Feder eines Heinrich Heine zur Verfügung. Er besaß als Junge in kurzen Hosen bereits die Fähigkeit, Erkanntes aus dem Stegreif druckfertig zu formulieren. Bildete sich auf den Pausenhöfen eine Gruppe diskutierender und polemisierender Primaner, konnte man gewiß sein, den Sekundaner Rudolf in ihrer Mitte zu finden.«

Als Dritter im Bunde der Kunstfreunde um den Oberstudienrat Haake stößt Ernst-August Born dazu, Sohn eines Kohlenhändlers und ebenfalls ein unangepaßter, ein unbequemer Schüler. Ihm hat es mächtig imponiert, was Augstein beim Direktor des Ratsgymnasiums Provozierendes veranstaltete. Als der »Direx« eröffnet: »Wir wollen uns heute mit Fichte beschäftigen«, steht Augstein auf, verkündet: »Fichte war ein Idiot« und läßt eine beißende Kritik an dessen Deutschtümelei folgen. Ebenso beeindruckt ihn, daß Augstein im Geschichtsunterricht erklärt, ob Friedrich II. ein rechter Deutscher und guter König gewesen sei, wisse er nicht zu sagen, da habe die Geschichtsschreibung doch viel »Rechtfertigungs-

Gymnasiast Augstein (oben erste Reihe, 2. von links); Jugendfreunde Augstein, Ernst August Born (unten 2. und 4. von links): Rudolf dichtete über »Die Macht der Musik«, Ernst August über »Gedanken an einem Vorfrühlingsabend 1938«.

putz« aufgetragen. Born macht ebenfalls Gedichte, brilliert aber vor allem in Haakes Zeichenstunde; Rudolf kann da nicht mithalten. Beide beflügeln einander in ihren künstlerischen Aktivitäten. Die Dichterei nimmt sich Alltägliches ebenso vor wie die hehren Themen ihrer humanistischen Schulung. So reimt Ernst-August fünf Strophen über »Gedanken an einem Vorfrühlingsabend 1938«, Rudolf sieben über »Die Macht der Musik«; Ernst-August beschreibt in Versen den »Gesang der Krieger Dschingis Khans« (Rudolf warnt: »Laß die Finger davon«), sein Ko-Dichter verfaßt etwas über »Böcklins Porträt mit dem Tod als Geiger« (siehe Dokumentation S. 246 f.). Borns längstes Poem geht über die »Schlacht Rolands im Tal von Ronceval gegen die Mauren« – im Stil von Kaiser Rotbart lobesam. (1971 veröffentlicht seine Familie einen Privatdruck mit 65 Born-Gedichten, den Augstein finanziert.)

Ihre Gedanken kreisen um Thyklides, Tacitus und »Was wolltest du mit dem Dolche, sprich!«. Latein gibt es 35, Griechisch 29 Stunden im Monat – Englisch erst ab Unterprima und nur sechs Stunden. Die gibt zu allem Überfluß »Jupp« Heuter, der Turnlehrer, mit dem die Klasse auch Schlittschuh läuft und zum Skifahren in den Harz reist. Wie sich Klaus Ulrich Höhne erinnert, lernen sie »nur ganz einfache Sachen, wie ›How do you do?‹, ›No smoking‹ oder so was«. So kommt es, daß Rudolf Augstein Karl Mays Sam Hawkins als Samm Haffkins ausspricht und nach der Besetzung Hannovers durch die Engländer mit diesen kaum ein Gespräch führen kann.

Born schätzt an Haake, daß er ihm beim Zeichnen keine Themen vorschreibt. Auf der Grundschule war es ihm passiert, daß ein Lehrer ihm eine Ohrfeige gab, weil er einmal, statt den Umriß einer Kaffeetasse zu malen, »die Hölle mit Teufeln, die um ein Feuer tanzen« (Born), zu Papier brachte. Born und Augstein gehen im Hause Haake ein und aus. Sie treffen sich im Sommer auch viel im Bornschen Schrebergarten, der in der Nähe des Ausflugslokals »Dornröschen« liegt. Für später planen sie mit jugendlichem Feuer gemeinsame Großtaten, sei es fürs Theater, sei es für die schöngeistige Literatur. Born sagt von sich und seinem Freund:»Wir sind für später *eine* Maschine. *Er* das Bewußtsein, *ich* das Unterbewußtsein.«

In der Wohnung von Borns Großeltern nahe dem Kröpcke diskutieren die Pennäler im Freundeskreis, zu dem auch Borns Schwester Irmgard gehört. Es ist alles andere als eine organisierte Widerstandszelle; man diskutiert jedoch kritischer als andere über das NS-Regime. Irmgard Born bewundert Augsteins Wissen und sein stilistisches Können. Einmal bittet sie ihn um Hilfe bei einem Aufsatz, den sie für ihr Wilhelm-Raabe-Lyzeum abliefern muß. Er fragt kurz nach dem Thema und diktiert ihr dann, ohne abzusetzen, einen Text, den sie in Stenographie niederschreibt. Ergebnis: Irmgard Born erhält dafür eine glatte Eins.

Ihr Bruder und Freund Rudolf dichten gelegentlich auch von der Liebe, obwohl beide da noch überwiegend Theoretiker sind. Denn zu ihrer Zeit gilt Ernsthaftes mit Mädchen als strikt tabu. Noch heute beschreibt ein Klassenkamerad, damals Fähnleinführer in Hitlers Jungvolk, die Situation so: »Mit Mädchen war damals für uns nix, um Himmels willen! Die sollten doch einmal deutsche Mütter sein und deutsche Kinder gebären.« Dazu zitiert er eine Strophe des NS-Liedermachers Baumann:»Mütter, ihr, in euren Herzen schlägt das Herz der ganzen Welt!«

Aber natürlich regen sich die Triebe auch beim jungen Augstein. Sein Leib-und-Magen-Pater Martens warnt den angehenden Musikkenner, der eine Zeitlang Dirigent als sein Berufsziel ansieht, in diesem Zusammenhang vor der Musik Richard Wagners, besonders der in H-Dur. Sie sei schwül und sinnlich.»Eben, eben«, bekennt Augstein,»darum stand ja der Meßdiener vor dem hannoverschen Opernhaus Schlange, um eine billige Karte für Wagner-Opern zu ergattern.« (Wagner-Fan bleibt er sein Leben lang, wird Duzfreund von Wieland Wagner; als Stammgast darf er in Bayreuth einmal sogar in die Familienloge.) Schon als Schüler versucht er, Musik in ihrer ganzen Tiefe auszuloten; ehe er selbst mit Klavierstunden beginnt, beschäftigt er sich mit Harmonielehre. Seinen

61

ersten »Ring der Nibelungen« sieht er 1940 im Opernhaus an
Hannovers Georgstraße, und in Sigmund erkennt er einen
»vernünftigen, mutigen Anarchisten«. Manche Wagner-Melo-
dien sind für ihn von »ganz unbeschreiblicher Süße«.

Sein erstes sexuelles Erlebnis hat er als Sechzehnjähriger
mit einer Person, für die sein Magazin später den Terminus
»Gunstgewerblerin« kreiert. Bald danach jedoch erlebt er »die
Wonnen echter Liebe« und verfertigt darüber ein langes
Gedicht. Es trägt die Überschrift »Nächtliche Radfahrt« und
beginnt so:

»Mein Stahlroß, blinkend aufgeschirrter Wagen;
du braves Tier!
Hast mich auf meiner schönsten Fahrt getragen,
die ich erlebt, ich danke dir.

Ich kam von ihr, geschwellt bis zum Zerspringen
im Siegerrausch.
Die Tannen standen wie gereckte Klingen,
umheult vom Sturm und Sturmesbausch

zur Waldesnacht hinan. Ich aber fuhr
und warf hinein
die heißen Glieder in die schwarze Spur,
zu tauchen in den dunklen Schein ...«

So habe er, heißt es weiter, wie Don Juan den »Sturz zum Styx«
getan.

Vor dem Jungvolk, dem Verband für zehn- bis vierzehnjähri-
ge Hitlerjungen, hat er sich mehrere Jahre drücken können;
weil der HJ per Gesetz Staatsrang zukommt, muß er schließlich doch mitmachen. Born, Ziethe und die anderen sind
längst dabei. Um das Exerzieren zu vermeiden, tritt er einer
HJ-Spielschar bei, einer Gruppe Marionettenspieler, die ihre
Puppen und Stücke selbst zusammenbasteln. Mehrfach tritt
er im »Ballhof«, einem Theater in Hannovers Altstadt, auf und
spricht mit hoher Fistelstimme Frauenrollen.

An den Fahrten der Hitlerjugend nimmt er nicht teil. Statt dessen verbringt er oft einige Wochen auf Großvaters Weingut bei Bingen.

Der Großvater, dessen rheinisch-fröhliche Lebensweise in der Kombination mit vifem Geschäftsgeist Rudolf sehr beeindruckt, ist weltoffen, einer, der über den Binger Mäuseturm hinausblickt. So ließ er sich aus den USA eine Hausorgel kommen, auf der Rudolf gelegentlich spielen darf. Großvater Augstein baute in Bingen auch den ersten Tennisplatz. Als Präsident des Binger Weinhändlerverbands praktiziert er überdies streng demokratische Abstimmungen.

Die Jugendfreunde beschreiben den jungen Augstein übereinstimmend als ein Doppelwesen: Er ist ein guter Kamerad, lacht oft und in kichernden Tönen, macht intelligente, manchmal zynische Witze. In ihm steckt ein gutes Stück rheinischer Fröhlichkeit, vom Großvater her. Dann wiederum sitzt er sinnierend in einer Ecke, möchte allein sein. Immer aber wenn er will, wird er Mittelpunkt und Wortführer; vor dem Schiller-Denkmal auf dem Schulhof hält er geradezu hof. Manche nennen ihn einen »Spinner«, aber seine Sprecherrolle für die Klasse bleibt davon unberührt. Er kuscht vor keinem Lehrer, drückt die Interessen der Schüler meist durch. Er ist beides, King und Kumpel. In der schwarzen Turnhose und dem weißen Hemd mit dem Logo der Schule – romanische Bögen und ein Dreiecksdach darüber – sieht er schmächtig aus, aber beim Klettern an Tauen und Stangen zählt er zu den Schnellsten. Im Winter läuft er gekonnt Schlittschuh.

Früh grübelt der Vielleser über die Ungereimtheiten der Welt, auch über manche Predigt in seiner Kirche. Mit vierzehn, fünfzehn Jahren kommen ihm erste Zweifel an Lehre und Praxis der katholischen Kirche; Zweifel, die er zu Hause nicht laut werden läßt, vor allem Mutter Gertrudes wegen.

Seine Zweifel an Hitlers Krieg dagegen, der seine letzten beiden Schuljahre überschattet, äußert Augstein durchaus, auch in der Schule. Als die niedersächsischen Soldaten des »Frankreichfeldzuges« siegreich durch Hannover paradieren, bleibt er skeptisch abseits. Wenn der Sänger Wilhelm Strienz

63

im Radio sein »Deutschland siegt an allen Fronten, Viktoria!« zelebriert, wenn das Radio mit Fanfarenstößen neue Siegesmeldungen verkündet und die Schüler deshalb in die Aula strömen – Augstein macht die Kriegsbegeisterung nicht mit. Als der »Klassenkasper« barmt: »Hoffentlich bricht nicht der Friede aus, bevor wir dabei sind«, schnauzt er: »Keine Angst, der Krieg dauert lange. Wir kommen alle noch dran.«

Nach der Meldung von der Besetzung Norwegens durch deutsche Truppen – vor den gleichfalls per Schiff heranrückenden Engländern – jubelt der Großteil der Klasse. Anders Augstein. Er gibt vor Lehrern und Schülern an, er könne darin keinen Erfolg sehen: Immerhin bedeute das nur wieder Tausende Kilometer mehr zu verteidigende Frontlinie. Für manche zählt er deshalb zu jenen »Meckerern und Miesmachern« an der »Heimatfront«, von denen die Goebbels-Propaganda immer spricht.

Aber keiner verpfeift ihn deswegen, nicht einmal der Fähnleinführer, der mittlerweile die weiße Schnur eines Stammführers trägt. Einen lebensgefährlichen Höhepunkt erreicht Augsteins Widersetzlichkeit jedoch, als er in der Prima einen Aufsatz über »Die politische, wirtschaftliche und militärische Lage Englands nach dem Ausscheiden Frankreichs« zu schreiben hat. Nach einer Einleitung über »die einseitige Unterrichtung durch Presse und Rundfunk« konstatiert da der Pennäler Augstein Ungeheuerliches, zum Beispiel:

»Wir wollen es uns nicht verhehlen: England ist noch nicht besiegt, ja, es ist noch nicht einmal geschlagen worden ... Nichts wäre verderblicher, als zu glauben, die zähen und tüchtigen Angelsachsen der germanischen Völkerfamilie würden genauso rasch geschlagen um Frieden bitten wie Frankreich ... Die Hoffnung mögen wir getrost zu Grabe tragen, daß das Britische Empire in einem längeren Krieg aus sich heraus zusammenfallen würde. Der Riesenapparat des Weltreichs im Verein mit den Industrien und Agrarprodukten des ganzen amerikanischen Kontinents und vermehrt durch die Kolonialgebiete Frankreichs, Hollands und Belgiens reicht vollkommen aus, selbst die angespanntesten Bedürfnisse der Kriegswirtschaft zu befriedigen.«

Abiturient Augstein (10. von links) mit Abiturienten des Ratsgymnasiums Hannover: Vom Schulhof auf die Schlachtfelder des Hitler-Krieges.

Was Augstein hier, immer wieder kaschiert durch offizielle Propagandasprüche, zu Papier bringt, heißt nicht mehr und nicht weniger, als daß der Krieg nicht zu gewinnen sei, daß Deutschland ihn verlieren werde. In einer Zeit, in der es genügt, Nachrichten von Radio London zu verbreiten, um im KZ zu landen oder erschossen zu werden, kann das tödlich sein. (Auch die Augsteins informieren sich manchmal bei Radio London oder Radio Moskau – unter einer Wolldecke versteckt. Daher weiß der junge Augstein über die Kriegslage besser Bescheid als mancher andere.) Aber er hat Glück, unverschämtes Glück. Sein Lehrer gibt ihm die Arbeit ohne Benotung zurück, verwarnt ihn (»Mensch, Augstein, sind Sie des Teufels?«) und bestraft ihn lediglich damit, daß nicht er, der Primus mit dem Einser-Abitur, sondern Willy Koch, die Nummer zwei, die Abschiedsansprache auf der Abiturfeier hält.

Sie findet am 8. März 1941 in der Aula statt und wird zur »Weihestunde« deklariert. Das Programm:

»1. Festmarsch, Händel
   (Spielschar des Ratsgymnasiums)
 2. »Ich glaube an das Vaterland«, Herbert Böhme
   (Beddig, Klasse 3)
 3. Zweiter Satz aus dem Doppelkonzert d-moll, J. S. Bach
 4. Abschiedsrede, Wilhelm Koch
 5. »Opfertod«, L. van Beethoven
   (Chor des Ratsgymnasiums)
 6. »Der Jugend«, Hans Schwarz
   (Brammer, Klasse 7 a)
 7. »Wir Jungen«, Heinrich Spitta
   (Spielschar und Chor des Ratsgymnasiums)
 8. Entlassung der Reifeprüflinge«

Noch einmal treten anschließend die Schüler auf den Schulhof hinaus. Alle in schwarze Anzüge gekleidet, stellen sie sich vor dem Schiller-Denkmal für den Fotografen auf. Lehrer »Piese«-Meyer trägt am Bratenrock das Eiserne Kreuz, und fünf Monate vor Beginn des Rußlandfeldzuges macht sich die Klasse auf, sich Gleiches an die Brust zu heften. Alle haben sich, wie für Oberschüler selbstverständlich, als Kriegsfreiwillige gemeldet.

In einer Schrift zum Goldenen Abitur erinnert sich Augsteins Klassenkamerad Günter Knigge:»Da stehen wir also zum allerletzten Male gemeinsam, siebzehn oder achtzehn Jahre alt. Die Gesichter sind überwiegend ernst. Jeder von uns wußte: Jetzt warteten Reichsarbeitsdienst, Wehrmacht, Luftwaffe oder Kriegsmarine auf uns. Wir waren im dritten Kriegsjahr. Noch befand sich Deutschland in einem Hoch: Polen und Frankreich waren in Blitzkriegen niedergerungen, Dänemark und Norwegen besetzt, Jugoslawien wurde überrollt, und in Afrika eilte das deutsche Afrikakorps unter Marschall Rommel von Sieg zu Sieg.«

Zwei Jahre später wirbeln britische Fliegerbomben den gußeisernen Friedrich von Schiller auf dem Schulhof durch die Luft; das schöne Gebäude mit dem romanischen Säulengang zerkracht in Schutt und Asche. Als der Krieg endet, zählt das hannoversche Ratsgymnasium, fast siebenhundert Jahre alt und dem Humanismus der Jugend geweiht, 164 seiner ehemaligen Schüler als Gefallene – noch 26 mehr als im Weltkrieg Nummer eins.

4
Der Krieg

Abiturient und Kriegsfreiwilliger – Volontariat beim *Hannoverschen Anzeiger* – Kantinenwirt beim RAD in Polen – Augsteins erste Veröffentlichung in Goebbels' *Reich* – Als Wehrmachtssoldat viermal verwundet –»Mein Rückzug aus der Ukraine« – Der Deserteur

Der Abiturient und Kriegsfreiwillige Augstein profitiert davon, daß sich die Reichsregierung in Berlin um diese Zeit noch geniert, Siebzehnjährige zu den Waffen zu rufen – vier Jahre später wird sie selbst fünfzehnjährigen Hitlerjungen Panzerfäuste in die Hand drücken und sie zum Heldentod an die Front kommandieren.

Er hat drei Monate Zeit, bis er zum RAD, dem Reichsarbeitsdienst, muß, jener Truppe, die sich zu diesen Kriegszeiten vorwiegend mit Stellungs- und Panzergrabenbau beschäftigt, für den Partisanenkampf, aber auch an der Waffe ausgebildet wird. Um die Übergangszeit zu nutzen, beginnt er ein Volontariat bei der Tageszeitung *Hannoverscher Anzeiger*, die in jenem Klinkerhaus an der Goseriede residiert, in dem später die SPIEGEL-Redaktion Einzug hält. Und wieder trifft er auf einen politischen Querdenker und Antinazi: auf Wilhelm Rasche, den Kulturredakteur beim Anzeiger, den er schon von gelegentlicher Mitarbeit an dessen »Jugendseite« in der Tageszeitung kennt.

Rasches Frau, die den jungen Augstein auch sofort mag, ist Halbjüdin, und ihr Mann übt regelmäßig stummen Protest gegen die unmenschlichen »Nürnberger Rassengesetze«. Er, der als Theaterkritiker jeweils zwei Eintrittskarten erhält, läßt in Oper und Theater immer den Platz neben sich demonstrativ frei, und halb Hannover weiß, warum.

Der neue Volontär geht Rasche zur Hand, schreibt aber auch unter dem Zeichen »gst« bald Eigenes fürs Feuilleton. Beispielsweise eine Schmonzette über »Kant in der Stallgasse«, mit Gedanken über Pferdeäpfel und den kategorischen Imperativ. Mehrfach darf er Opernaufführungen in Hannover und Braunschweig auf Freikarten besuchen, und einmal schickt er Gedichte des Nazipoeten Anacker zurück mit der schnippischen Bemerkung, die habe wohl sein Sekretär verfaßt, zum Abdrucken seien sie jedenfalls nicht geeignet. Augsteins Monatssalär beträgt 75 Reichsmark.

Für den Freund Ernst-August versucht er, dessen Gedichte im *Anzeiger* unterzubringen, allerdings ohne Erfolg, wie er am 29. Juli 1941 Kunstlehrer Haake brieflich wissen läßt: »Ich habe ihm versprochen, ihn an ein Pressebüro zu geben und jedes Preisausschreiben zu beschicken; aber ich verspreche mir nichts davon. Soeben erst konnte ich wieder Borns Wirkung auf den sehr verständigen ›Anzeiger‹-Mann Dr. Rasche feststellen; wenig befriedigend. Ich zeigte ihm ein Gedicht, das mit das sanfteste ist, das er geschrieben hat. Aber Rasche hatte formal zuviel auszusetzen. So geht es uns im Augenblick überall.«

Born, ein Jahr älter als Augstein und bereits Soldat, schreibt nach solcherlei Enttäuschungen am 2. Oktober 1941 seinerseits an Haake: »Augstein, der Bursche, hat den journalistischen Caesarenwahn. Da nach seiner Aussage der Hannoversche Anzeiger unter seiner Leitung zu einer Weltzeitung aufsteigen soll, ist er selbst vollkommen humorlos geworden. Mich ernennt der Erfolgsberauschte gnädig zu seinem ständigen Mitarbeiter. Er entpuppt sich. Seinen Chef hat er schon in seinen Klauen, seinen Polypenarmen.«

Zu Augsteins Obliegenheiten gehört es, jene Artikel auszusuchen und Rasche vorzulegen, die im Feuilleton abgedruckt werden sollen. Er sortiert sie aus Einsendungen freier Mitarbeiter oder von Agenturen wie der Wiener Feuilletonagentur des Schriftstellers und Übersetzers Robert Michel (RO-Mi), der harmlos unpolitische Texte feilhält.

Augstein will sich natürlich am liebsten selbst gedruckt sehen, weshalb er ein paarmal versucht, einen eigenen Artikel in die Auswahl zu schmuggeln. Aber Rasche merkt das und verbittet sich derlei »Spielchen«, wie er sagt. Daraufhin schickt sein Volontär ein, zwei Texte selbst an die RO-Mi-Agentur, die, wenngleich mit erheblichen Verspätungen, schließlich den Abdruck eines Augstein-Artikels sowohl in der *Metzer Zeitung am Abend* als auch in der Wien-Ausgabe des Nazi-Blattes *Völkischer Beobachter* erreicht.

Der Artikel handelt von einer »Frau aus der Fremde«, die der junge Augstein im Wartesaal eines Bahnhofs trifft: ein harmloses, nicht einmal sehr gelungenes Stück Feuilleton. Der Schlußsatz: »Fahre wohl, unbekannte Frau!« Als 1992 journalistische Beckmesser diesen Artikel wieder ausgraben, reagiert der Verfasser wütend. Er druckt ihn im SPIEGEL ab und fragt, ob seine 46 Jahre journalistischer Arbeit »durch ein jünglinghaftes Feuilleton«, das man »noch heute unbeanstandet in jeder mittleren Zeitung abdrucken könnte, in irgendeiner Weise berührt« werde. Und als Postskriptum: »Wer ernsthaft meint, ich hätte den SPIEGEL 46 Jahre lang autoritär leiten können, versteht nichts von unserem Gewerbe.«

Typische Volontärsarbeit leistet Augstein, als ihn sein Chef auf Reportage zu einer Luftwaffeneinheit am Ort schickt, die in ihrer Freizeit allerlei Nützliches bastelt. Dazu stellt jede Einheit einen »Richtmann für das Laienschaffen« ab, der im Gebäude der Hochschule für Lehrerinnenbildung einen Kursus in den Abteilungen »Ton«, »Papier«, »Holz« und »Weide« absolvieren und das Gelernte seinen Kameraden weitergeben soll. So entstehen Kleinmöbel, Tonvasen sowie Körbe und Kiepen; wobei es sich gut trifft, daß Augsteins alter Kunstlehrer Bernhard Haake als Unterrichtsleiter fungiert. Augsteins unter der Rubrik »Hannoversche Stadtzeitung« vermittelte Erkenntnis der Soldatenbastelei lautet: »Aus der Kraft des Gemüts wachsen die Siege ebensosehr wie aus Stahl und Eisen.«

Teils über Borns Schwester Irmgard, vor allem aber über Bernhard Haake halten die beiden »Künstler« vom Ratsgymnasium Verbindung miteinander – auch als Augstein um die Jahreswende beim Reichsarbeitsdienst (RAD) antritt.

Sein Einberufungsbefehl kommandiert ihn in das besetzte Polen, nach der Kreisstadt Kulm an der Weichsel, wo einstmals die Russen eine Schlacht gegen Napoleons Truppen gewannen und der Heidedichter Hermann Löns geboren wurde. Der 16 000 meist katholische Seelen zählende Ort galt einst als Hauptstadt des Deutschordenslandes Preußen, mußte aber 1466 an den König von Polen abgetreten werden – was jetzt die deutsche Besatzungsmacht auf alte Rechte pochen und die stark polonisierte Bevölkerung für ihre Zwecke einsetzen läßt. Man spricht von sogenannten »Beutedeutschen«.

Ergeben läßt sich Augstein die braune Uniform verpassen, samt der Ballonmütze, mit der auch Höhergewachsene ziemlich albern aussehen. Geduldig schwingt er nach dem Kommando »Stich, Hub, Wurf!« seinen Spaten und lernt mit dem blankgeputzten Ding die vorgeschriebenen Präsentiergriffe. Bald nach der Grundausbildung am Spaten jedoch ergattert er, der einzige Abiturient und Kriegsfreiwillige unter 120 »Arbeitsmännern«, den angenehmen Posten des Kantinenwirtes, was er postwendend brieflich Haake mitteilt: »Ich bin Kantinenwirt und Postordonnanz für das drei km entfernte Kulm und habe es also wieder einmal gedeichselt.« Damit nun aber niemand glaube, er könne viel von seinen Vorräten abzweigen, fügt er hinzu: »Die Butter wird knapper und das Fleisch auch, da ist nichts zu machen!« (Siehe Dokumentation S. 250 f.)

Von Verdummung und Verblödung, so berichtet er, könne bei ihm keine Rede sein. Vielmehr löse er mit seinem Truppführer zusammen täglich Kreuzworträtsel und halte so den Geist »hellwach«. Außerdem höre er Radio, viel Musik, was »ganz unschätzbar« sei.

Schöne Grüße werden an Dr. Hans Kiehn im Ratsgymnasium bestellt, denn »dank seines Französischunterrichts verständige ich mich mit den Polen ausgezeichnet«. »Zum Abschluß«, so beendet er den Brief, »noch ein kleines Gedicht!«

Es lautet:

»Ich grüße dich, du wilde Zeit,
dich hartes ungerechtes Leben!
Ihr legt die Würfel uns bereit
und laßt uns selbst den Becher heben.

Zum Glücke sind wir nicht gemacht
und dürfen dennoch Glück empfinden
für einen Morgen, eine Nacht – – –
et ...*! Der Rest den Winden!«

Zum Teil benutzt Augstein, da ihm das Schreibpapier fehlt, noch aus dem väterlichen Geschäft mitgebrachte Briefbogen der »Orionwerk-Fabrik Photographischer Apparate«, eines Lieferanten. Manchmal scheint es, als wolle er die Zensur veräppeln, wenn er etwa mitteilt:: »Kultur ist hier ganz groß geschrieben, Kino und KDF**.«

Manchmal unterschreibt er, wie später – ohne den »A...« – seine Briefe an die SPIEGEL-Leser, mit »herzlichst, Dein A., Arbeitsmann Arsch aus dem 4. Glied«.

Inzwischen ist Augstein bereits ein zweites Mal in Josef Goebbels' Zeitung *Das Reich* aufgetaucht; diesmal als richtiger Artikelautor, während sein erster Beitrag noch als Leserbrief aus Hannover, Podbielskistraße 310, deklariert gewesen war. Seine Glosse erscheint am 23. November 1941 und handelt von einem zur Wehrmacht einberufenen Fleischer, der seinen Laden geschlossen und ein Pappschild mit der Aufschrift »Bin Soldat, komme bald wieder!« ins Schaufenster

---

* Das zweite lateinische Wort in dem Gedicht ist mit der Zeit auf dem Kriegspapier unleserlich geworden. Als der Autor eine Fotokopie an Augstein schickte und um Ergänzung bat, schrieb dieser an den Rand: »Weiß nicht mehr.«

** »Kraft durch Freude«, die NS-Freizeitorganisation.

gestellt hat. Das Stückchen Kriegsprosa endet mit dem hoffnungsvollen Ausblick: »Bin Soldat, steht auf dem Schild. Nichts von Einberufung, Einziehung, Gestellungsbefehl oder dergleichen. Die Vorübergehenden lächeln, und neue Kunden werden angelockt. Gibt es eine bessere Werbung für die Zeit nach dem Krieg?«

Als Honorar gehen per Zahlungsanweisung 35 Reichsmark an ihn ab, und der stolze Autor kommentiert: »Ganz anständige Bezahlung für so ein kleines Lumpending.«

Aus seiner RAD-Baracke heraus hält er enge Verbindung mit der Heimat: An den Geschichtslehrer Johannes Grashoff vom Ratsgymnasium schickt er aus Polen eine deutschsprachige Zeitung, die »gerade neu gegründet oder wiedergegründet worden« sei. Den Eltern teilt er mit: »Hier werden unglaublich viele Polen eingedeutscht (und auch Polinnen, zur großen Freude der 500 in Kulm versammelten Arbeitsmänner).« Haake kündigt er noch 'n Gedicht an, diesmal über das Dürer-Bild »Johannes verschlingt das Buch«, und alle bittet er, ihm, wenn es geht, einen Postkartenkunstdruck vom Bilde Leonardo da Vincis »Die Dame mit dem Wiesel« zu besorgen, über das er ebenfalls etwas zu reimen gedenkt. Im übrigen betreibt er seine Einberufung zur Luft-Nachrichtentruppe, der nach Borns Ansicht »faulsten und intelligentesten Truppe«.

Born seinerseits, obwohl wild gegen die Nazis und ihren Krieg eingestellt, will »PK«-Mann werden, also Mitglied einer der Propagandakompanien, die für Zeitungen, Radio und Wochenschauen von den Fronten berichten. Wie viele junge Leute versucht er, in dem Kriegsinferno wenigstens einen aufregenden Platz zu bekommen. Rudolf Augstein rät dem Freunde mehrfach dringlich von der Meldung zur PK ab, da werde man sehr schnell »verheizt«; und tatsächlich stehen hinter den Namen der Wochenschau-PK-Leute immer öfter schwarze Kreuze. Was bedeutet, daß der Filmbericht, der gerade über die Kinoleinwand lief, ihr letzter war.

Haake, der Oberstudienrat mit den Lehrfächern Malerei, Kunstgeschichte und Philosophie, unternimmt alles, was er kann, um die Gedichte seiner beiden Schützlinge der Öffent-

H. A., 29. VII. 41

Lieber Herr Hecht!

Ich habe Lorenz die Propaganda-Kompanie ausgeredet,
er schreibt nicht mehr daran. Er hat an Ihre frühere
Adresse einen Brief geschickt, der Ihnen wohl nach=
geschickt worden ... er Ihnen mit=
teilt, daß er ... abteilung der
(Sturm?) Art... et, zur Sturm=
artillerie. All... ieb er mir in
einem ... Feldbrief und
bat mich gleichzeitig, Sie zu „bombardieren",
auf daß Sie die Offensiven" „athletischer" führten
als bisher. Was" er damit meint, weiß ich nicht,
denn die Empfehlungsschreiben Kuntels und
Lüders sind ja gegenstandslos geworden, und
an eine Veröffentlichung ist heute weniger
denn je zu denken. Aber wir beide müssen
uns in die Hände arbeiten. Antworten Sie
ihm bitte, Sie hätten gehört, daß es mit der
PK-Tätigkeit Essig sei, und wüßten nicht mehr,
wo Sie zur Zeit den Hebel noch ansetzen

Augstein-Brief aus dem Kriegsjahr 1941 (Foto aus dem Jahr 1943): Als sein Wachtmeister durch Kopfschuß fällt, kommandiert er »Feuer auf den eigenen Standort«.

lichkeit vorzustellen. So organisiert er – mit dem »Gauheimat-werk Südhannover-Braunschweig« als Träger – eine Ausstellungsreihe: Alle vierzehn Tage wechselnd, werden dabei unter anderem Gedichte von Augstein und Born in Schulen und Behörden dargeboten. Augstein hat dazu sorgfältig die ihm wichtigsten herausgesucht und mit dem Vermerk »für die Reihe« freigegeben. Eines davon, mit der Überschrift »Einmal« versehen, klingt martialisch:

»Einmal das Leben wägen,
dem Tod ins Auge,
das kalte, klare schauen,
unbewegt!
Das Leben einfach
wie Hirten leben, einmal
das Herz in Händen halten
jung und groß –
das bist du, o
Zuchtmeister Krieg!
Wen du packtest und
wieder ließest, der
ist gefeit.«

Während Augstein nach kurzem bequemen Arbeitsdienstleben bald wieder in Hannover eintrifft und die Monate bis zu seiner Einberufung zur Wehrmacht beim *Hannoverschen Anzeiger* weiterarbeitet, hat der Zuchtmeister Krieg seinen Freund Ernst August schon fest im Griff. Dessen Weg läßt sich anhand der unermüdlich verfertigten und heimgeschickten Gedichte verfolgen: Ein Hafen-Poem über Stavanger sowie drei Strophen über den Fjord von Aandalsnes vermelden, daß er zunächst in Norwegen Dienst tut. Das Gedicht »Niederländische Landschaft« ortet ihn als Besatzungssoldat in Holland.

Die Briefe zwischen den Freunden gehen hin und her, und beider Hauptthema inmitten aller Kriegswirren bleiben Poesie und Prosa. Born, der »Rudolf immer als den Kritiker mit dem größeren, jederzeit abrufbaren Wissensschatz akzeptiert«

(Irmgard Born), erbittet per Feldpost detaillierten Rat für seine literarische Arbeit, den Augstein bereitwillig erteilt. So schreibt er ihm:»Du mußt, wenn überhaupt, Novellen schreiben, weil Du für den Roman ganz einfach noch nicht alt genug bist. Der Romanschriftsteller muß eine Welt für sich schaffen, das kann er aber nicht, wenn er sie nicht erlebt hat ... Das Gedicht ist der Novelle feindlich; in den Roman paßt es besser. Du zumindest mit Deiner eigenwilligen Schreibweise kannst Deine Gedichte überhaupt nicht in den Text einfügen. Erzählung ist der Oberbegriff zur Novelle. Die Erzählung im engeren Sinne ist anspruchsloser als die Novelle; sie ist objektiver, mehr aus dem Leben geholt, während die Novelle mehr in der Beleuchtung und Schau des Dichters steht. Verstehst Du mich? Beide Begriffe gehen ineinander über. Die Novelle würde Dir, nach meinem Dafürhalten, besser liegen.« (Dies läßt ahnen, in welch eindringlicher Weise Augstein später seinen Redakteuren den SPIEGEL-Schreibstil beibringt.)

Die Briefpartner bleiben lange ihrer Gymnasialkultur verhaftet. Erst in Borns Gedichten der folgenden Kriegsjahre 1942/43 geht es dann nicht mehr um Stilistisches; sie reflektieren vielmehr, daß der Soldat Born aus der Etappe in Holland und Norwegen jetzt»voll in die Scheiße« gerät. Ein Gedicht beschreibt seinen Transport im Güterwaggon an die Rußlandfront. (»Durch lange Tage stößt uns der Transport. Helm und Gewehre klappern an der Wand ...«) Ein anderes, ein Jahr später verfaßt, porträtiert ihn als erschöpften Kämpfer der Panzertruppe:

»Wir fieberten in vielerlei Gefechten.
Wir taumelten durch tausendfachen Tod,
wir sind der Sturm in sturmdurchtobten Nächten,
die wir durchflammten. Und sie flammten rot!

Wir fühlen flackernd flammenpeitschend Fahren,
zerfetzte Leichen, die am Straßenrand
da liegen an dem eben wunderbaren
und nebelüberwallten Ackerland.«

Born kann auch als Soldat nicht die Klappe halten. Im Kameradenkreis kritisiert er die Nazis, gibt den Krieg verloren und schreibt in den – natürlich zensierten – Briefen vom »Grubenschüttler Hitler«, der sie alle in die Grube bringen werde. Wegen sogenannter Wehrkraftzersetzung kommt er in Haft, sogar Spionagetätigkeit wird ihm angedichtet. Im September 1943 geht ein verschlossener Umschlag an seine Familie in Hannover mit der Weisung, ihn erst nach dem Krieg zu öffnen. Er enthält ein langes Gedicht »Aus der Zelle«, das seine monatelange Gestapohaft schildert.

Zu Weihnachten 1943 kommt dann die schlimme Nachricht: Ernst August Born in Rußland vermißt! Unter den Ratsgymnasiasten, die fast alle brieflich von den Fronten her Kontakt miteinander halten, hatte es schon geheißen, er sei wegen Defätismus standrechtlich erschossen worden. »Später erfuhren wir, daß das nicht stimmte«, sagt sein ehemaliger Klassenkamerad Klaus Ulrich Höhne, »sondern daß er in Ehren gefallen ist.«

Makaber mutet unter diesen Umständen eines der letzten Born-Gedichte an, in dem es heißt:

»Der Nachtwind wimmert wie ein Kind.
Und alles wankt und reißt vom Grunde.
Du feuerst wild, du feuerst blind
glühende Ketten, tanzende Lichter.
In aufgerissene Gesichter!
Die Erde stöhnt aus ihrer Wunde.
An ihr bricht manches Schreien sich.
Es wogt und krümmt sich in der Runde.
So mancher starb zu dieser Stunde.
Warum nicht ich?«

Zu diesem Zeitpunkt trägt auch Rudolf Augstein längst den grauen Rock der Wehrmacht. Seine Einberufung zu der feinen Luftnachrichtentruppe hat nicht geklappt, obwohl das Luftgaukommando Hannover ihn schon angefordert hatte. Den fatalen Kriegsausgang seit seiner Pennälerzeit vor Augen, trachtet der Soldat Augstein danach, nicht »ganz vorn verheizt« zu werden, wobei ihm zunächst sein Gesundheitszustand zugute kommt. Bei der Musterung schreibt ihn der Stabsarzt nicht »kv«, also kriegsverwendungsfähig, sondern nur »gv mot«. Das Kürzel bedeutet: garnisonsverwendungsfähig bei motorisierter Truppe.

Von wegen Garnison! Nach der Grundausbildung am Karabiner 98 und anschließendem Lehrgang als Funker muß auch er den Weg nach Osten antreten. Zu Braunschweig im Quartier, soll er nach Stalingrad. Stalingrad sagt ihm nichts, aber er besitzt einen Urlaubsschein übers Wochenende und marschiert rechtzeitig aus dem Kasernentor. Er protestiert nicht gegen Stalingrad, sondern dagegen, daß er zu einer Artillerieeinheit, bespannt mit Pferd und Wagen, soll, obwohl sein Musterungsbescheid doch auf »mot« lautet. So wird er am folgenden Montag per Marschbefehl zu einer motorisierten Artillerieeinheit nach Woronesch am Don beordert.

Hier wird er Artilleriefunker; dazu bestimmt, gemeinsam mit einem »VB«, das heißt vorgeschobener Beobachter, über ein Feldtelefon oder mit Hilfe des Funkgeräts »Dola« das Feuer von fünfzehn Haubitzen auf den Feind zu leiten. Unter den Funkern ist die Verlustrate hoch, einmal ist er der einzige Funker einer ganzen Einheit der Heeresartillerie mit zwölf Geschützen. Als sein Wachtmeister, der »VB«, durch Kopfschuß ausfällt, leitet er selber das Feuer und gibt das Kommando: »Feuer auf eigenen Standort, aber bitte nicht zu nahe.« (Aus dem Fronterleben nimmt Augstein später für sein Nachrichtenmagazin den Beinamen »Sturmgeschütz der Demokratie«: Es soll im Sturmlauf nach vorn eine Bresche schlagen, eine Bresche für die Wahrheit.)

Geht es mal in ein rückwärtiges Quartier – in den Feldpostbriefen immer mit »OU«, das heißt Ortsunterkunft, bezeichnet – oder bleibt die Front ruhig, dann greift Augstein gelegentlich wieder zur Dichterfeder. So einmal, als einer der Soldaten 24 Stunden zu spät vom Heimaturlaub zurückkehrt (»Offen lags, er war zum Feind geeilt ...«). Augstein satirisch-kritisch über die Urteilssprüche der Wehrmachtsfeldrichter:

»Daß er eigentlich sich nur verspätet,
kümmert keinen, der die Unzucht jätet:
Er war ein Deserteur.

Also ward, nachdem ein Bier genossen,
unser Mann noch selben Tags erschossen.
Er war ein Deserteur.

Letzte Ehre noch zum letzten Gang:
Eine Kugel fällt ihn, nicht der Strang,
obwohl ein Deserteur.

Heilge Ordnung, immer segensreiche
die du machst zur mausetoten Leiche
den Deserteur.«

Im Frühjahr 1944 bricht die deutsche Ukrainefront zusammen, und der Obergefreite Augstein unter dem Befehl General Mansteins steckt mittendrin in dem Inferno. Alle 15-Zentimeter-Haubitzen der Batterie versinken im Schlamm. Samt dem Fuhrpark werden sie gesprengt; alles steigt auf Panjepferde um. Augstein, der noch nie auf einem Gaul gesessen hat, bekommt eine ganz langsame Mähre, die noch dazu beständig in die Rübenfelder strebt und erst dann geradeaus trabt, als er ihr an einem Stock eine Rübe vor die Nase hält. Einen Kanister mit Sonnenblumenöl nimmt er mit. Unterwegs greift ihn, der ganz allein an einer Bahnlinie entlangreitet, die Feldgendarmerie auf, aber – o Glück und Wunder – plötzlich hat er seine Batteriekameraden wieder bei sich, die einen Umweg gemacht hatten. Auf diesem Ritt basiert die Antwort, die Rudolf Augstein später der FAZ auf ihre Frage nach der am meisten bewunderten militärischen Leistung der Geschichte gibt. Sie lautet: »Mein Rückzug aus der Ukraine.«

Dem katastrophalen Kriegsverlauf entsprechend geht es für Augstein bald nur noch in rückwärtige Quartiere, sofern er überhaupt ein Dach oder eine Zeltplane über den Kopf findet. Da bleibt keine Zeit mehr für Korrespondenz und für Gedichte. Dafür prangt nun an seiner Brust das Eiserne Kreuz zweiter Klasse. Irgendwann bekommt er die Leutnantstressen, die er anstrebt, »weil man als Offizier bessere Chancen hat, heil nach Hause zu kommen«. Tatsächlich kann er sich einmal vier Handgranaten geben lassen, als es kritisch wird, die ihm als einfachem Schützen verweigert worden wären.

Es sind dies die Tage, da die Bevölkerung seiner Heimatstadt auf das Sirenensignal »Feindalarm« wartet, einen Heulton, der lang anhaltend auf und nieder schwingt, denn die 85. US-Infanteriedivision marschiert auf Hannover und soll, statt der zunächst vorgesehenen Briten, die Landesmetropole einnehmen. Ein letzter schwerer Luftangriff hat noch einmal Hunderte von Häusern und Straßen zerstört; überall hängen Bettlaken als weiße Fahnen aus den Fenstern.

Nach kurzem Artilleriebeschuß läßt der US-General Alexander R. Bolling das 333., 334. und 335. Regiment von Südwesten her vordringen. Vorneweg Soldaten mit »Walkie-talkies«. Am Flughafen Langenhagen schießen Deutsche vier Sherman-Panzer in Brand; in Hannover-Linden kämpft noch deutsche Infanterie. An der »Glocksee«, nicht weit von Augsteins Kaiserin-Auguste-Viktoria-Gymnasium, fallen in einem letzten Gefecht 29 blutjunge Wehrmachtsangehörige. Die amerikanische Waffenüberlegenheit ist erdrückend.

Ähnlich überlegen – und vor allem motiviert – zeigt sich im Osten die Rote Armee auf ihrem Vormarsch. Während bei den Deutschen die Munition knapp wird, höhnen die Russen per Lautsprecher über die »HKL«, die Hauptkampflinie: »Wir haben soviel, daß jeder von uns, der zur Latrine geht, ein paar ›Klopse‹ in den Granatwerfer schmeißt!«

Es ist nicht sein Krieg, und was er denkt, läßt ein Gedicht ahnen, das die Überschrift »Brunnen in der Ukraine« trägt:

»Der Brunnen Arme ragten nicht so steil
zum Himmel auf, wär' nicht das Wasser tief
in Bodens Grund. Doch lärmt kein Eimer, weil
sie stumm sind wie das Land, das ewig schlief.
Sie klagen schweigend, und sie klagen an,

weil Menschenmund sich nicht zur Klage fand.
Als Gottes Finger drohn sie wolkenan.
Doch, die das Land schlug, war's nicht Gottes Hand?

Endlose Weite, weiß und weit von Schnee,
verhangner Himmel, dämmergrau verhangen,
in eins verschwimmend, ihr habt tausend Weh
mit euren Linnen flockenreich umfangen.

Die Brunnen wissen nicht, wohin wir fahren.
Sie wissen nicht, wie lang, und nicht, wie weit.
Sie werden schöpfen wie vor tausend Jahren
und werden stumm sein wie die Ewigkeit.«

Wie andere Rußlandkämpfer zeigt Augstein Achtung vor der
Tapferkeit, mit der die russischen Soldaten ihr Land im »Großen Vaterländischen Krieg« verteidigt haben; empfindet Sympathie mit den russischen Menschen. Er teilt ebenso die
Scham und die Schuld, in die der einfache Soldat der großdeutschen Wehrmacht schuldlos verstrickt ist.

Das Schlußszenario des Krieges sieht den Leutnant Aug-
stein bei dem Örtchen Froschitz an der Elbe, auf die sich Amerikaner und Russen im Eiltempo zubewegen. An der einzigen
Fähre stauen sich zurückflutende Flüchtlinge wie Soldaten
gleichermaßen. Alle Landser wollen rüber zum Ami in die
Gefangenschaft; Frauen und Mädchen flüchten, weil sie den
Massenvergewaltigungen durch Rotarmisten entgehen wollen, die nach der Devise des sowjetischen Propagandisten Ilja
Ehrenburg handeln: »Brecht den Hochmut der germanischen
Frauen!« Der Fährmann weigert sich, weiter überzusetzen,
aber da steht ein kleiner Leutnant und zwingt ihn mit gezoge-
ner Pistole zum Weitermachen. Was nur Augstein weiß: Seine
Pistole ist nicht geladen.

Wie viele andere hat er in dem Chaos seine Truppe verloren,
und wie gleichfalls viele andere hat er es nicht allzu eilig, sie
wiederzufinden. Mit immer neuen Marschbefehlen, die er
sich besorgt, fährt er hin und her, kampiert sogar einige Tage

bei einer in Sachsen lebenden Freundin. Immer auf der Hut vor den uniformierten »Kettenhunden«, Soldaten, die so heißen, weil sie an umgehängten Ketten auf der Brust ein Metallschild mit der Aufschrift »Feldgendarmerie« tragen. Ihre Aufgabe besteht darin, herumstreunende Landser aufzuspüren und sie wieder an die Front zu jagen: »Aktion Heldenklau«. Eine solche Wachstreife erwischt Augstein, der praktisch zum Deserteur geworden ist und manchmal an sein einschlägiges Gedicht denkt, als er auf einer Bahnstation Wehrmachtssuppe löffelt, die dort von Rotkreuzschwestern ausgeteilt wird.

Die Kettenhunde bringen ihn zu ihrem Hauptmann. Aber Augstein hat wieder einmal Schwein, denn der Hauptmann sagt: »Eigentlich müßte ich Sie aufhängen, aber was soll das jetzt noch. Es hat ja doch alles keinen Zweck mehr. Hauen Sie ab, Mann!«

Und noch einmal hat der Rückzügler Glück im Unglück: Es erwischt ihn zum dritten Mal, und diesmal schwer; die Verletzung – ein Schrapnellsplitter reißt den rechten Unterarm auf – muß nicht tödlich sein, wenn man sofort verbunden wird. Nur: Die Wunde blutet stark – und kein Sanitäter weit und breit, weil alles rennet, rettet, flüchtet. Es sind polnische Fremdarbeiter, die ihn schließlich auf ein Fahrrad setzen und, da es keinen Hauptverbandsplatz mehr gibt, zum nächsten Provinzarzt schieben. Als dessen Tocher ihn anästhesiert, sagt er noch: »Morgen sind die Russen hier, Mädchen. Komm mit!« Aber sie bleibt bei ihrem Vater; Augstein schlägt sich durch nach Pilsen.

Von dort geht seine Odyssee weiter, in einem Luftwaffenradarzug, der den Verwundeten aufnimmt. Aber kaum erreicht der Zug einen Ort namens Vöcklabruch – Datum: 30. April 1945 –, heißt es, der »Führer« sei an der Spitze seiner Soldaten »heldenhaft in Berlin gefallen«. Woraufhin der leitende Offizier »Alles aussteigen« kommandiert und den Zug in die Luft sprengt.

Eine Luftwaffenhelferin macht sich auf den Weg mit ihm zu ihrem Freund nach München. Und in Wasserburg am Inn gerät Augstein doch noch bei den Amis in Gefangenschaft, trotz seines Milchgesichts. Wieder jedoch hat er Dusel, denn weil er immer von der Luftwaffenmaid als seiner Verlobten spricht, entlassen ihn die Amerikaner in ein Frauenlager, und das heißt in die Freiheit. Dieses nach genau einer Stunde Kriegsgefangenschaft.

Der Rest ist mühsam, aber ohne Gefahr für Leib und Leben. Mit seinen aufgesparten Zigaretten verschafft sich der Nichtraucher ein altes Fahrrad und macht sich auf den Weg nach Offenburg, wo seine älteste Schwester wohnt. Radfahren fällt ihm schwer; linke Hand am Lenker, rechter Arm wegen des starren »Stuka«-Verbands so hoch wie einst beim Hitlergruß. Aber Zivilisten wie Amerikaner helfen dem armen Teufel, der nach Hause will. Die Schwester päppelt ihren Bruder in Offenburg ein paar Tage lang auf, dann schafft er die letzte Etappe seines Rückzugs an die Leine. Am 24. Juni 1945, sechs Wochen nach der deutschen Kapitulation, steigt Rudolf Augstein vor seinem heilgebliebenen Elternhaus vom Rad.

Als er das erstemal, zu Fuß und immer noch mit erhobenem rechten Arm, in die Innenstadt gelangt, verschlägt es ihm die Sprache: Das ganze Areal um das einstige Café Kröpcke – Hannovers Mittelpunkt – liegt quadratkilometerweit in Trümmern. Einzig und allein das »Anzeiger-Hochhaus« mit den roten Klinkern und dem grünen Planetariumdach, in dem Augsteins Karriere in den Steilflug gehen wird, steht wie durch ein Wunder unversehrt da.

5
Zwischenspiel im Trümmerland

Das Studium hat Zeit – Augstein ist politisch »clean« – Anfangsjob bei einer Tageszeitung – Lektüre, Tanz und politische Diskussionen – Sympathie für Kurt Schumacher – Augstein schwindelt sich zum Stenographen – »Harry Bohrer habe ich fast geliebt«

Mit dem Studium, seien es Geisteswissenschaften, wie im Abiturzeugnis vermerkt, sei es Jura wie bei Bruder Josef, hat es nun gute Weile; alle Universitäten sind geschlossen. Erst einmal muß Augstein wie jeder andere ehemalige Soldat zur Demobilisierung ins hannoversche Rathaus und sich anschließend den britischen Entnazifizierungsoffizieren stellen. Als die ihn fragen, ob er Mitglied der Nazipartei NSDAP gewesen sei, fragt er frech zurück: »Wann hätte ich denn eintreten sollen?« Aber so einfach liegt die Sache nicht, denn viele formal der Hitlerjugend angehörenden Jugendlichen waren, während sie als Soldaten irgendwo in Europa marschierten, automatisch zu Parteimitgliedern befördert worden, ohne davon zu wissen.

Wie gründlich, zugleich etwas orientierungslos, die Kontrolloffiziere der Besatzungsmacht mitunter solche Nachforschungen betrieben, zeigt ein Verhör, an dem zwei spätere Augstein-Partner beteiligt waren: Sergeant Henry Ormond und Hans Detlev Becker, später Rudolf Augsteins »rechte Hand« beim SPIEGEL. Ihr Rencontre verlief so:

»Sie sind Kommunist?
Sozialdemokrat.

Sie waren Nazi?
Ich war in der Hitlerjugend, wie bei Field Security angegeben.

Uns fallen kommunistische und nazistische Tendenzen in Ihren Beiträgen auf.
Wie bitte, Sir?

Ihr Vater war in der NSDAP?
Er ist 1940 eingetreten.

Und Ihre Mutter war selbstverständlich in der NS-Frauenschaft?
Meine Mutter hat keiner NSDAP-Organisation angehört.

Wir haben vom Document-Center Beweise, daß Sie in der NSDAP waren, und wir werden Sie wegen Fragebogenfälschung vor einen Court Martial stellen und aburteilen lassen!«

Lange Zeit muß Becker damit rechnen, daß sein Inquisitor von irgendwoher doch noch einen »Beweis« heranschaffen würde, obwohl er nichts von einer Übernahme in die Partei weiß.

Nicht so der Hitlerjungen-»Poppenspäler« Rudolf Augstein. Für ihn bürgt als erster Dr. Rasche, der Augsteins politische Gesinnung schon als junger Mitarbeiter beim »Jugendfreund«, der Jugendseite im *Hannoverschen Anzeiger,* und später während der Volontärzeit in seinem Ressort kennenlernen konnte. Ebenso spricht Irmgard Born, inzwischen bei der britischen Militärverwaltung tätig, für ihn. Sie bezeugt glaubhaft Augsteins antifaschistische Einstellung (»Auch von den Judenvergasungen hat er, wie wir alle, nichts gewußt«). Rückfragen beim Intelligence Service und eine Nachkontrolle seines Fragebogens bestätigen endgültig: Augstein ist »clean«.

Die zerstörte Innenstadt von Hannover, 1945 (links das unzerstört gebliebene Anzeiger-Hochhaus): In der Kantine gab es mittags eine Extrakelle ›pork and beans‹, damit die Redakteure nicht vor Hunger umfielen.

Anders als viele seiner Altersgenossen, denen ein halbes Jahr auf dem Gymnasium geschenkt worden war und die nur ein Notabitur vorweisen können, besitzt Augstein das richtige Abizeugnis und brauchte für ein Studium nicht noch einmal auf die Schulbank. Aber die Uni Göttingen macht so schnell nicht wieder auf; also versucht er erneut, die Wartezeit mit Zeitungsarbeit zu überbrücken. Davor nun aber steht in diesen Besatzungstagen der britische Major John Seymour Chaloner. Er residiert im Redaktionsgebäude der früheren Nazizeitung NTZ *(Niedersächsische Tageszeitung)* an Hannovers Georgstraße und prüft alle Bewerber um einen Journalistenjob auf ihre fachliche Eignung.

Vor ihm in seinem winzigen Büro muß Augstein erscheinen. Weder Chaloner noch sein Besucher ahnen, daß hier eine Begegnung stattfindet, die sich für den Kandidaten als eine Sternstunde erweisen soll, daß der blondgelockte Brite für Augstein als ein Glücksbringer wie aus Tausendundeiner Nacht agiert. Gemeinsam mit Leutnant Ralph Kingsley, einem jüdischen Emigranten, nimmt er sich den Bewerber vor – dessen sechs Seiten langen Fragebogen vor sich auf dem Tisch.

Was Chaloner danach oft erzählt: »Augstein saß da in seinem grauen Wehrmachtsmantel, mit Stahlbrille, blaß, klein; er machte nicht viel von sich her. Er war zurückhaltend; wenn man ihn fragte, überlegte er eine Weile, ehe er antwortete. Er war nicht im geringsten unterwürfig wie die meisten Deutschen, die ich bis dahin kennengelernt hatte und die sich stets beeilten, ›Jawoll, Herr Major, sehr richtig, Herr Major!‹ zu sagen.«

Augstein seinerseits absolviert die an das Gespräch anschließende praktische Prüfung mit unverhohlener Herablassung. Chaloner läßt ihn mit Fotos, Artikelfahnen, Umbruchpapier und Kleister eine Zeitungsseite zusammenbasteln; eine Methode, auf die er sehr stolz zu sein scheint. Er ärgert sich über Augsteins ständiges Grienen während der Prozedur, fährt ihn schließlich an: »Finden Sie das komisch?« Worauf der nachsichtig antwortet: »Aber nicht doch! Wenn Sie das für richtig halten.«

Obwohl der Major ihn nicht sympathisch findet – dazu gibt sich Augstein gegenüber ihm als »Sieger« zu kühl, zu unbotmäßig –, endet die Begegnung positiv für den Probanden; die harmlosen Artikel in Goebbels' *Reich* zählen nicht. Augstein erhält eine Anstellung als Sub-Editor bei dem neuen, von der Besatzungsmacht herausgegebenen *Hannoverschen Nachrichtenblatt,* als dessen Editor niemand anderer als Dr. Friedrich Rasche fungiert. Und weil Rasche als ehemaliger Feuilletonredakteur sich vorwiegend mit Schöngeistig-Lyrischem befaßt, macht Augstein vom ersten Tag an das Handfest-Redaktionelle.

In dem Blatt, das viermal die Woche mit nur einer Vorderund einer Rückseite erscheint, teilt er die von der Militärregierung verordneten Ausgehzeiten mit, erklärt den Lesern die Rangabzeichen der British Rhine Army und bringt außer Nachrichten über das den Deutschen so lange verschlossene Weltgeschehen Meldungen wie diese ins Blatt:

»Wegen feindseligen Benehmens gegenüber einem Angehörigen der Alliierten Militärbehörde wurde ein 74jähriger Friseur von einem Militärgericht zu einem Jahr Gefängnis verurteilt. Der Angeklagte hatte sich geweigert, einen britischen Offizier zu bedienen. Zu seiner Verteidigung wurde ein deutscher Anwalt zugelassen. Der Präsident des Gerichtshofes erklärte, daß er bei einem jüngeren Mann eine äußerst schwere Strafe verhängt hätte.« Nach kurzer Zeit, am 2. September 1945, darf er die Zeitung der Militärregierung zum erstenmal selbständig machen. Seine Schlagzeile lautet »Der Krieg ist zu Ende« und meldet Japans Kapitulation.

Der Hang zu Lyrik und Theater aus Gymnasiumszeiten läßt ihn jedoch manchmal in Rasches Handwerk pfuschen. So besucht er die erste Aufführung der Oper »Carmen«, die, weil das Opernhaus an der Georgstraße ausgebrannt darniederliegt, im sogenannten Galeriegebäude des Schlosses Herrenhausen stattfindet. Seine Besprechung stellt heraus, daß besonders die Schmuggelszenen hochgelungen seien, weil die sackbeladenen Schauspieler noch den richtigen Schwung von den Massenplünderungen bei Kriegsende intus hätten.

Bei den Borns diskutiert Augstein auch gelegentlich mit Schauspielern und Studenten; die Freundschaft mit der Schwester hält an. Als es um das Stück »Wir heißen euch hoffen« geht, das im niedrigen Keller des Mellini-Theaters aufgeführt wird – oben liegt noch der zusammengepreßte Bombenschutt –, führt er das Wort, ganz so, wie es ein anderer britischer Presseoffizier in Hannover, Michael Thomas, von dem 23jährigen Freund Rudolf schildert:

»Mit wem er auch diskutierte, stets war Augstein der Mittelpunkt, die beherrschende Figur. Bestechend war seine unglaubliche Belesenheit. Er trug in allen Debatten den Sieg davon; er brauchte nicht recht zu haben, er gewann eben.« Ein Eindruck, der möglicherweise durch zuwenig fundierten Widerspruch entstand und bei dem Gepriesenen sein Überlegenheitsgefühl noch verstärkte. Seiner Autorität tut es auch keinen Abbruch, daß er manchmal in kurzen Hosen auftritt. Irmgard Born erinnert sich, daß er allzu abstrakte Diskussionen und unrealistische Philosophiererei oft mit einem unhöflichen »Alles Quatsch!« unterbricht und einmal, als man die zu wählenden Studienfächer gegeneinander abwägt, kategorisch erklärt: »Wir brauchen heute in Deutschland weniger Leute, die studieren, als solche, die können!« Sein eigenes Studium sieht er allmählich in die Ferne entschwinden.

Wenn Irmgard Born abends um sechs von ihrer Military-Government-Arbeit nach Hause kommt und die armseligen Scheiben Brot verschlingt, sitzen die Freunde da schon zuhauf. »Dann hieß es«, erinnert sie sich, »im Sommer schwimmen fahren, nicht mit Rudolf, musizieren, nicht mit Rudolf, oder diskutieren, natürlich mit Rudolf vorneweg.«

Wie andere junge Leute liest Augstein bis in die Nächte hinein all jene Literatur, die während der Nazizeit niemand lesen durfte: Heine, Görres, Harden, Ossietzky, Wolff – von Ossietzky studiert er sämtliche *Weltbühne*-Ausgaben, die er ergattern kann. Besonders gefällt ihm der klassische Enthüllungsartikel »Windiges aus der Luftfahrt«, mit dem man die verbotenen Fliegeraktivitäten der »Reichswehr« aufdeckte.

Aber er diskutiert und liest nicht nur; wie alle um die schönsten Jugendjahre betrogenen Heimkehrer aus dem Krieg taucht auch er gelegentlich auf den »Feten« und »Bottlepartys« auf, die in Kellern und halbzerstörten Wohnungen stattfinden. Da gibt es Rübenschnaps, Engtanz nach der lange verbotenen Swingmusik und Maisbrotschnitten. Augstein singt begeistert alles mit, was Amis und Briten an Schlagern mitgebracht haben: »Gonna make a sentimental journey«, »Don't fence me in«, »When the saints go marching in« und, und, und. Alles nach dem Motto des zeitgenössischen Theaterstücks »Wir sind noch einmal davongekommen«.

Irmgard Born erinnert sich: »Er nahm mich in Hannover einmal mit zu einer Fete, damals noch nicht Party genannt, bei einem anderen Journalisten, junger Ehemann mit blonder russischer Frau, wonnigem Baby, und dort unter Kollegen und Freunden war Rudolf so vergnügt und gelöst, wie ich ihn nach 1943 nie mehr erlebt hatte.«

Kollegen, Besatzer, Politiker und Künstler – alle, die mit ihm zu tun haben, bestätigen, was sein Freund Michael Thomas als seinen Eindruck wiedergibt. Thomas, der mit dem jungen Medien-Tycoon und Frau Katharina einmal eine Italienreise machen konnte, meint, der Umgang mit ihm sei von Lebensfreude, Lebensgenuß, viel Heiterkeit und Witz geprägt gewesen.

Bei aller Unbeschwertheit jedoch diskutiert der junge »Nachrichten«-Macher mit Deutschen und Engländern, vor allem mit den jüdischen Emigranten, wie es zu den Verbrechen im Dritten Reich hat kommen können und wie das gegenwärtige Elend überwunden werden mag. Die Stadt Hannover ist derart zerstört, daß ernsthaft erwogen wird, sie nicht an Ort und Stelle, sondern etliche Kilometer weiter südlich auf grüner Wiese neu aufzubauen – das wäre billiger. Fachleute haben errechnet, es werde allein acht Jahre dauern, die Trümmer abzuräumen, wenn täglich 3000 Arbeitskräfte dafür eingesetzt würden. Und laut Statistik des hannoverschen Stadtwirtschaftsamtes beträgt die durchschnittliche Wartezeit auf einen zugeteilten Herrenanzug 15 Jahre, auf einen Damenmantel 25 Jahre. Einen Knabenmantel, so der traurigste statistische Witz, erhält ein »Knabe« erst mit 38 Jahren.

Nächtelange Diskussionen drehen sich um die Bewältigung der politischen Schäden. Die jüdischen Kontrolloffiziere, fast sämtlich vor den Nazis aus Deutschland geflohen, sprechen zwar nicht von Kollektivschuld, zeigen aber wenig Verständnis für die Deutschen und ihr Verhalten im Dritten Reich. Augstein, ohne auf »Widerstand« zu machen, versucht sich in Erklärungen, aber wie soll er zum Beispiel einen Mann wie Henry Ormond überzeugen, dessen Vita Bände gegen die Deutschen spricht: als Hans Ludwig Oettinger geboren, erfolgreicher Richter in Mannheim, 1933 aufgrund des »Gesetzes zur Wiederherstellung des Berufsbeamtentums« aus dem Justizdienst entlassen, später Einweisung in das Konzentrationslager Dachau, nach Entlassung Ausreise mit Hilfe ausländischer Freunde nach London, schließlich Eintritt in die British Army!

Da verstummt selbst der redegewandte Augstein. Ebenso geht es ihm, als er mit Kollegen einige Häuser weiter in der Georgstraße die improvisierte Ausstellung »Kampf und Opfer« besucht. Ein Professor, Pater J. I. Dehne, ehemaliger politischer Häftling in Dachau, zeigt ihnen anhand von Zeichnungen, Fotos und Originalstücken, was sich in den Konzentrationslagern Schreckliches abgespielt hat – wovon weder Augstein noch sonstjemand aus seiner Familie oder Umgebung gewußt hat. Als schlimmstes Ausstellungsstück steht in der Mitte ein »Prügelbock«, auf den die Häftlinge mit Lederriemen festgeschnallt und dann geschlagen worden waren.

Längst ist Augstein um diese Zeit mit und in der bescheidenen Kunstszene Hannovers bekannt. Oft besucht er das notdürftig wieder geflickte »Ballhof«-Theater in der Altstadt, wo er selbst einige Male als HJ-Puppenspieler agiert hat; er trifft auf die – später berühmten – Schauspielschüler Hanns Lothar, Herbert Mensching und Günther Neutze. Sein bester Freund und Mentor aus diesen Kreisen aber wird der Intendant Gerhard Schulz-Rheden, der wenig später ein Augstein-Theaterstück auf seine Bühne bringen wird.

Major Chaloner, der in seiner Freizeit im requirierten Roadster des ehemaligen Reichsaußenministers Ribbentrop hübsche deutsche »Frauleins« herumkutschiert, beobachtet Augsteins journalistisches Wirken von weitem mit der Befriedigung eines Mannes, der »sofort wußte«, den Richtigen erkoren zu haben – dank seines »Fingerspitzengefühls« und der Tatsache, daß Augstein am selben Tag Geburtstag hat wie er. Und auch Harry Bohrer behält die Nachwuchskraft, von der er mehrfach gelungene Artikel in die zweite Militärzeitung am Ort, den *Neuen Hannoverschen Kurier,* einrücken läßt, wohlwollend im Auge. Mit ihm hat der junge Redakteur mehr zu tun als mit Chaloner, der viel in der britischen Zone umherreist und neue Tageszeitungen gründet.

Augsteins Artikel sind gut geschrieben, ohne Weihrauch für seinen Arbeitgeber, die Besatzungsmacht. Er versucht sogar so etwas wie eine selbständige Politik der Deutschen zu fördern. So nimmt er als Berichterstatter an dem historischen Treffen der SPD in Wennigsen am Deister teil, auf dem der ehemalige Reichstagsabgeordnete und KZ-Häftling Kurt Schumacher für eine zentrale nationale Politik plädiert, um für ein hoffentlich bald wiedervereinigtes Restdeutschland das Beste aus der Situation zu machen. Augsteins Bericht darüber läßt deutlich Sympathien für den frisch gekürten SPD-Vorsitzenden und seinen Kurs erkennen. Wie Schumacher setzt er die staatliche Einheit höher als die Westintegration an.

Major Chaloner, wie die meisten Offiziere und Mannschaften der britischen Majestät »Labour« zugetan, läßt ihn im Frühjahr 1946 an einer gutverpflegten Veranstaltung teilnehmen, die er in Lüneburg organisiert hat: Ein dreitägiges Zusammentreffen von zwanzig britischen und amerikanischen Deutschlandkorrespondenten, die über die Probleme des gevierteilten, hungernden und von Flüchtlingsströmen überfluteten Landes diskutieren.

In Augsteins Nachrichtenblatt tritt inzwischen ein weiterer Redakteur ein, Fried Wesemann – der spätere Informationsdirektor der SPD. Er unterstützt Augsteins Verbindung zu Schumacher, und als dem Kriegsversehrten des Ersten Weltkriegs ein Bein abgenommen wird, darf Augstein ihn als erster am Krankenbett besuchen. Er sagt später über sein Verhältnis zu dem SPD-Führer: »Dabei war ich der Schüler, der Adept.«

Gelegenheit, sich für seine Rettung als Verwundeter im Krieg zu revanchieren, ergibt sich für den jungen Redakteur, als er über einen Mordprozeß in Oldenburg berichtet. Dort ist ein ehemaliger polnischer Fremdarbeiter angeklagt, ein Kind mißbraucht und getötet zu haben. Augstein weist in seinem Prozeßbericht nach, daß der Beschuldigte die Tat unmöglich begangen haben kann. Er rettet damit dem Polen das Leben.

Alles läuft gut, aber als er über den Prozeß gegen die KZ-Wächter von Bergen-Belsen berichten soll, droht seine Karriere beim *Hannoverschen Nachrichtenblatt* von einer Stunde auf die andere zu platzen. Sein britischer Oberaufseher an der Georgstraße, Major Kelly, will nämlich der Bedeutung Bergen-Belsens entsprechend eine genaue Wiedergabe aller Wortgefechte zwischen Anklage und Verteidigung sicherstellen; er fragt deshalb Augstein, ob er stenographieren könne. Augstein bejaht das; als Kelly ihm jedoch eine Sekretärin ins Zimmer schickt, die seine Kurzschriftkünste überprüfen soll, erweist sich das als Lüge. Er kennt nicht ein einziges Kürzel in Stenographie.

Major Kelly macht kurzen Prozeß. Er läßt Augstein antanzen, befiehlt ihm, seine Sachen zu packen und das Haus zu verlassen. Er sei mit sofortiger Wirkung gefeuert.

Daraufhin lungert der Geschaßte noch eine Weile ratlos im Haus herum, klaubt seine persönliche Habe zusammen und verabschiedet sich von den Kollegen. Als er über den Hof geht – inzwischen ist es dunkel geworden –, hört er aus einem geparkten Auto merkwürdige Geräusche und Flüstern. Augstein öffnet die Tür und erblickt den Major Kelly bei der denkbar weitestgehenden Fraternisierung mit einer deutschen Sekretärin. Nun hat er wieder Oberwasser. Er fragt: »May I help you?« Nun, das braucht er nicht, aber den Posten beim Nachrichtenblatt hat er wieder.

Seine Artikel gelten in Redaktion und Verlag bald als das Beste, was in Hannover und Niedersachsen gedruckt wird.

Besonders der Sergeant Bohrer aus Prag, der fließend Deutsch spricht und von dem Augstein später einmal sagen wird: »Ihn habe ich fast geliebt«, schätzt sie hoch ein. Für die Zeit von sechs Wochen wird Augstein sogar Angestellter des von Bohrer betreuten *Neuen Hannoverschen Kurier,* dann stellt sich für ihn endgültig die Glücksweiche zu Ruhm und Reichtum, wobei John Seymour Chaloner den Weichensteller und Harry Bohrer den selbstlosen Helfer spielen.

6
Augstein ist DER SPIEGEL –
DER SPIEGEL ist Augstein

Die britische Lizenz zum Drucken – Chaloner und das Schicksal – Der Major macht Millionäre – Augsteins Mut vor Königsthronen – Der erste »SPIEGEL-Ausschuß« in Bonn – Die Briten verlangen 30 Prozent Kapitalanteil – »Bleibe der Freund – Deines Rudolf«

Am Tage der Lizenzübergabe erweist der Emigrant Harry Bohrer, der kurz vor dem Einmarsch deutscher Soldaten aus Prag flüchten konnte, seinem Freund Augstein einen letzten, aber für seine Unabhängigkeit entscheidenden Liebesdienst. Er begleitet ihn zum Büro des zuständigen Obersten im hannoverschen »Stirling House«, eines Offiziers, der nur in Indien gedient und von Deutschland keine Ahnung hat, aber wie Augstein meint, »das allerschönste Pferdegesicht«.

Und die Lizenzvergabe ist zum Wiehern: Der »NCB«, also Nichtoffizier Bohrer muß vor der Tür warten. Augstein nimmt drinnen stehend – setzen darf er sich nicht, wie der Oberst ihm mit seinem Bambusstöckchen klarmacht – das wichtige Dokument in Empfang, bedankt sich und macht auf dem Absatz kehrt.

Draußen liest Bohrer den Text sofort durch; er erregt sich heftig: »Mensch, hier steht ja, daß die Presseoffiziere dich zensieren dürfen. Geh bloß wieder rein und laß das rausstreichen!« Augstein windet sich, sein Englisch sei doch so schlecht, ob er nicht mitkommen wolle. Aber der Sergeant denkt nicht daran, sich von dem fünf Ränge höheren Pferdegesicht anschnauzen zu lassen, und rät: »Das mußt du dem eben mit Händen und Füßen klarmachen.« Augstein also wieder rein, und da sein Gymnasialenglisch wirklich nicht reicht, nimmt er einen Füllfederhalter vom Schreibtisch, drückt ihn dem Militär in die Finger und führt ihm beim Durchstreichen der gefährlichen Passage die Hand.

John Chaloner betont im nachhinein, für ihn sei ebenfalls von Anfang an klar gewesen, daß Augstein bei Genehmigung der »Stufe drei« von ihm als Lizenzträger vorgeschlagen worden wäre. Seine Begründung dafür, wieder später nachempfunden, lautet: »Ich habe sofort gemerkt, daß Rudolf Durchsetzungsvermögen besaß, bei aller Verbindlichkeit; daß er eine Art Ikonoklast sein konnte, das heißt einer, der die alten Nazibilder stürzen und uns bei der Umerziehung der Deutschen zu Demokraten helfen würde.«

Im Reigen der Persönlichkeiten um Augstein ist Chaloner fast eine tragische Figur; er selbst verbeißt sich im Rückblick immer häufiger in das Wort »Schicksal«, das er auf deutsch in seinen englischen Wortschatz aufgenommen hat. Zu Augsteins 65. Geburtstag schreibt er: »Rudolf und ich sind unlöslich miteinander verbunden, nicht nur über den SPIEGEL, sondern auch durch ein Schicksal-Kuriosum; den ominösen Klang des deutschen Wortes Schicksal habe ich immer schon gemocht: Beide sind wir am 5. November geboren.«

Ehe sich die beiden als Twens in Hannover gegenübertreten, haben sie in vielem vergleichbare Jugendjahre hinter sich; nur daß der eine frei in einer Demokratie, der andere in einer Diktatur aufwuchs. Beide besitzen ähnlich geringe Erfahrungen im Journalismus; beide meldeten sich als Kriegsfreiwillige; beiden hat der Krieg ein Studium vermasselt. Chaloner allerdings kommt nicht wie Augstein aus einem Kaufmannshaus, seine Eltern arbeiten beide an Zeitungen: der Vater als Herausgeber des *Journal of Commerce,* die Mutter als Chefredakteurin einer Frauenzeitschrift, eine Tante Sybille bei der *Modern Woman* und sein Onkel Harry als Auslandsredakteur beim *Daily Express.*

Früh schon tut der Junior es ihnen gleich. Mit sechzehn Jahren schreibt er fleißig für die Londoner Jugendzeitschrift *Boys'*

Letzte Ausgabe DIESE WOCHE, erster SPIEGEL, Redaktionssitz Anzeiger-Hochhaus in Hannover: Ein Ultimatum um die Weihnachtszeit.

Own Paper, so wie Rudolf Augstein für Dr. Rasches »Jugendseite« im *Hannoverschen Anzeiger*. 1940, als die Älteren Soldat sind, wird Chaloner Hilfsredakteur der Jugendzeitschrift; wenig später wirkt er an der *Air Training Gazette*, einem Periodikum des Londoner Luftfahrtministeriums, mit. Um die »Hunnen« zu stoppen, meldet er sich 1941 freiwillig, wird in Sandhurst gedrillt und tritt anschließend in das Panzerregiment der Westminster Dragoner ein. Seine Orden werden es später zeigen: Chaloner kämpft tapfer.

Während der Artilleriesoldat Augstein sich im Osten auf dem Rückzug quält, stößt der Leutnant und spätere Hauptmann Chaloner mit seinem »Tank« von Westen her auf das Reich vor. Wenn er in einer Dreierformation zum Angriff antreten muß, fährt er vorneweg, weshalb er Augsteins Ansicht, als Offizier könne man im Krieg eher überleben, nicht teilt. In Frankreich als Befreier bejubelt, packt er einmal anstelle einer ausreichenden Zahl Granaten Champagnerflaschen in sein Munitionsregal. Sie haben den gleichen Durchmesser wie die Granaten, bringen ihn aber in Teufels Küche, als er plötzlich auf einen deutschen »Tiger«-Panzer trifft.

Bei einer anderen Attacke schießen die Deutschen ihm den Tank zusammen; ein Mann verblutet; Chaloner muß eineinhalb Tage neben ihm ausharren. Denn immer, wenn er das Turmluk öffnet, knattert ihm Maschinengewehr-Dauerfeuer um die Ohren. Erst in der zweiten Nacht kommt Rettung. Chaloner ist unverletzt, aber ihn hat es psychisch erwischt: Soldaten nennen das seit dem Ersten Weltkrieg einen »Grabenkoller«. Man gönnt ihm eine Erholungspause, aber bald darauf kommt er zum Regiment zurück und kämpft sich hoch nach Schleswig-Holstein. Schon bei Gefangenenbefragungen nützt ihm sein Schuldeutsch, das er auf einer Art britischen Steiner-Schule gelernt hat, an der mehrere deutsche Emigrantenkinder seine Mitschüler waren.

Nach der Kapitulation der Wehrmacht am 8. Mai 1945 ergeht an sein Regiment der Befehl, alle Panzer amphibisch umzurüsten und sich auf eine Teilnahme an der Invasion Japans vorzubereiten. Wie seine Kameraden, so ist auch Chaloner davon nicht begeistert. Als er deshalb eines Tages am Schwarzen Brett liest, die britischen Informationseinheiten suchten Männer mit journalistischer Erfahrung und Deutschkenntnissen, meldet er sich sofort. Zwar machen Amerikas Atombomben bald darauf die amphibischen Anstrengungen seiner Dragoner überflüssig, aber da hat Chaloner an Hannovers Georgstraße schon mit Leuten wie Rudolf Augstein und Henry Nannen zu tun.

Wie Augstein, so hat auch Henry Nannen die politische Überprüfung durch Captain Cohn, der eine Etage über Chaloners Büro sitzt, bestanden. Cohn, gleichfalls ein jüdischer Emigrant, nimmt auftragsgemäß jeden Deutschen unter die Lupe, der sich um einen Posten bei Presse, Rundfunk, Film oder Theater bewirbt. Nachdem Nannen bei ihm als »clean« herauskommt, verhilft ihm Chaloner eine Etage tiefer zu der Lizenz für eine Jugendzeitschrift namens *Zick-Zack*, die sich später zur Illustrierten *stern* mausert. Außer mit den beiden praktiziert Chaloner mit zahlreichen anderen Medienaspiranten seinen berühmten Schreib- und Klebetest; es gilt, die neuen Tageszeitungen in Hannover, Osnabrück, Lüneburg, Braunschweig und anderswo mit demokratiegeeigneten Leuten zu bemannen. Chaloner macht so Millionäre.

Der Eklat um DIESE WOCHE unterbricht seine – für andere – segensreiche Tätigkeit. Zwar bleibt Chaloner noch bis zum 31. Dezember 1946 britischer Pressechef in Hannover, seit dem offiziellen Anpfiff durch Colonel Huijsman und dem Befehl, »nothing whatsoever« mehr mit seinem Zeitschriftenbaby zu tun zu haben, fühlt er sich gedemütigt und »unter einer Wolke des Mißtrauens«. Er dreht es hin, daß er als Public-Relations-Mann in Feldmarschall Montgomerys Bad Oeynhauser Hauptquartier arbeiten darf; ohnehin steht in acht Monaten seine Entlassung aus der Britischen Rheinarmee an. So aber beobachtet er nur noch von weitem mit wehmütigem Herzen, wie das zum SPIEGEL gewandelte Blatt, auf dessen letzter Textseite jetzt immer »Herausgeber Rudolf Augstein« steht, Furore macht.

Der frischgebackene Lizenzträger benötigt nun keinen Victor Gollancz mehr, um den Besatzern die Leviten zu lesen; er macht es selbst. So nimmt er auf einer Pressekonferenz Londons Deutschlandminister John Hynd direkt mit der Frage an, wie lange noch im Harz zugunsten englischer Bergwerke Raubbau am deutschen Wald betrieben werde und ob er glaube, daß die zahlreichen Beschlagnahmungen von Wohnungen, beispielsweise im Bezirk Arnsberg, mit dem Völkerrecht vereinbar seien. Wobei er keinen Zweifel daran läßt, daß er nicht dieser Ansicht ist. Augsteins Bericht im Heft darüber gefällt natürlich seinen Lesern, ebenso ein erster Guß »SPIEGEL-Soße«, nämlich die Schilderung, der Herr Minister sei »in einem nicht mehr ganz neuen Anzug« aufgekreuzt.

Als Herausgeber und Chef des Ressorts »Deutschland« macht Augstein die Innenpolitik und die Behandlung des besiegten Landes zu seiner Domäne; »Ausland«, »Kultur« und »Wirtschaft« bringen nicht halb soviel Brisanz ins Heft. Er lobt Konrad Adenauer, den »70jährigen gelassen-streitbaren Führer der britischen Zonen-CDU«, weil der öffentlich bestreitet, daß die Labour-Regierung in London ein Recht habe, die Wirtschaftsstruktur in ihrer Zone durch Verstaatlichung der Industrie umzugestalten. Zwei Ausgaben später tadelt er Adenauer, weil er Berlin im Stich lasse und sich eine »Hauptstadt unter Reben«, also Bonn, vorstellen könne.

In einer Titelgeschichte (von nur 56 Zeilen) mahnt Augstein die Siegermächte, ohne Unterschiede zu machen, endlich die Hunderttausende noch in ihrer Gewalt befindlichen Kriegsgefangenen freizulassen. Und einige Ausgaben später betreibt er erste Vergangenheitsbewältigung; Augstein berichtet über das Sklavenarbeiterprogramm Friedrich Flicks, über seine Spenden an die »SS« und referiert sarkastisch, Flicks Einfluß und Bankkonto seien unter Hitler »mit der gleichen Geschwindigkeit angeschwollen, mit der die Aussicht auf Frieden abnahm«.

Ausschlaggebend jedoch für das, was Medienexperten später die Leser-Blatt-Bindung nennen, ist Augsteins kühne, weil vom Kontrollrat ausdrücklich verbotene Kritik an der Politik der Siegermächte – so wettert er zum Beispiel über das alliierte »Fischfangverbot für deutsche Fischer vor der norwegi-

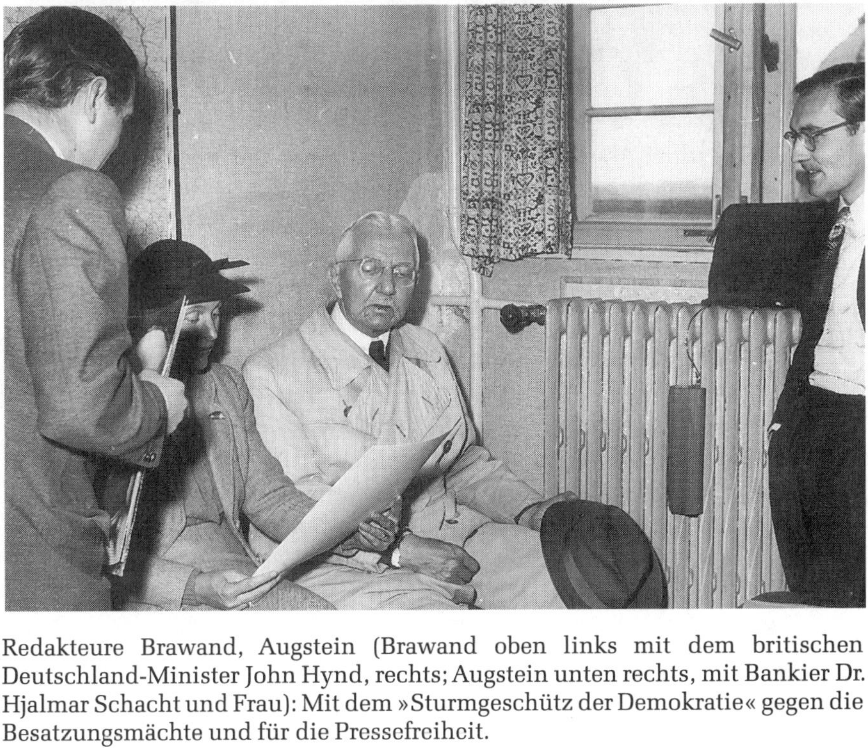

Redakteure Brawand, Augstein (Brawand oben links mit dem britischen Deutschland-Minister John Hynd, rechts; Augstein unten rechts, mit Bankier Dr. Hjalmar Schacht und Frau): Mit dem »Sturmgeschütz der Demokratie« gegen die Besatzungsmächte und für die Pressefreiheit.

schen Küste und um Island«. Augstein: Kein Wunder, daß es so gut wie keinen Fisch auf die Lebensmittelkarten gebe.

Ein Leserbrief, zehn Jahre später veröffentlicht, stellt heraus: »Damals, als in den deutschen Zeitungen und Zeitschriften treu nach dem Munde der Alliierten geredet wurde, ließ die Zeitschrift aufhorchen. Wagte man doch hier, die damaligen Götter, nämlich die Besatzer, als ganz normale Menschen mit Schwächen hinzustellen, und der Leser glaubte wieder etwas an die Gerechtigkeit.«

Am Ende des ersten Jahrgangs veröffentlicht Augstein seinen ersten »Lieber-SPIEGEL-Leser«-Brief und schafft sich damit für alle Zukunft seine ureigene Lesergemeinde. Überdies dokumentiert er so einen Alleinvertretungsanspruch, von dem er fünf Jahrzehnte lang nicht lassen wird. Drinnen und draußen, in der Redaktion und in der Öffentlichkeit, weiß man seitdem: Augstein ist der SPIEGEL, der SPIEGEL ist Augstein.

Mit trauter »Entre-nous«-Ansprache bittet er in dem ersten »Brief« seine Leser um »Kritik und Tadel, Anregung und sachlichen Beitrag«. Er plaudert weiter über den Ärger, den man als Journalist so habe: »Angesichts der Vorwürfe einiger deutscher Politiker blieben wir ungerührt. Sie versuchten uns klarzumachen, daß es Dinge gebe, die man nicht anders als mit respektvollem Ernst behandeln könne, und sie meinten damit ihre Reden. Aber eine unserer vornehmsten Aufgaben war es ja, den tierischen Bierernst und die politische Wichtigtuerei in den neuen deutschen Kleinstaaten in aller Öffentlichkeit bloßzulegen. Auch mit der Besatzungsmacht gab es einige Schwierigkeiten.«

Da er diesen Kurs unermüdlich fortsetzt, bremst den SPIEGEL auch nicht die spektakuläre Währungsreform vom 20. Juni 1948, die einer Reihe anderer Blätter den Garaus macht. Die Leser zahlen brav in neuer Deutscher Mark weiter, so daß Augstein sie in einem nächsten »Lieber-SPIEGEL-Leser«-Edikt beiläufig wissen läßt: »Sie werden bemerkt haben, daß wir die ägyptische Gelddürre nicht dazu benutzt haben, Sie unserer Liebe und uns Ihrer Treue zu versichern.«

Zu diesem Zeitpunkt versuchen die drei Gründungshelfer im Zivilleben Fuß zu fassen; sie halten miteinander Verbindung. John Chaloner wird Manager einer Zeitungsgruppe namens »Staples Press«, die sechzehn Magazine und Zeitungen herausgibt – an einer, dem *West London Chronicle,* macht er Harry Bohrer zum Chefredakteur. Als er sich mit »den alten Säcken« an der Firmenspitze verkracht, gründet Chaloner seine eigene Firma, die »Seymour Press Group Limited«. Firmenzweck ist der Import und Vertrieb ausländischer Zeitungen, und Chaloner fährt zu diesem Behufe mit einem klapprigen LKW jede Nacht zum Flughafen Croydon, wo um zwei oder drei Uhr »seine« Flugzeuge mit den Zeitungen aus den USA landen. Auch zu Henry Ormond bleibt der Kontakt erhalten, der, zunächst bei der zivilen Besatzungsverwaltung CCG beschäftigt, später als erfolgreicher Anwalt, insbesondere im sogenannten I.G.-Farben-Prozeß, in Frankfurt tätig ist und in Deutschland bleibt.

Ihr »Baby« in Hannover entwickelt sich höchst erfreulich. Die Lesertreue hält, und sie verstärkt sich noch, als Augstein ein weiteres Beispiel unerschrockener Berichterstattung liefert, die zu strenger Bestrafung durch die Sieger führt.

Den Anlaß dafür bietet ein süffisanter, aber zutreffender Artikel über das holländische Königshaus, dessen Herrscherin Wilhelmine demnächst das Zepter an die junge Königin Juliane übergeben soll. Augstein schildert die Königsfamilie als schwerreich, was aber »nicht ausschließt, daß etwa das Fehlen einer halben Torte vom Tage vorher der Königin nicht entgeht, so daß sie persönlich in der Küche reklamiert«. Er läßt auch nicht aus, daß die junge Juliane auf »kräftig entwickelten Waden« wandelt sowie daß der Gemahl der Thronfolgerin, Prinz Bernhard, sich in der Hitlerzeit »SS-Sturmführer ehrenhalber« nennen durfte.

Sein Mut vor Königsthronen kommt Augstein teuer zu stehen. Die Briten, als Besatzungsmacht immer noch mit letzter Befehlsgewalt ausgestattet, reagieren sofort, als die holländische Regierung wegen des Artikels im Londoner Foreign Office protestiert: Der SPIEGEL wird für vierzehn Tage verboten!

Augstein schreibt im nächsten SPIEGEL-Leser-Brief: »Wir bedauern, daß der Beschuldigte vorher nicht gehört worden ist«, aber Harry Bohrer, inzwischen Chefredakteur einer kleinen Vorstadtzeitung in London, erreicht mit einer privaten Protestaktion im Außenministerium, daß die Strafe auf eine Woche verkürzt wird.

Der Ausfall einer Ausgabe wirft das Blatt nicht um; der in Deutschland neue Zeitschriftentyp mit seiner investigativen, unerschrockenen Berichterstattung floriert prächtig. Nach 15 000 Exemplaren zu Beginn steigt die Auflage 1948 auf 60 000, gegen Ende 1950 sind es bereits weit über 100 000. Auch die Belegung mit Anzeigen gegen harte D-Mark bessert sich, so daß Henry Ormond im Oktober 1950 an Augsteins Buchhalter Schmitz schreibt: »Mit Freuden habe ich gesehen, daß des SPIEGELs letzte Ausgabe nahezu acht Anzeigenseiten enthält, so etwas war doch bisher noch nicht dagewesen. Außerdem hat doch bestimmt die Aufdeckung der Bundestagsaffäre dem SPIEGEL zahlreiche neue Leser zugeführt.«

Tatsächlich macht das Blatt in diesem Herbst 1950 mit der Aufdeckung des ersten großen Skandals der neugegründeten Bundesrepublik politisch Sensation. Unter der Überschrift »Bundeshauptstadt – Klug sein und Mund halten« deckt Augstein auf, daß es bei der Wahl Bonns als Hauptstadt zur Zahlung von Bestechungsgeldern an Abgeordnete gekommen ist. Frankfurt und Bonn standen zur Debatte, und rund zwei Millionen Mark flossen an mehrere Abgeordnete, die schließlich für Bonn stimmten. Was dem ersten Bundeskanzler, Konrad Adenauer, sehr zupaß kommt, weil er in der Nähe, in Rhöndorf, wohnt.

Wochenlang tagt ein erster Untersuchungsausschuß des Bundestages in Bonn; am Schluß muß er bestätigen, daß tatsächlich Bestechungsgelder gezahlt worden sind. Augstein hat die Wahrheit berichtet, und als er vor den Ausschuß geladen wird, kann er edelsten Informantenschutz demonstrieren. Auf die Frage des Vorsitzenden, woher er die Information habe, antwortet er:

»Ich sage nichts, was mir unter dem Siegel der Verschwiegenheit gesagt worden ist. Selbst auf die Gefahr hin, daß man mich in Haft nimmt, muß ich erklären, daß ich nicht in der Lage bin, Dinge, die mir vertraulich mitgeteilt worden sind, irgend jemandem zu sagen.«

Daß der Ausschuß unter dem Namen SPIEGEL-Ausschuß firmiert, ist unbezahlbare Reklame für das Magazin und bringt ihm jede Woche neue Leser, wie Henry Ormond zutreffend registriert. Dessen Freude entspringt allerdings nicht nur der Befriedigung darüber, daß die von ihm mit auf Stapel gelegte Zeitschrift ihren Weg macht; sein Interesse hat überdies Gründe, die in einem ebenso dunklen wie delikaten Umstand liegen. Der journalistische und allmählich auch finanzielle Erfolg erinnert ihn und die beiden anderen britischen Helfer an ein »Gentlemen's Agreement«, das sie meinen mit Rudolf Augstein geschlossen zu haben. Kurz gesagt: Die drei Gentlemen aus England bitten zur Kasse. Noch genauer: Sie wollen für ihre Hilfe beim Entstehen der Zeitschrift 30 Prozent vom Kapital der SPIEGEL GmbH, jeder einen Anteil von 10 Prozent, übernehmen.

Im Frühsommer 1950 hat Rudolf Augstein Harry Bohrer und seiner Frau in England noch einen freundschaftlichen Besuch abgestattet, aber im Sommer geht Anwalt Henry Ormond mit Zustimmung seiner beiden einstigen Rheinarmeekameraden daran, das auf Eis gelegte Problem zu lösen. Seine über ein erstes Gespräch in Hannover angefertigte Notiz für die beiden Kameraden verrät bittere Enttäuschung. Sie lautet:

»Unerfreuliche Verhandlung, die mehr als zwei Stunden gedauert hat. Unerfreuliche Atmosphäre, unnötige Schärfe. Menschlich enttäuschende Haltung von Augstein und in seinem Schlepptau Stempka.

Rechtspflicht verneint, moralische Pflicht halb bejaht, halb verneint.«

Augstein betont im weiteren Verlauf der sich über Wochen hinziehenden Gespräche und Briefwechsel, er sei sich der Bedeutung eines Gentlemen's Agreement bewußt, wenngleich er sich nicht erinnere, ob ihre »lose Absprache«, für die man »ganze zwei Minuten benötigt« habe, so genannt worden sei. Er erkennt ebenso an, daß die drei »in ihrer amtlichen Eigenschaft als Soldaten der britischen Besatzungsmacht uns geholfen haben, eine Existenz zu gründen«, will sich dafür auch erkenntlich zeigen, mehr aber gesteht er nicht zu.

In einem von ihm, Stempka und Barsch unterzeichneten offiziellen Brief heißt es unmißverständlich:

»Wir geben unumwunden zu, daß Sie uns bei der Gründung des SPIEGEL dienstlich sehr unterstützt haben. Dafür schulden wir Ihnen Dank. Als Sie bei einer der Besprechungen anregten, wir sollten diesen Dank auch in materieller Form abstatten, sagten wir das zu. Diese Zusage haben wir gehalten, soweit Sie uns um Unterstützung gebeten haben. Dazu sind wir in angemessenem Rahmen auch in Zukunft bereit.

Diese Zuwendungen erfolgten jedoch freiwillig, ohne Anerkennung einer Rechtspflicht, wie es dem Inhalt der seinerzeitigen Besprechung entsprach. Es liegt auf der Hand, daß Sie keine Mitgesellschafter sind. Dazu bestand damals und dazu besteht heute keine Möglichkeit. Hinzu kommt, daß Sie auch nicht für die Gesellschaft tätig waren.« (Siehe Dokumentation S.258 f.)

Obwohl Augstein immer wieder versichert, er hoffe, daß ihre Freundschaft nicht leiden werde, zeigt er eine Charakterhaltung, die sein Leben lang anhält: freundlich im Ton, aber knochenhart in der Sache. Bohrer zum Beispiel notiert aus einem Telefonat mit ihm diese Augstein-Zitate: »Ich kann nicht arbeiten mit Leuten, die überseeische Interessen haben ... Wir wehren uns dagegen, daß aus der Distanz Einfluß auf das Blatt genommen werden soll ... Was Sie uns vorschlagen, bringt uns nichts Gutes ...«

Ebenso verfährt er in einem privaten Brief an Bohrer, in dem er »selbst auf die Gefahr hin, daß eine weitere private Freundschaft an den Interessen des Spiegel, soweit ich sie zu vertreten habe, zerbricht«, unerbittlich bleibt. Er schreibt an den Freund, den er hoch verehrt. »Wenn Sie glauben, durch das Pochen auf angebliche Rechte Dinge verhindern zu wollen, die wir für richtig halten, so können Sie von mir nur ein ungeschminktes Nein bekommen.«

Und Augstein handelt – für sich, für die Redaktion und für die Aufgabe, die sein SPIEGEL in fünf Jahrzehnten für die Demokratie erfüllen wird – absolut richtig, indem er jeglichen Eigentumstitel verweigert, zumal die Briten sich anmaßen, gegen die in diesen Monaten entstehende Verbindung Augsteins zu dem Hamburger Verleger John Jahr Einwände zu erheben. Augstein dazu an Bohrer: »Ich habe Herrn Jahr selbstverständlich von sämtlichen Verpflichtungen erzählt, die der SPIEGEL hat. Das, was Sie unsere Vereinbarungen von 1947 nennen, gehört nicht dazu.«

Im Hintergrund der Auseinandersetzung schwebt unausgesprochen die Frage, auf welche Weise die absonderliche und gegen offizielle Befehle durchgeführte Zeitungsgründung eigentlich finanziert worden ist. Woher kam das Geld, das in der Zeit von DIESE WOCHE im Unternehmen arbeitete, von dem Redakteure ihre Gehälter bekamen, von dem die Miete, die Druckkosten und das Papier bezahlt wurden?

Die Antwort darauf führt tief in die Wirren der Schwarzmarktzeit hinein und fällt unterschiedlich aus, je nach Erinnerung und Standpunkt der Beteiligten. Laut Chaloner sei eines Tages Harry Bohrer »mit langem Gesicht« erschienen und habe mitgeteilt, die drei in Aussicht genommenen Lizenzträger Augstein, Barsch und Stempka müßten für den SPIEGEL 30 000 Reichsmark bei dem britischen Finanzoffizier in der Georgstraße einzahlen, was laut Chaloner »natürlich ein Geschenk auf silbernem Tablett«, aber von den dreien wohl nicht aufzubringen gewesen sei. Auch zu verkaufen hätten sie offenbar nichts gehabt.

Hier irrt Chaloner, und es dürfte zutreffen, was Rudolf Augstein später einmal in einem Brief an Brawand schriftlich festhielt: »Uns hatte man gesagt, aus undurchsichtigen Quellen seien 70 000 RM zur Gründung herangezogen worden. Als ich vier Wochen später die vorläufige Lizenz erhielt, war wiederum keine Rede davon, ob ich eine Ablösesumme hätte aufbringen können. Naturgemäß hätte ich das gekonnt, denn meine

Eltern waren nicht unvermögend und nicht ausgebombt. Drei Leicas hätten genügt, die gesamte Summe an die undurchsichtige Quelle zurückzuzahlen. Auch Du als einer meiner ältesten Partner hättest ja von dem Vorhaben erfahren müssen ...« (Siehe Dokumentation S. 256.)

Einiges spricht dafür, daß die drei Briten die verlangten 30 000 Reichsmark selbst aufbringen – vielleicht, um einen Fuß in dem von ihnen gestarteten Unternehmen zu behalten. Vieles spricht auch dafür, daß sie die Summe durch den Schwarzmarktverkauf von einigen tausend Zigaretten erlösen, die sie in der Sergeantenmesse an Hannovers Klingerplatz mit sogenannten Bafvs (British Armed Forces Vouchers) legal erwerben. Chaloner hält sich bei der Operation zurück, denn wenn zu seiner Befehlsverweigerung noch der Ruch von Schwarzmarkthandel hinzukommt, wird man ihn wohl endgültig feuern. Immerhin sagt er: »Jeder von uns hat ein Drittel beigesteuert, und damit Augstein nicht mit dem Bargeld bei dem Finanzoffizier aufkreuzen mußte, was verdächtig hätte aussehen können, wurde das Geld in einen Bankscheck umgetauscht und mit einem Begleitbrief bei dem Finanzoffizier präsentiert.«

Augstein muß von diesem Hintergrund nichts wissen; er spielt deshalb den harten Part. Die Fronten versteifen sich derart, daß selbst der gutmütige Harry Bohrer wütend reagiert. Er pfeffert Augstein einen Brief hin, in dem er konstatiert, er habe die drei nie um Unterstützung gebeten und es seien an ihn zu keiner Zeit irgendwelche Zuwendungen erfolgt. Bohrer: »Ich erwarte infolgedessen, daß Sie diese unwahren Behauptungen umgehend zurückziehen.« So ähnlich lauten sonst die Richtigstellungen gegenüber SPIEGEL-Artikeln. Bohrer ärgert sich zusätzlich darüber, daß Augstein ihn am 14. Juli 1947 zum Mitarbeiter in London ernannt hat, später aber »mit einem anderen Korrespondenten in ein Honorarverhältnis eingetreten« ist.

Ein neuerliches Treffen wird vereinbart, vor dem Rechtsanwalt Ormond noch einmal den Standpunkt des Gründer-Triumvirats umreißt. Er schreibt:

»1. Die Unterstützung bei der Gründung des SPIEGEL ging über das Dienstliche weit hinaus. Ohne den persönlichen Einsatz von uns dreien wäre aus DIESE WOCHE kein SPIEGEL geworden und die Zeitschrift mit Ihnen dreien als Lizenzträger nie entstanden.

2. Unsere persönlichen Bemühungen unter Nichtdurchführung erhaltener Befehle waren derartig, daß John Chaloner die Sache beinahe die Stellung gekostet hätte, Harry Bohrer deshalb nicht zum Offizier befördert wurde, meine Übernahme in die CCG deshalb abgelehnt wurde und ich erst nach einem Jahr, nachdem über die Sache Gras gewachsen war, übernommen wurde.

3. Wir haben nie einen Dank in materieller Form verlangt. Wir haben dagegen der Hoffnung Ausdruck gegeben, daß, wenn einmal die rechtliche Möglichkeit dazu gegeben sei, wir Gesellschafter mit je 10 Prozent Geschäftsanteil würden. Das ist bedingungslos von Ihnen gutgeheißen und als Selbstverständlichkeit anerkannt worden.

4. Unterstützung wollen wir nicht! Bei der seinerzeitigen Besprechung ist von einer Rechtspflicht nicht die Rede gewesen. Die allseits anerkannte moralische Pflicht hat zu einem ›Gentlemen's Agreement‹ geführt.

5. Wir wissen, daß wir keine Gesellschafter sind. Rechtlich bestand damals keine Möglichkeit dazu. Heute besteht sie.« (Siehe Dokumentation S. 259.)

Das ist nun eine Sprache, bei der sich Augsteins Nacken schnell versteift. Ebensowenig kann es ihn milder stimmen, was Harry Bohrer in einem weiteren Telefonat mit ihm erklärt, »daß weder Mr. Ormond noch Mr. Chaloner oder ich die geplanten firmenmäßigen Veränderungen im SPIEGEL gutheißen können«. Denn die Teilhaberschaft von John Jahr und der Umzug nach Hamburg sind für die weitere Entwicklung des Blattes, dessen Bedeutung inzwischen weit über die Provinz Hannover hinausreicht, von Augstein als unerläßlich erkannt, da läßt er sich nicht hineinreden.

Hinzu kommt, daß Chaloner Augstein in dieser Zeit bei

einem Whisky drohend wissen läßt, er habe sich in seiner eigenen Firma auch von einem Teilhaber trennen müssen, und das sei ihn sehr teuer gekommen. Genauso teuer werde es sein, ihn loszuwerden.

So entsteht im Oktober 1950 eine Regelung, von der Harry Bohrer resignierend meint, man habe angesichts der Verschleppungstaktik der Hannoveraner keine andere Option, als auf die Vorschläge Augsteins einzugehen. Und das Ergebnis fällt so aus, daß sich Henry Ormond nicht anschließen mag. Wie Augstein am 5. Oktober 1950 »vertraulich« im Brief bestätigt, »erhalten die Herren Bohrer und Chaloner sechs Monate lang je 500 DM. Es handelt sich dabei um die voll gewertete Rückgabe einer Summe, die zu einem besonderen Zweck vor der Währungsreform gegeben worden war ... Die Rückgabe in voll aufgewerteter Höhe erfolgt unter dem Gesichtspunkt, daß beiden Herren für ihre Verdienste um den SPIEGEL ein Honorar zusteht.«

Die sibyllinische Formulierung von dem besonderen Zweck läßt die Finanztransaktionen in Reichsmark im dunkeln, die Abfindung befreit Augstein von weiterer Verpflichtung, und der Kampf um eine Kapitalbeteiligung gilt für die drei Presse-Musketiere der britischen Majestät als verloren. Verloren aber hat Augstein auch auf lange Zeit drei Freunde.

Chaloner sagt, immer wieder sei er, insbesondere von ehemaligen Besatzungsbriten, gefragt worden, ob es stimme, daß er am SPIEGEL »nicht mal ein Prozent« besitze. Wenn er das bejahte, habe man ihn, je nach Temperament, »entweder für unehrlich oder für ziemlich blöd« gehalten.

Befragt, ob er wegen der für ihn negativen Entwicklung einen Stachel verspüre, antwortet John Chaloner heute: »Keinen Stachel in dem Sinne, daß ich nicht den meteorhaften finanziellen Erfolg hatte wie Rudolf Augstein.«

Ein anderer Stachel jedoch sitzt tief, nämlich die seiner Ansicht mangelnde Anerkennung seiner Rolle beim Zustandekommen des SPIEGEL. In stillen Stunden bekennt er: »Ich bin bedrückt, und manchmal bin ich wütend darüber gewesen, wenn die Starterrolle, die ich nun mal allein gespielt habe, verniedlicht oder sogar schändlich (›outrageously‹) verneint wird.«

Als der SPIEGEL vierzigjähriges Jubiläum feiert, ist Chaloner von Augstein in Hamburgs »Fischhalle« eingeladen. Zu Wort kommt außer Augstein selbst zwar Ute Lemper mit schallverstärktem Gesang, nicht jedoch der Gast aus England. Der räsoniert später im kleinen Kreise: »Hätt' Augstein mich nicht mit mein' bißchen Deutsch ein paar Worte sagen lassen können?« Hätte er natürlich, aber sein Alleinvertretungsanspruch läßt das nicht zu.

Gelegentlich zahlt der Enttäuschte es Augstein heim. Zu Augsteins 65. und seinem eigenen 64. Geburtstag schreibt er zum Beispiel im *Hamburger Abendblatt* unter anderem:

»Es ist unbestreitbar, daß Augstein DER SPIEGEL geworden ist und umgekehrt. Bis heute brütet die gedrungene napoleonische Gestalt mit dem leicht räuberischen Eulengesicht einsamer denn je im 12. Stock. Er hat aufgeräumt mit Ko-Lizenzträgern, rivalisierenden Chefredaktionspersönlichkeiten und, in jüngerer Zeit, einer Abfolge geschäftlicher Manager. Sein kürzliches Gorbatschow-Interview zeigte neben der üblichen Kompetenz einen Respekt, der an Kriecherei grenzte.«

Dabei hat auch John Seymour Chaloner durchaus seinen Weg gemacht, wenngleich er mit zwei Scheidungen halbwegs auch Augsteins Scheidungsschicksal teilt. Seine Firma »Seymour Press Group Limited« zählt rund 300 Beschäftigte; als er sie verkauft, ist er mehrfacher Millionär. Er residiert auf einem Landsitz samt Weinberg in Sussex, bekleidet zahlreiche Ehrenämter, besitzt das deutsche Bundesverdienstkreuz Erster Klasse und hat fünfzehn Bücher veröffentlicht. Aber die Welt spricht von Rudolf Augstein, nicht von ihm.

Um so mehr pocht er auf seine Rolle beim Start des SPIEGEL, und als Rudolf Augstein 1989 in einem Interview mit der Zeitschrift *Lufthansa's Germany* die Anfänge etwas locker schildert, flippt Chaloner fast aus. Auf die Frage, ob es zu Beginn der Zeitschrift SPIEGEL keine journalistischen Direktiven durch die Briten gegeben habe, antwortet Augstein: »Nein, sie hatten nicht mehr Ahnung als ich. Im Gegenteil. Ich hatte mehr Ahnung als sie. Immerhin war ich ein halbes Jahr Journalist gewesen, sie überhaupt nicht. Und sie sind nie Journalisten geworden.«

Ein langer Klagebrief an den Interviewten macht daraufhin deutlich, wie tief der Stachel immer noch sitzt. Mit der Einleitung, daß nichts, was er zum Start des SPIEGEL beigetragen habe, »sich messen oder übertreffen« könne, was er, Augstein, »zu seinem Ruhm und Reichtum« geleistet habe. Was er jedoch in dem Interview erkläre, sei »historisch falsch, faktisch maliziös und entspricht nicht dem Mann, als den ich Dich bisher gekannt habe«. Am Ende hebt Chaloner auf das historische Telegramm von 1946 ab, indem er schreibt: »Die goldenen Buchstaben scheinen mir sehr verblaßt« – und dann wieder der Versuch, lieb Kind zu sein: »Meinst Du nicht, wir könnten sie gemeinsam wieder ein bißchen aufpolieren?« (Siehe Dokumentation S. 286.)

Augsteins Antwort fällt kurz aus; er ist des Treibens müde und verweist sogar darauf, daß ihm in seinem Alter »nicht mehr viel Zeit verbleibt«. Sein Kernsatz lautet: »Es ist doch gar keine Frage, daß es den SPIEGEL ohne Dich nicht gäbe und ohne Harry nicht und ohne mich nicht.« Der Schluß: »Gib Dir also einen Ruck und bleibe der Freund – Deines Rudolf.« (Siehe Dokumentation S. 287.)

So mag es denn in Frieden Abend werden zwischen den alten »46ern«. Tatsache bleibt, daß Chaloner die nach angelsächsischem Vorbild empfundene Idee des Nachrichtenmagazins für Deutschland hatte, wobei er allerdings kaum etwas riskierte. Tatsache bleibt auch, daß DER SPIEGEL mit ihm und einer britischen Kapitalbeteiligung der drei nicht das »Sturmgeschütz der deutschen Demokratie« hätte werden können, und Tatsache bleibt, daß Rudolf Augstein es war und ist, der führend aus der kleinen Zeitschrift ein Weltblatt mit politischer Ausstrahlung gemacht hat, ohne das die Bundesrepublik anders, und zwar nicht besser, sondern weniger demokratisch aussehen würde.

Zum Glück gedeiht zunehmend Versöhnliches zwischen den beiden Alten. Zu Augsteins siebzigstem und Chaloners neunundsechzigstem Geburtstag kreuzen zwei symptomatische Glückwünsche den britischen Kanal. Augsteins Telegramm lautet:

»Lieber John, es ist komisch. Ich denke an dem heutigen Tag mehr an Dich als an mich. Was haben wir nicht alles erleben dürfen oder auch müssen. – Immer in herzlicher Verbundenheit, Dein Rudolf.«

Chaloners Gratulation fällt ebenso herzlich aus, aber er nutzt selbst diese Gelegenheit, seine mediengeschichtliche Vorreiterrolle zu Papier zu bringen. In einer selbstgefertigten Zeichnung stellt er sich und Augstein als junge Männer dar, die, sich an der Hand haltend, eine flotte Polka miteinander tanzen. Im Hintergrund der Tänzer sieht man jeweils ein Titelbild von DIESE WOCHE und dem SPIEGEL, die ineinander übergehen.

Der Stachel wird wohl bleiben.

7

»Die Zeit ist nahe« –
Abschied von der Künstlerkarriere

Das »Kindesalter« des SPIEGEL geht zu Ende – Zwist um die redaktionelle Linie – »Herr Augstein droht kühnerweise mit einem neuen Theaterstück« – Trennung von den »weichen« Redakteuren – John Jahr tritt auf – Abschied von Hannovers Richtern

Augstein spricht rückblickend vom »Kindesalter« des SPIEGEL »in dem zufälligen Geburtsort Hannover«, und tatsächlich nutzt er die Jahre an der Leine, um die Kinderkrankheiten des Magazins abzuschütteln – mitsamt denjenigen Redakteuren, die seinen Kurs und seine Allmacht stören.

Er tut dies auf die sanfte Tour, aber mit der ihm eigenen Entschlossenheit, die sein Freund Ernst August Born schon früh erkannt hat. In einem Brief an Lehrer Haake charakterisiert er Augstein am 7. Februar 1942 unter der Überschrift »Das Verhältnis A. und ich« so: »Er ist einer, der die ›Kopf-durch-die-Wand‹-Methode unklug findet und daher lieber von innen aushöhlt, nicht revolutioniert, sondern evolutioniert. A. wird nie von seinem Standpunkt lassen, vorsichtig und berechnend wird er keine günstige Gelegenheit vorübergehen lassen; er kann sich tarnen.«

Diese Eigenschaften sind denn auch gefragt, als es darum geht, welches Konzept der Redaktionsarbeit zugrunde liegen und welchen politischen Kurs man steuern soll. In beidem gehen die Meinungen der Redakteure auseinander, zeigt sich vor allem ein Generationskonflikt.

Da gibt es die Gruppe um den Kulturredakteur Hans Joachim

Toll und Dr. Werner Hühne, den Chef vom Dienst – beide über Vierzig oder im Jargon der Jungen »die alten Säcke aus der Generation, die uns aufs Schlachtfeld gejagt hat«. Sie und ihr Anhang verurteilen Augsteins scharfe politische Feder, insbesondere »die Häme«, mit der die Gegner in den Artikeln »fertiggemacht« würden. Toll erklärt, er fühle sich dabei oft an die Kampfpresse von Nazis und Kommunisten der Weimarer Zeit erinnert, die er schon bewußt erlebt und die letztlich mit in die Katastrophe geführt habe. Ein gutes Boulevardblatt, so meinen die Älteren, interessante Reisegeschichten, »mit leichter Hand serviert, ohne an Gewicht zu verlieren«, das müsse die Maxime der Redaktionsarbeit sein. Ein Kurs, der letztlich auf die alberne Yellowpress hinziele, halten die Jungen dagegen.

Der Zwist schlägt sich bis in das sogenannte SPIEGEL-Statut nieder, mit dem die Redaktion Leitlinien für die journalistische Machart ihres Blattes festlegt. Einigkeit besteht darüber, daß es aktuell und interessant sowie mit »hohem Nachrichten-(Neuigkeiten-)Gehalt« ausgestattet sein soll. Einigkeit ebenso darüber, daß die »Story« Form der Berichte sein muß. Um aber allzu draufgängerische Attacken der jungen Bilderstürmer abzubremsen, fügte die Gruppe Toll/Hühne im Verlauf der Diskussion den Passus ein:

»Der SPIEGEL hält nichts von blinder Ehrfurcht. Andererseits sollen seine Korrespondenten sich immer im klaren darüber sein, daß nichts Bestehendes ohne Grund so besteht, wie es besteht. Diese Gründe gilt es zu erkennen und sichtbar zu machen. Respekt vor irgendwelchen Dingen ist im SPIEGEL durchaus nicht verächtlich.«

Rudolf Augstein mißt dem Statut nicht allzu große Bedeutung bei; statt dessen schreibt er den Artikel über einen amerikanischen General, der bereits erschienen ist, nachträglich nach seinen dramaturgischen Vorstellungen um und sagt: »So etwa!« Manche seiner Redakteure hängen den Schrieb als Muster vor sich an die Wand.

Seine Autorität ist von Anfang an groß, und er kann, wenn er etwas durchsetzen will, besonders die Jungen leicht überzeu-

gen. So gibt Leo Brawand nach, als Augstein ihn wegen Platz-
mangels im redaktionellen Großraum einige Hochhausetagen
tiefer in ein Vorzimmer beim Oberbuchhalter Schmitz zu verfrachten gedenkt. Augstein beginnt das Gespräch darüber mit
den verbindlich-freundlichen Worten: »Leo, wir wollen etwas
zur Verbesserung deiner Arbeitsbedingungen tun.« Als es
dann später darum geht, ihn zusätzlich zur Wirtschaft die
»Panorama-Seite« mit Kurzmeldungen machen zu lassen,
offenbart er ihm: »Weißt du, wenn ich mir aussuchen dürfte,
was ich im SPIEGEL machen sollte, dann würde ich das ›Panorama‹ wählen. Da hat man alles beisammen: Politik, Wirtschaft und Kultur . . .« Und als er ihn noch später von der Zen-
tralredaktion in die Außenstelle Bonn versetzen will, sagt er
im Verschwörerton: »Laß andere hier den Stalldienst machen
und geh nach Bonn; dahin, wo die politischen und wirt-
schaftspolitischen Entscheidungen fallen. Das wolltest du
doch schon immer, nicht wahr?«

Über großes Talent verfügt er, wenn es darum geht, ambi-
tionierten Mitarbeitern die Hoffnung auf weiteren Aufstieg
bis in die höchsten Positionen zu belassen, ohne dabei ein
formales Versprechen zu geben. Jemanden, der sich Hoffnung
auf einen Chefredakteursposten machte, läßt Augstein
freundlich wissen, im Laufe der Jahre sei dies durchaus
denkbar, wenn die Dinge sich entsprechend entwickelten; es
sei keineswegs so, wie wenn ein Mann zu einer Frau sage:
»Ich werde dich niemals heiraten!« So hält er sich gern einen
Fluchtweg offen, will noch die »weitere Entwicklung«
abwarten. Zu dem mißtrauischen Brawand, der Absprachen
gern schriftlich festgehalten wissen wollte, sagt er einmal:
»Du benimmst dich manchmal, als wenn du es mit Gang-
stern zu tun hättest.«

Ein Düsseldorfer Korrespondent versteht Augstein nach
einem persönlichen Perspektivgespräch so, daß er sich Chancen auf den Redakteursposten in Moskau ausrechnet. Er lernt
mehr als ein Jahr lang täglich von 23 bis 24 Uhr Russisch und
muß nachher doch einräumen, daß er Augsteins Freundlich-
keiten wohl zu Unrecht als vertragsähnliches Versprechen

ausgelegt habe, da der Wunsch, nach Moskau zu gehen, Vater aller seiner Gedanken gewesen sei.

Will Augstein beim Stehkonvent einen Gesprächspartner von seiner Ansicht überzeugen, so dringt er direkt in seinen engsten Gesichtskreis ein, bis auf zehn Zentimeter. Er heftet den Blick fest auf die Augen des Kontrahenten und redet mit sanfter, aber eindringlicher Stimme auf ihn ein. Teilnehmern von Redaktionskonferenzen vermittelt er gern das Gefühl, sie selbst und viel weniger er träfen die Entscheidungen.

Augstein verfügt über die Fähigkeit, Fehlschläge mit stoischem Gleichmut hinzunehmen. Von Anfang an ist es ihm und seinen Mitarbeitern klar, daß sie, wie Harry Bohrer es formuliert, nicht »everybody's darling« sein können. Geht also einmal etwas schief, so beruhigt Augstein seine Leute mit der Volksweisheit: »Es geht eben, wie der Bulle pißt, mal so, mal so.« Kommt es aber ganz schlimm, so zitiert er gern einen französischen Clown, der ihn dadurch beeindruckt hat, daß er – bei einem artistischen Sprung voll aufs Maul gefallen – die Sache mit einem Lächeln und der Floskel relativiert: »Presque tombè«, also er sei doch wohl beinahe gestürzt.

Sein langjähriger Fahrer Otto Förster macht die Beobachtung: »Wenn andere in der Redaktion nervös wurden, weil der SPIEGEL etwa ein gefährliches Strafverfahren an der Hacke hatte, dann blieb der Chef ganz ruhig und ausgeglichen. Er ging in einer solchen Lage ganz einfach auf Tauchstation.«

Als der *Zeit*-Journalist und Buchautor Rudolf Walter Leonhardt einmal eine Gruppe ausländischer Journalisten mit dem »Obergangster vom SPIEGEL« zusammenbringt, urteilen sie nach einem zweistündigen Gespräch:

»Also, den hatte ich mir ganz anders vorgestellt«, sagt Dick O'Conner, als Augstein wieder gegangen war.

»So mit Schwefel und Galle aus allen Poren triefend?« fragt unser Österreicher.

»Doch irgendwie rabiater und verschlagener in seinem Äußeren«, wirft Pierre Spälti ein.

»Größer, breiter und älter hätte ich gedacht«, so oder so ähnlich meint Yvonne, »und er wirkt so nett und zurückhaltend.«

Starke Rückendeckung für seine konzeptionellen Ideen erhält Augstein von Hans Detlev Becker, dem SPD-Mann, den er zu sich geholt hat, nachdem Becker in einem Brief Teile der SPIEGEL-Berichterstattung kritisiert und »konstruktive Vorschläge« gemacht hat. Nach einiger Zeit befördert ihn der junge Herausgeber zum Leiter der Planungsabteilung und geschäftsführenden Redakteur. Becker erinnert sich: »Zweifellos wollte auch ich eine ›radikalere‹, das heißt im Wortsinne mehr an die Wurzeln der Dinge gehende Zeitschrift als die Gruppe Toll/Hühne und war mir darin mit Rudolf Augstein einig. Die beiden anderen Lizenzträger Stempka und Barsch waren supervorsichtig gegenüber britischen und deutschen Autoritäten, weil geblendet von der neuen Würde als Verleger!«

Nicht zuletzt wegen der Angst, die britische Besatzungsmacht werde das Blatt durch einen Papierlieferstopp abwürgen, mißfällt Augsteins »Crusading press« Toll und seinem Anhang immer mehr, aber Augstein geht trotzdem mit Artikeln und vor allem mit seinen Kommentaren voll in die Politik. Unter dem Pseudonym Jens Daniel greift er insbesondere die sich abzeichnende Westintegration Konrad Adenauers an. Als in Bonn die Ratifizierung der Verträge über die Kohle- und Stahlgemeinschaft, die Montanunion als die erste europäische Gemeinschaftsgründung, ansteht, schreibt er unter der Überschrift »Ein Lebewohl den Brüdern im Osten« seinen historisch nachhaltigsten Kommentar. Darin sagt er richtig voraus:

»Vermutlich wird Westdeutschland unter Adenauer ein Gefolgsstaat der Amerikaner, unterschieden von dem ostdeutschen Satellitenstaat hauptsächlich dadurch, daß man sich am Abend ohne Angst vor der Gesinnungspolizei ins Bett begeben kann.

Den Schumanplan über die Montanunion zum jetzigen Zeitpunkt ratifizieren bedeutet, die 18 Millionen Deutschen der Sowjetzone abzuschreiben!« Das bringt die Zeitschrift mehr ins öffentliche Gespräch als die Kulturbeiträge über das beginnende Jazzleben in Westdeutschland oder Geschichten über Axel von Ambesser. Um ein Exempel zu statuieren, nimmt sich Augstein, mit Beckers harter Hilfe, Tolls wichtigste Ressortredakteurin Hanne Walz vor. Sie vertritt hinter vorgehaltener Hand ohnehin die Ansicht, Augstein sei ja vielleicht noch »zu formen«, zu überzeugen, nicht aber Becker, sein »böser Geist«. Anhand ihres letzten Artikels, Absatz für Absatz auf den Prüfstand der SPIEGEL-Schreibe gestellt, machen die beiden sie reif für einen gutbezahlten Abschied. Sie wendet zwar ein: »Das fällt euch jetzt ein, nach drei Jahren?«, aber sie geht.

Als ein Jahr später auch Hans Joachim Toll, der Eleganteste und Charmanteste im Team, aufgibt, weinen seine Sekretärinnen bittere Tränen, und nicht wenige in der Redaktion wie im ganzen Pressetempel an der Goseriede meinen, den Rausschmiß auf ein ganz bestimmtes Ereignis zurückführen zu können. Auf Rudolf Augsteins einzig je aufgeführtes Theaterstück nämlich, das sein Freund, der Theaterintendant Gerhard Schulz-Rheden, auf die Hannoversche Landesbühne gebracht und das Hans Joachim Toll gnadenlos verrissen hat – in Augsteins eigenem Blatt, dem SPIEGEL.

Das Stück heißt »Die Zeit ist nahe«, und weil alle Theater Hannovers in Trümmern liegen, wird es in einem Notquartier der Kunst, dem Gemeindesaal in der Südstadt, aufgeführt. Es soll ein szenisches Gleichnis sein und zeigt eine Renaissancestadt mit ihren aufgeregten Bewohnern beim Heraufziehen einer tödlichen Pest. Auf den provisorisch zusammengezimmerten Holzbänken des Saales sitzen in der hintersten Reihe Augsteins Redaktionskollegen, unter den Zuschauern weiter vorn auch die vom Stückeschreiber persönlich eingeladene Mutter Born sowie Augsteins Bruder Josef. Sie verfolgen immer unruhiger werdend, was die in zeitgenössische Kostüme gekleideten Schauspieler da oben treiben.

Man kann früh ahnen, daß die Sache schiefgeht, und so wundert später nur noch die Schärfe und Ironie, mit der Hans Joachim Toll Augsteins Stück im nächsten Heft verreißt. Seine Besprechung liest sich unter anderem so:

»Gleichnis und Gegenwart sollten Parallelen sein, deren Schnittpunkt auf der Bühne lag. Diese mathematisch-dramaturgische Konstruktion mißriet. Die Figuren erinnern an personifizierte Zeitungsartikel. Sie haben nicht viel zu tun, sie sind zu sehr damit beschäftigt, das Ihre publik zu machen, zumeist Woolworth-Wahrheiten. Sie bedienen sich dabei eines gern in Brokat schreitenden Schreibedeutsches von angestrengter Gehobenheit. Gelegentlich sind sie es selbst leid und sagen: ›Genug des mystischen Orakels!‹

Das Gleichnis dauerte fast drei Stunden, dem Publikum kam es länger vor. Es saß, als sich zum Schluß auf der Bühne alle Figuren verlaufen hatten (was ihnen nicht zu verdenken war), ziemlich ratlos da. Es dauerte etwas, bis man sich dem traditionellen Genuß des Beifallspendens einigermaßen hingab. Ein vorsorglich bestellter Fotograf trat in Aktion und hielt den Applaus im Bilde fest. Es wurde eine ausgesprochene Momentaufnahme.

Auf der Bühne verneigte sich inmitten der von ihm heraufbeschworenen Renaissance der Autor, ein nicht sehr großer Herr, der älter als seine 24 Jahre aussieht: Rudolf Augstein, Lizenzträger und Chefredakteur der viel besseren Zeitschrift DER SPIEGEL.«

Am Schluß des Artikels verpaßt Toll den Lesern der viel besseren Zeitschrift noch eine Warnung: »Herr Augstein droht kühnerweise mit einem neuen Stück.«

Die Kritik ist unkollegial, aber nicht ungerecht, denn das Stück hält sich in Text und Dramaturgie im Rahmen jener Balladendichterei, an der sich noch wenige Jahre zuvor die Gymnasiasten Augstein und Born berauscht haben, ein Bubenstück, ein Erstling. Aber der dünne Beifall macht den Reinfall deutlich. Frau Born klatscht noch am lautesten; sie bewundert die Courage, mit der Augstein auf die Bühne tritt. Neben ihr Bruder Augstein lacht verlegen, und die Kollegenschaft auf den hinteren Bänken grinst sich eins.

Natürlich wird es nun nichts mehr mit einem neuen Augstein-Stück, und als Klaus Harpprecht den gescheiterten Jünger Thalias einmal darüber befragt, merkt man, daß Augstein an diesem Punkt seines Lebens einen Schlußstrich zieht, obwohl er Kunst und Literatur verbunden bleiben wird.

Harpprecht: »Warum haben Sie so schnell aufgegeben?«

Augstein: »Das Stück war zu schlecht.«

Harpprecht: »Kann man das so rasch begreifen, merkt man das so schnell?«

Augstein: »Das merkt man sehr schnell, wenn man sich selber nichts vormachen möchte, und das habe ich nie gewollt, dann merkt man schon, ob man etwas exorbitant Schlechtes gemacht hat.«

Harpprecht: »Erinnern Sie sich noch an den Stoff, den Sie abgehandelt haben?«

Augstein: »Ich hatte die Heraufkunft einer Pest zum Vorwand genommen – ich erinnere mich, daß ich von Albert Camus in diesem Punkt geschlagen worden bin, denn er hatte dasselbe Thema, nur hat er es wohl besser gemacht als ich.«

Aber alle irren sich, die annehmen, Tolls Abschied vom SPIEGEL rühre von seinem Verriß des Stückes her. Was keiner weiß: Er hat dem jungen Chef freiwillig angeboten, die Aufführung nicht zu besprechen, das unangenehme Ereignis einfach zu übergehen, aber der will es anders, »weil ich den Coup witterte« (Augstein), sich mit der Duldung solch harscher Kritik als ebenso souveräner wie toleranter Chef und Zeitgenosse darstellen zu können, und diese Rechnung geht auf. Der Reinfall zeitigt andererseits für ihn die Erkenntnis, nun wohl doch beruflich dem Kunstleben zu entsagen und sich voll auf den Part des politischen Journalisten zu werfen.

Nein, Tolls Ausscheiden hat andere Gründe; sie liegen tatsächlich in der unterschiedlichen Auffassung der SPIEGEL-Konzeption. Augstein meint: »Einer mußte die Richtung angeben, und es war klar, daß das nicht Toll sein konnte.« Als Harry Bohrer in London von der Trennung erfährt, schreibt er einen Brief an Toll, in dem er ihm für die geleistete Aufbauarbeit Dank zollt. Toll verkündet, an diesem Brief liege ihm mehr als an einem Augstein-Zeugnis. Dieser wiederum legt Wert auf die Feststellung, daß die freundschaftliche Verbindung zur Toll-Familie nie abgerissen sei, daß beispielsweise Frau Toll noch der Beerdigung seines Vaters beigewohnt habe.

Mit Dr. Josef Augstein (oben): Juristenrat vom großen Bruder; Augstein, Jaene, Engel, Jacobi (unten): Bestechungs- und Leihwagenaffäre, Parteienfinanzierung, Ministerbetrügerei, Flick-Skandal, »NEUE HEIMAT«, Barschel, verschlampte Ost-Milliarden und Plutoniumschmuggel – eine Kette vom SPIEGEL aufgedeckter Fälle.

Werner Hühne scheidet gleichfalls aus, denn auch er paßt Augstein nicht in den Kram und sein Konzept. Und auch er wertet Harry Bohrers Urteil höher als das Rudolf Augsteins. Noch in einem Schreiben vom 11. Januar 1987 an einen der letzten Redaktionsveteranen von 1946/47 betont er: »Harry Bohrer ist für mich der eigentliche ›Vater‹ des SPIEGEL, und er war nicht nur der Macher der ersten Stunde, er war auch ein menschlicher Begleiter aller Mitarbeiter. Es hat mich immer bekümmert, daß seiner sowenig gedacht wurde.«

Die Twens um Augstein wie Hans Dieter Jaene, Hans Joachim Werbke, Johannes K. Engel, Olaf Werkmeister, Lore Ostermann und Brawand – keiner über 25 Jahre alt – liegen von Anfang an auf seiner Linie. Sie beeindruckt sein Spruch, DER SPIEGEL sei kein Blatt für offizielle Verlautbarungen, sondern dafür da, die Kehrseite der Medaille aufzuzeigen.

Augsteins Mitgesellschafter Barsch und Stempka halten sich bei diesen Auseinandersetzungen bedeckt; wie Becker sagt, wollen sie mit der geschenkten Lizenz Geld verdienen und möglichst nirgendwo anecken. Noch in einem Gespräch am 1. August 1950 meint Augstein, er habe »keine Garantie, daß Stempka immer auf meiner Seite sein wird«. Auf den blassen Barsch zählt er ohnehin nicht. Ihn mag auch irritieren, daß beide mit Ormond, Bohrer, Chaloner und Harry Kelly über die Gründung einer Firma »Internationaler Artikeldienst« verhandelt haben. Über sein Ziel jedenfalls kann es keinen Zweifel geben: Ebenso wie die Redakteure Toll und Hühne will er die Teilhaber Barsch und Stempka loswerden.

Um Platz für Jahr zu schaffen, zahlt Augstein als ersten »Ede« Barsch aus; vermutlich erhält er, den die Militärregierung mehr oder weniger zufällig zum Verleger aufsteigen ließ, 100 000 DM, was einer prächtigen Verzinsung seiner 1947 eingezahlten recht wertlosen 10 000 Reichsmark gleichkommt. Der ehemalige Scherl-Fotograf Stempka steht Augstein zwar näher, hat auch für das Blatt redaktionell mehr getan, aber von ihm trennt Augstein sich gleichfalls.

In Hans Detlev Beckers Wohnung findet die Schlußverhandlung darüber statt; den Gastgeber macht Frau Stempka

Partner Augstein, Jahr (oben), Gast Harry Bohrer (Mitte), Ehepaar Ruth und Leo Brawand (unten rechts): Der SPIEGEL-Chef ist ein geborener Entertainer.

auch für »die harte Linie« verantwortlich, mit der das vor sich geht – Becker spielt hier die Rolle, mit der er noch für lange Zeit Augstein von Nutzen sein wird, die des harten Ausputzers. Außer ihm sind Augstein, Jahr und das Ehepaar Stempka anwesend; Annemarie Förster, die Ehefrau des Cheffahrers Otto, serviert Schnittchen und Getränke. Am Ende steht ein notariell zu beglaubigendes Abkommen, nach dem Stempka für sein Ausscheiden etwa 150 000 DM erhält.

Augstein und Jahr halten danach je 50 Prozent der Firmenanteile, und dem Umzug nach Hamburg steht nichts mehr im Wege. Augstein will raus aus der provinziellen Enge, muß aber in der britischen Zone bleiben, weil sein freches Blatt überall sonst in Deutschland sehr bald verboten werden würde. Und zu Axel Springer kann er nicht, das ist politisch unmöglich. Hinzu kommen ökonomische Gründe, obwohl er da nicht so ganz durchschaut, aber sein Buchhalter Schmitz findet das auch. Augstein weiß zumindest, daß sowohl die Auflage wie die Belegung mit Anzeigen erhöht werden muß, wenn die Zeitschrift ganz groß werden soll. Da kommt der ebenso joviale wie geschäftstüchtige *Constanze*-Verleger Jahr gerade zupaß.

Gegenüber Harry Bohrer erklärt er laut einem Telefonprotokoll: »Ich habe die Redaktion vor die Wahl gestellt, mit mir nach Hamburg zu gehen oder ohne mich hierzubleiben. Ich habe keine Angst. Ich kann aber in ganz Deutschland keinen Verleger finden, der andere Bindungen aufgeben würde, um hierher nach Hannover zu kommen, und der das leistet, was wir brauchen. Herr Jahr kann uns viel helfen, da er als Verleger eine starke Position gegenüber den Lesezirkeln hat und Anzeigen beschaffen kann. Andererseits kann er uns nicht unter Druck setzen, weil er keine Druckerei hat.«

John Jahr, ein liberaler Hanseat, der mit der CDU, »den Schwatten«, wie er sagt, nichts am Hut hat, sondern der F.D.P. nahesteht, tut dem Blatt und seiner Mannschaft gut. Ins Redaktionelle redet er nicht hinein; bei Besuchen in den Außenposten betrachtet er mißbilligend die Nierentisch-Ausstattung der Wohnräume und bestellt, auf Geschäftskosten, moderne Möbel. Die Jungen nennt er väterlich auf hamburgisch den »dschungen Herrn Brawand« oder, noch klangvoller, »den dschungen Herrn Dschaene«; mit Augstein und Bekker ist er bald per du. Vor allem aber zeigt er ihnen, was der rechte Kaufmannsgeist zuwege bringt, beispielsweise im Umgang mit Steuerbeamten. So mit einem Finanzamtsprüfer, einem Hobbymaler, dem Jahr mit plötzlichem Kunstverständnis begeistert einige seiner Gemälde abkauft.*

Von einem besonderen Erlebnis mit seinem kaufmännischen Lehrherrn Jahr berichtet Augstein viel später, zu Jahrs achtzigstem Geburtstag: »Auf der Bahnhofstraße in Zürich hast du mir bei Bucherer meine erste goldene Uhr geschenkt, nach langem Handeln und mit 15 Prozent Rabatt, versteht sich. Es machte mir wenig, daß diese Uhr später in unseren Geschäftsbüchern auftauchte: 50 Prozent hatte ich mir also selber geschenkt.«

Mit einem solchen Mann an der Seite, der seine Hamburger Angestellten sofort auf die Suche nach Wohnungen für die SPIEGEL-Redakteure ausschwärmen läßt, fällt der Abschied leicht. In seiner letzten im Anzeiger-Hochhaus verfaßten »Lieber-SPIEGEL-Leser«-Kolumne dankt Rudolf Augstein seiner Vaterstadt. Sein Resümee: »Die Stadt der Leibniz-Kekse hat das Kuckucksei wohl gelegt, hat den jungen frechen Vogel toleriert; auf den Klinkerhöhen des Hochhauses, des einzigen erhaltenen Wahrzeichens der Landeshauptstadt, hatte er sein Nest.«

Ein besonderes Lebewohl gilt der hannoverschen Justiz, die

* Über seine Tätigkeit als Topmanager erklärte Augstein einmal in einem Interview: »Man darf nicht vergessen, daß ich von Anfang an Kaufmann war, was ich mein Leben lang nie habe werden wollen. Aber das mußte ich werden, mußte Geschäftsführer sein und damit zuständig für alles, womit Journalisten sonst nichts zu tun haben. Etwa entscheiden, ob ein Redakteur Weißwandreifen für sein Auto bekommt oder nicht. Ich mußte lernen, mit dem Betriebsrat umzugehen. Ich mußte lernen, wie man Gesellschafter ausschließt, was sehr schwer ist. Das alles hat mit Journalismus unmittelbar nichts zu tun, nur mittelbar. Aber wenn man von Anfang an Chef einer Firma ist, hat es damit zu tun. Insofern bin ich ein Sonderfall.«

mit dem aufmüpfigen Blatt schon viel Ärger gehabt hatte. Augstein: »Von *einem* Mann fällt uns der Abschied schwer, von Staatsanwalt Günter Kort. Er war ›unser‹ Staatsanwalt ... Elfmal fand gegen einen SPIEGEL-Redakteur eine Hauptverhandlung statt: Bislang hat Staatsanwalt Kort noch keinen endgültigen Sieg verbuchen können, in sechs Jahren nicht.«

Statt seiner richtet sich nun die hanseatische Justiz an der Elbe auf den Umgang mit dem SPIEGEL-Fechter Augstein ein. Unter den liberalen Hamburger Rechtspflegern bekommt die Zeitschrift bald sogar so etwas wie einen eigenen Richter, der aber so gerecht und friedlich wie sein Name ist. Er heißt »Engelschall«, tatsächlich!

8

»Ein Abgrund von Landesverrat« –
die SPIEGEL-Affäre

**Der Montagsschock aus Hamburg – Jens Daniel und der Kanzler –
»Der letzte Nationalliberale« – »Saufarie« mit Franz Josef Strauß –
Der Redakteur im Kleiderschrank – Die SPIEGEL-Affäre erschüttert
die Republik – Augstein als Häftling in der Feste Koblenz**

In der Hansestadt mausert sich die Zeitschrift endgültig zu
jener nationalen Institution, die, anfangs noch verschämt als
»ein Hamburger Nachrichtenmagazin« bezeichnet, in schöner Regelmäßigkeit die Bonner Amtsstuben durcheinander-
wirbelt. Vom »Montagsschock« spricht man in Ministerien
und Parteizentralen.

Immer öfter tauchen auch jene zwei christdemokratischen
Spitzenpolitiker im Heft auf, die sich als Rudolf Augsteins
Schicksalsfiguren auf dem journalistisch-politischen Parkett
entpuppen: Bundeskanzler Konrad Adenauer und der CSU-
Politiker Franz Josef Strauß. Dabei beeindruckt der »Alte von
Rhöndorf« den jungen Augstein durchaus, und er hat stolz
vermerkt, daß der Bundeskanzler ihm bei einem ersten Inter-
view nicht, wie vereinbart, eine, sondern schließlich drei
Stunden widmet. Aber das »Rheinbund-Denken« sowie Ade-
nauers »Heranschmeißen« an den Westen ohne Rücksicht auf
die im Grundgesetz verankerte Pflicht zur Wiedervereinigung
Deutschlands empfindet er als schändlich.

Augstein liegt da auf der Linie des SPD-Führers Kurt Schumacher, der prinzipiell den zentral ausgerichteten Staat und
die Vereinigung aller vier Besatzungszonen anstrebt. Natür-

lich mit Berlin als Hauptstadt – »in der Streusandbüchse Brandenburgs statt unter Reben«, sagt der Schumacher-Adept. Auch Schumacher hält viel von dem SPIEGEL-Chef. Beide sind sich einig, daß es die Wiedervereinigung bei totaler Westintegration, so wie es die CDU dem Volk vorgaukelt, nicht geben wird und daß die Wiedervereinigung Vorrang haben müsse.

Der Gegensatz zwischen ihm und Adenauer entzündet sich voll, als Stalin die Westintegration mit einer Note zu stoppen versucht, die Deutschland angeblich die Vereinigung und freie Wahlen bringen soll. Eine einheitliche Regierung werde es geben und sogar eine kleine deutsche Armee, wenn sich Deutschland dafür nur zur Neutralität – also weder west- noch ostgebunden – verpflichten würde. Augstein spürt hier, bei aller Vorsicht, eine Chance in seinem Sinne. Aber Konrad Adenauer und sein Anhang fassen die Note nur mit spitzen Fingern an; sie wollen sie nicht einmal diskutieren. Eine geheime Bonner Expertise, die immerhin Gegenvorschläge entwickelt, wird vom Kanzler indexiert.

So wettert Augstein in seiner nächsten Kolumne:

»Die Sowjets haben einen Vorschlag gemacht, der so ziemlich das Äußerste darstellt, was man vorschlagsweise von ihnen erwarten kann ... Sie verlangen lediglich, daß ein wiedervereinigtes, bewaffnetes Deutschland sich keiner Koalition gegen einen seiner früheren Gegner anschließen dürfe. Das ist immerhin ein diskutabler Vorschlag, von dem man nicht weiß, wie ernst er zu nehmen ist. Aber er sollte nicht diskutiert werden.«

Statt dessen, so Augstein noch, sei Konrad Adenauer »entschlossen, den Amerikanern entgegenzulaufen«.

Vor dem Rhein-Ruhr-Club in Düsseldorf postuliert Augstein: »Seit Gründung der Bundesrepublik haben wir es als unsere vornehmliche Pflicht erachtet, das Bewußtsein wachzuhalten, daß die Bundesrepublik ihre Daseinsgrundlage einbüßt, wenn sie das Ziel der deutschen Einheit aus ihrem politischen Handeln verdrängen läßt.« Zwar tönen die CDU-Politiker in ihren Sonntagsreden ebenfalls von dieser Verpflichtung und lassen stets die Brüder und Schwestern jenseits der Elbe grüßen, aber, wie Ralf Dahrendorf ihm später einmal attestiert, »nur Rudolf Augstein hat in jenen Jahren Deutschlandpolitik betrieben«. Er sei, so Dahrendorf, »der letzte Nationalliberale, und dies im besten Sinne der Bismarckzeit«.

Nur: Das Volk hört nicht auf Augstein; es will »keine Experimente« und wählt Adenauer wieder und wieder. Dabei hat Augstein vor der Wahl zum Bundestag extra ein widerwärtigböses Konterfei des Kanzlers auf das Titelblatt gehoben, fast eine Totenmaske. Jedoch dies sowie seine in einem Bändchen gesammelten Jens-Daniel-Kommentare (Titel: »Deutschland – ein Rheinbund?«) nützen nichts, und seine Enttäuschung ist beträchtlich. Also richtet er sein »Sturmgeschütz« mehr und mehr direkt auf Adenauer, dem er katholische Doppelzüngigkeit vorwirft.

Einen nachhaltigen Treffer landet er denn auch bald mit Hilfe eines Mannes namens Hans-Konrad Schmeißer alias René Levacher, der einige Jahre führender Tätigkeit im französischen Geheimdienst hinter sich hat. In dieser Eigenschaft führte er Gespräche sowohl mit Adenauers engem Mitarbeiter Herbert Blankenhorn als auch mit diesem selbst. Was Schmeißer Augstein enthüllt und dieser unter der Überschrift »Am Telephon vorsichtig« im SPIEGEL veröffentlicht, macht wieder Sensation. Mitten im kalten Krieg zwischen Ost und West nämlich, so Schmeißer, hätten die Franzosen dem deutschen Bundeskanzler diese geheime Offerte gemacht: 48 Stunden vor einem Einmarsch der Russen in die Bundesrepublik – was der französische Geheimdienst gewiß rechtzeitig erfahren werde – sorge Paris dafür, daß sowohl Adenauer als auch Blankenhorn mit ihren nächsten Familienangehörigen in Autos des Geheimdienstes aus der Gefahrenzone heraus nach Spanien gebracht würden, wo Adenauer an die Spitze einer Exilregierung treten und die Deutschen zum Widerstand aufrufen könne.

Hatte Adenauer nach den ersten Jens-Daniel-Attacken auf seine Politik erklärt, »das Schmutzblatt lese ich gar nicht, das macht sich selbst kaputt«, so studiert er diesen Artikel sehr genau und greift für den Gegenschlag zu der gröbsten juristischen Keule, dem Paragraphen 41 des Strafgesetzbuches, und schlägt zu.

Danach vermeldet Rudolf Augstein in seinem nächsten »Lieber-SPIEGEL-Leser«-Brief: »Als ich im abgelegenen Autobahnrasthaus Rimberg eine Bouillonwurst anknackte, beschlagnahmte ein grüner hessischer Landpolizist gerade die letzten der an das Gasthaus gelieferten Hefte.« Was in einer westlichen Demokratie unmöglich sei, so Augstein, habe das Amtsgericht Bonn auf Veranlassung Adenauers zustande gebracht, um die Exemplare aus dem Verkehr zu ziehen. Augstein: »Die Beschlagnahme bis in die Lesezirkel hinein erfolgte aufgrund eines Artikels, von dem der Herr Bundeskanzler behauptet, er sei von A bis Z erlogen, und von dem die Redaktion behauptet, er sei erweislich wahr, von A bis Z.«

In dem folgenden, die SPIEGEL-Auflage weiter fördernden Rechtsstreit steht Josef Augstein als Anwalt seinem Bruder zur Seite. Vor Gericht erscheint der junge Herausgeber fein herausgeputzt, mit seidener Silberkrawatte und seinem Unschuldsgesicht, das schon die britischen Militärs in Hannover bei ihren Protesten gegen seine Artikel so verwirrt hat. Adenauer und Blank müssen zugeben, daß sie mit Schmeißer verhandelt haben, und so endet die Affäre – nach Jahren – mit einem Vergleich: Nebenkläger Adenauer zieht seinen Strafantrag zurück, der SPIEGEL erklärt, man habe den Kanzler nicht beleidigen wollen. Eine Karikatur zeigt zum Ende Augstein und Adenauer in trautem Einvernehmen samt der Textzeile: »Falls Herr Schmeißer geschmissen haben sollte, so war das keine Absicht!«

Als in einem »Teegespräch« Adenauers, das heißt einer Konferenz im Kreise seiner Hofschranz-Journalisten, davon gesprochen wird, die Beschlagnahme habe den SPIEGEL 80 000 Mark gekostet, meint der Kanzler: »Und wenn et nur 20 000 Mark jewesen sin, dann freut mich datt auch, denn datt wird der Herr Augstein sich wohl merken!«

Aber den Feind einmal im Visier, flickt Augstein ihm auch mit Kleinigkeiten am Zeuge, um ihn in der Öffentlichkeit bloßzustellen. So reibt er Adenauer seine angeblich rheinisch-separatistischen Ambitionen während der Weimarer Jahre hin und läßt überdies dubiose finanzielle Unternehmungen in seiner Zeit als Oberbürgermeister von Köln ausspionieren. Der SPIEGEL-Mitarbeiter (und spätere Fernsehjournalist) Peter Merseburger gräbt einige alte Wertpapierspekulationen Konrad Adenauers aus, die in der Tat nicht vom Feinsten waren, jedoch rechtlich ohne Belang geblieben sind.

Immer wieder weist Augstein auf die Gefahr hin, die CDU/CSU mache sich den Staat zur Beute und verfahre nach dem Motto: »Recht ist, was der Bundesregierung nützt.« So attackiert er, als die Adenauer-Regierung im Kampf um ihre Westverträge beim Bundesverfassungsgericht abblitzt, über Bundespräsident Theodor Heuss jedoch trickreich doch zum Ziel kommt, Konrad Adenauer mit aller Schärfe:

»Die mörderisch prinzipienlose Taktik des Kanzlers hat bewirkt, daß die Bundesrepublik in den Augen ihrer Bürger und der Welt als ein Staat dasteht, in dem naive Tricks bei den höchsten politischen Instanzen besser im Kurs stehen als Recht und Gesetz. Er hat gehandelt in der Manier eines Oberbürgermeisters, der sich mit einigen listigen Kunststückchen von seinen Stadtverordneten einen Grüngürtel bewilligen läßt.«

Hauptangriffspunkt jedoch bleibt für Augstein über Jahre Adenauers begierige Westverflechtung, die mit den Stichwörtern Montanunion, OECD, EWG, WU, (gescheiterter) EVG sowie Nato und inzwischen Europäischer Union gekennzeichnet ist. Allerdings meint Augstein später, als, wie er sagt, »anfänglicher Gegner der Westverträge«, sie wären selbst ohne Adenauer, wenn auch vielleicht später und mit einigen Hängepartien »in jedem Fall geschlossen worden, denn es gab keine Alternative«.

Noch mehr als gegenüber Adenauer, dem er einen gewissen Altersbonus und rheinische Schlitzohrigkeit einräumt, erhebt Augstein Vorwürfe gegen Adenauers Protegé Franz Josef Strauß, über den sein SPIEGEL zunächst noch harmlos berichtet, während der Kanzler schon unter Dauerbeschuß steht.

Tauchte in den ersten Nachkriegsjahren der Name Strauß im Blatt auf, handelte es sich immer um den greisen Komponisten gleichen Namens. Erst als der CSU-Star im zweiten Adenauer-Kabinett zunächst Atom- und dann Verteidigungsminister geworden ist und seine Rolle als potentieller Adenauer-Nachfolger deutlicher erkennbar wird, nimmt ihn der SPIEGEL genauer unter die Lupe.

Selbst in dem »Begrüßungs«-Titel zu Beginn des Jahres 1957 kommt er noch gut weg, wenn man davon absieht, daß darin mitgeteilt wird, Strauß beziehe noch von seinem früheren Ministerium monatlich 5000 Mark nicht versteuertes und nicht zu versteuerndes »Bewegungsgeld«. Aber kurz danach beginnt »ein Krieg um Leben und Tod, obwohl die Kriegführenden beide überlebten« (Augstein). Der SPIEGEL-Chef erinnert sich: »Die Nacht, in der SPIEGEL und Strauß über Kreuz kamen, läßt sich genau bestimmen. Es war die vom 9. auf den 10. März 1957, eine Nacht von Samstag auf Sonntag.«

Die Erinnerung sowie die stenographischen Tagebuchaufzeichnungen vom Verfasser dieses Buches belegen, daß Augstein den Bundesverteidigungsminister Strauß nicht in sein Haus am Maienweg 2 in Hamburg eingeladen hat, um Zoff zu machen. Im Gegenteil: Da scheint es auf beiden Seiten Sympathie zu geben, sogar Respekt; Augstein will den vielversprechenden Aufsteiger von Bonn beim Bier privat beäugen, weil man ja vielleicht mit ihm zusammenarbeiten kann. Mancher historisch beschlagene Beobachter hat Augstein einen Mann des 19. Jahrhunderts genannt, und dazu würde passen, daß er als Verleger gerne graue Eminenz für einen wichtigen Minister spielen und dadurch Einfluß auf die Politik nehmen möchte, etwa wie die Herausgeber des *Preußischen Wochenblatts* zu Bismarcks Zeiten in Berlin.

So beginnt der Schicksalsabend am Maienweg einträchtig und in aufgelockerter Stimmung, zu der gleich am Anfang Hans Detlev Becker beiträgt, der aus seiner hannoverschen Schulzeit ein Gedicht über den König Ernst-August vorträgt. Es heißt »Königsgruß von C. J. Blumenhagen« und geht so:

»Im Wollen fest,
kalt in Gefahr,
noch jugendfrisch
im Silberhaar,

jedweder Zoll
ein Heldenbild,
Gerechtigkeit
sein Ehrenschild

und seines Volkes
Stolz und Lust,
das war König
Ernst-August!«

Alle finden das zum Schießen, besonders die unmögliche
Betonung am Schluß, und der Gastgeber läßt die Gläser nach-
füllen. Um dem Verteidigungsminister einen Gefallen zu tun,
legt jemand auf dem Zehn-Platten-Spieler den »Großen Zapfenstreich« auf. Kaum ist der Schlußchoral »Ich bete an die
Macht der Liebe« verklungen, trägt auch Strauß zur Unterhaltung bei. Zunächst erzählt er, wie er vor kurzem fast mit einer
»Heron«-Maschine der Bundesluftwaffe abgestürzt sei; nur
durch einen waghalsigen Sturzflug habe der Pilot den Trieb-
werksbrand löschen und die Maschine dann noch abfangen
können. Dann folgt ein Witz über Juden und Neger, antirassi-
stischen Inhalts. Und immer wieder wird getrunken. Der
Abend entwickelt sich zu einer »Saufarie« (Augstein).

Mag es die Militärmusik des Zapfenstreichs, mag es der
reichlich verabreichte Alkohol sein, der Bayer kommt jetzt auf
Militärisches zu sprechen: auf die Engländer. Sie sind kurz
zuvor mit ihrer Attacke auf den von Ägypten verstaatlichten
Suezkanal gescheitert, was Strauß zum Anlaß für beißende
Kritik nimmt. Ja moi, das seien ja schöne Helden, erst vier Tage
auf See liegen und abwarten, dann fünf Tage angreifen und
doch nicht weiterkommen! Dann wendet er sich den Sowjets
zu – Kruzifix, was seien die gefährlich. Der Redakteur Hans

Schmelz, Fallschirmjäger im Zweiten Weltkrieg, meint verstanden zu haben, der Gast vergleiche die Sowjets mit Sittlichkeitsverbrechern. Er, SPD-Mitglied und jemand, der in Friedenszeiten keiner Fliege ein Leid tut, raunzt Strauß an: »Dann schlagen Sie sie doch zusammen!« Strauß protestiert wutentbrannt, das habe er nicht gesagt, und Augstein schickt Schmelz vor die Tür.

Die Stimmung scheint jetzt ziemlich versaut. Nichts mehr von der Harmonie am Anfang, als Strauß, halb scherzhaft, halb im Ernst meinte, der SPIEGEL und er könnten doch irgendwie, »im Interesse des Landes«, zusammenarbeiten. Der Minister zu Augstein: »Na, wie wäre es denn mit uns beiden in Bonn. Sie als Sponsor und ich als Fellow-Traveller?« Darauf greift Augstein wieder einmal in sein gut gefülltes literarisches Zitaten-Nähkästchen und rezitiert aus einer Ballade Börries Freiherr von Münchhausen über zwei Freunde, von denen einer im Kampfe fallen wird und der andere, sich selbst als Opfer anbietend, sagt: »Herrgott, laß mich der andere sein.«

Strauß muß zum Bahnhof; sein Zug geht 22.10 Uhr, und Augstein selbst fährt ihn in wilder Fahrt, sogar einmal bei Rot über eine Kreuzung, dorthin. Aber der vorausgeschickte Strauß-Begleiter, Ministerialrat Gosch, hat vergeblich versucht, die Abfahrt zu verzögern. Strauß und Augstein sehen nur noch, wie die Lichter in der Ferne verschwinden. Also geht es wieder retour zum Maienweg 2, wo der SPIEGEL-Herausgeber in dem früheren Haus von Max Schmeling und als Nachbar seines Kompagnons John Jahr wohnt. Jetzt verzehrt Strauß das für ihn im Kühlschrank aufbewahrte Hühnchen, und wieder wird getrunken; alle SPIEGEL-Redakteure sind noch da.

Und wieder attackieren die Nordlichter die Adenauer-Regierung, in der ihr Gast als Verteidigungsminister wirkt. Sie solle sich nicht so überstürzt und servil an die Amerikaner (Schmelz: »Ihre Spezis!«), an den Westen, binden und dafür auch noch so viel Steuergelder hinauswerfen: für die Montanunion, die Frankreich wolle, um an die Ruhrkohle heranzukommen, für die Stationierungskosten der Alliierten und, und, und. Strauß, samt seinem Beamten Gosch und einem

Sicherheitspolizisten namens Kruse in der Minderzahl, dröhnt zurück wie in einem bayerischen Bierzelt, kriegt auch einiges in den falschen Hals. So eine Bemerkung des Redakteurs Horst Mahnke über das Dritte Reich. Strauß schnauzt ihn so an (»Wer sind Sie, wie heißen Sie?«), daß Mahnke brummt, dann könne er ja gehen. Also wieder einer ab vor die Tür, bis Augstein und Mahnke wieder hereinkommen und unisono erklären, niemand sei hier im Raum, der etwa nicht die Meinung vertrete, daß Hitler ein Lump und ein Verbrecher sei; Mahnke sei mißverstanden worden. Darauf der Bajuware, nur halb versöhnt: »Sonst, wann's so reden wollt, ladet's euch Zuhälter oder Ganoven ein, aber nicht einen Minister der Bundesregierung.«

Jahre später zieht SPIEGEL-Autor Joachim Schöps, der an dem Abend nicht dabeigewesen war, das Fazit der SPIEGEL-Leute: So ein Mann darf niemals Bundeskanzler werden. Schöps: »Der Abend blieb unvergessen und auch die Erinnerung an die Brausköpfigkeit und das Wortgeprassel des Gastes – ein Barockpotentat, aber einer, der mit Atomwaffen zu tun hatte. Ob die CDU oder die SPD künftig Wahlen gewinnen wird, ist nicht mehr so sehr von Belang. Wichtig erscheint allein, ob Franz Josef Strauß ein Stück weiter auf jenes Amt zumarschieren kann, das er ohne Krieg und Umsturz schwerlich wieder verlassen müßte.«

CSU-Abgeordnete wie Hans Klein konstatieren seitdem »fast pathologische Haßgefühle« Augsteins Strauß gegenüber, aber das trifft ebensowenig zu, wie daß dieser Abend allein ausgereicht hätte, einen SPIEGEL-Feldzug gegen den Bayern in Gang zu setzen. Ein, zwei der Mitfeierer fanden Strauß eher komisch als gefährlich; sie hätten sich vermutlich Augsteins Devise »Der nicht!« weniger überzeugt angeschlossen, wenn der ehrgeizige Bayer nicht in der Folgezeit Augsteins Einschätzung bestätigt hätte. Es sei jedenfalls nicht verletzte Liebe oder Eitelkeit gewesen, meint der Gastgeber vom Maienweg. Vielmehr: »Der Minister war höchst eilfertig, seinen Ruf zu ruinieren, man konnte kaum folgen.«

Da gibt es zunächst die sogenannte »Hahlbohm-Affäre«, bei

der sich der Verteidigungsminister mit einem Bonner Verkehrspolizisten anlegt, der, auf einem Podest stehend, an der Kreuzung unweit des Bundeshauses seinen Dienst verrichtet. Als einmal Strauß mit seinem Fahrer auf die Kreuzung zufährt und, auf den Ministerstander weisend, Vorfahrt verlangt, stoppt ihn Siegfried Hahlbohm kühl mit seinem Handzeichen. Strauß scheißt ihn zusammen (»Geben Sie mir Ihren Namen. Ich werde dafür sorgen, daß Sie von der Kreuzung verschwinden!«), »erklärt ihm den totalen Krieg« (Augstein) und verlangt von seiner vorgesetzten Behörde seine Ablösung. »Genauso isser«, sagen die SPIEGEL-Männer und walzen die Berichterstattung mächtig aus. Denn Strauß verlangt nicht nur vom Bonner Polizeipräsidenten, Hahlbohm strafzuversetzen; er richtet zusätzlich eine Dienstaufsichtsbeschwerde an den nordrhein-westfälischen Innenminister und verlangt eine »scharfe Untersuchung und ein strenges Eingreifen«. Aber die Sache endet letztlich damit, daß der Strauß-Fahrer 100 Mark Geldstrafe zahlen muß.

Und da kommen noch mehr Skandälchen und Skandale, wobei nur zu oft Geld eine Rolle spielt. So die merkwürdige Sache mit Franz Josef Strauß und einem »Onkel Aloys«, mit vollem Namen Dr. Aloys Brandenstein, ein alter Bekannter der Familie Zwicknagel, der Familie von Frau Marianne Strauß. Zunächst war dieser Nennonkel arm wie eine Kirchenmaus, dann aber, nachdem ihn der persönliche Referent des Verteidigungsministers mit dem damals wichtigsten Beschaffungsoffizier bekannt gemacht hat, wird er Millionär. Die Lösung dieses Rätsels: Onkel Aloys verdient das Geld als Berater einer Remscheider Firma für die Produktion von Panzerketten und wirkt überdies als provisionsberechtigter Verbindungsmann für die Einkäufe der Bundeswehr bei der belgischen Waffenfirma Umal.

Auch bei der sogenannten Fibag-Affäre geht es um Geld, und zwar nicht um einen Pappenstiel, sondern um 300 Millionen Mark. Für diese Summe nämlich macht sich ein Architekt namens Lothar Schloß, den Augstein in seinem Artikel über den Fall einen »Münchner Mehrzweckkaufmann« nennt, anheischig, insgesamt 5434 Wohnungen in 47 Orten der Bundesrepublik für die amerikanischen Streitkräfte zu bauen. Da nun an dieser »Finanzbau AG« (Fibag) der Strauß-Duzfreund Hans Kapfinger eine beträchtliche Beteiligung halten soll, zögert der Bundesverteidigungsminister nicht, den windigen Fibag-Erfinder Schloß im Amt zu empfangen und ihm ein Empfehlungsschreiben für die Amis (»To whom it may concern«) auszuhändigen. Als die Sache sich verzögert, greift er noch einmal zur Feder und legt in einem persönlichen Brief an den US-Verteidigungsminister Thomas S. Gates diesem den Lothar Schloß und sein unausgegorenes Projekt ans Herz. Natürlich berichtet das der SPIEGEL in süffisanter Form (»Schloß hat einen stattlichen Briefkopf und ein einsemestriges Studium ...«) und läßt bei der ganzen CSU-Mischpoke nicht aus, es gebe Gerüchte, daß Franz Josef Strauß an dem Projekt selbst mitverdienen wolle.

Zwar zerschlägt sich das Ganze, an Strauß jedoch haftet seitdem »ein Ruch von Korruption«, wie Augstein selbst nach mehreren Prozeßrunden ungestraft behaupten darf. Die *Frankfurter Allgemeine Zeitung* schreibt, was wohl die überwiegende Zahl der Bundesbürger über diesen Fall denkt: »Ein Minister, der einen solchen Brief aus seinem Hause hinausgehen läßt, scheint einen wesentlichen Unterschied zwischen Deutschland und dem Balkan aus dem Auge verloren zu haben.« Dreimal stehen sich Strauß und Augstein in Nürnberg vor Gericht gegenüber, ein Bundestagsausschuß befaßt sich – ohne klares Ergebnis – mit der Sache, aber Strauß bleibt doch lädiert auf der Strecke.

Franz Josef Strauß seinerseits bemüht zur Charakterisierung Augsteins die germanische Mythologie. In seinen *Erinnerungen* schreibt er über den Widersacher: »Augstein, von Komplexen geplagt, ist in der deutschen Politik und Publizistik, was der listig-verschlagene Loki in der germanischen Sagen- und Götterwelt ist.« Der SPIEGEL selbst kommt noch schlechter Weg: »Der SPIEGEL ist – und früher war er das noch mehr als heute – auch ein tiefer Ausdruck der Zerrissenheit und des Nihilismus der deutschen Seele, wobei er selbst zu dieser Zerrissenheit entscheidend beigetragen hat. Er ist Produkt und Produzent dieser Haltung gleichermaßen. Das schließt durchaus nicht aus, daß mit einem solchen Organ, mangels eines anderen, auch Funktionen der politischen Hygiene in diesem Staat ausgeübt werden.«

Soweit überhaupt noch möglich, streiten die beiden auf politischem Feld noch heftiger miteinander, denn der Verteidigungsminister Strauß gibt sich da noch unerbittlicher, noch aggressiver. Die Rigorosität, mit der er seine Rüstungspläne vorantreibt, greift der SPIEGEL in einer Titelgeschichte auf, die Straußens bräsiges Vokabular von der »verbrecherischen Dummheit« bis zur »dynamischen Abschreckung« aufklärerisch ausbreitet. Wie einst den Briten Victor Gollancz, so zitiert Augstein wieder, was das Ausland dazu sagt: Strauß sehe schon aus wie ein »Maßkrug«, so *Time,* und er träume davon, »die deutsche Armee zur stärksten in Europa zu machen«, so die *Daily Mail.*

Vor allem auf Atomwaffen für Deutschland sei Strauß erpicht, sein Drang zu atomaren Sprengköpfen unübersehbar – so trommelt Augstein, um die Öffentlichkeit zu warnen. Später präzisiert er: »Strauß, des war ich Zeuge, hat sie gewollt. Er wollte atombombentragende Mittelstreckenraketen für die Nato-Streitkräfte und ein mehr als symbolisches Mitspracherecht, dies alles bezogen auf seine Person: Schließlich war er laut eigener Auskunft ›der einzige, der die Generäle in Schach halten kann‹.« Vom Kanzler kann niemand erwarten, daß er Strauß in den Arm fällt; der hält die Raketen ohnehin nur für eine Art weiterentwickelter Artillerie und für sich selbst schlimmstenfalls seine eigene Lösung bereit. Adenauer: »Wenn der Russe kommt, dann vergifte ich mich.«

In der Bundeswehr jedoch wollen einige gerne überleben; hohe Militärs hegen gegen einen so impulsiven Befehlshaber Strauß, der ständig darüber jammert, die Deutschen seien »atomare Habenichtse«, ein gesundes Mißtrauen. Einer von ihnen, der Oberst im Generalstab Alfred Martin, spricht mit Conrad Ahlers, und der verfaßt nach etwa einem Dutzend Gesprächen mit Martin und Anreicherungen durch Hans

Schmelz eine Titelgeschichte, die den Showdown zwischen dem SPIEGEL und der Politik, zwischen Augstein und Strauß, bringt. Sie erscheint am 8. Oktober 1962, trägt die Überschrift »Bedingt abwehrbereit« und behandelt die Nato-Übung »Fallex 62« samt Grundverfassung der Straußschen Streitmacht.

Drei Wochen danach sitzt ein halbes Dutzend SPIEGEL-Redakteure im Gefängnis, darunter auch jene drei Trinkfesten, die einige Jahre zuvor Franz Josef Strauß vom Maienweg 2 zum Hamburger Hauptbahnhof und wieder zurück transportiert haben. Was war passiert? Eine ganze Menge.

Da sitzt beispielsweise am 26. Oktober 1962 – noch im alten Pressehaus an Hamburgs Speersort – der Wirtschaftsredakteur des SPIEGEL spätabends über seinen letzten Korrekturseiten; außer ihm, der im siebten Stock arbeitet, sind nur noch wenige andere Redakteure im Hause. Wie jeden Freitag abend macht er über die »Sprechtüte« Meldung beim Chef vom Dienst im sechsten Stock, gleich bringe er die letzten Seiten runter.

Aber der Chef vom Dienst kommt ihm zuvor, klettert einen Stock höher und berichtet Brawand, da unten sei die Hölle los. Es wimmele von Bonner Kriminalbeamten, Chefredakteur Claus Jacobi sei verhaftet, Rudolf Augstein angeblich nach Kuba geflohen – das Blatt stehe unter dem Verdacht schweren Landesverrats. Was er bloß tun solle? Brawand rät, auf jeden Fall die Zeitschrift zum Druck weiter fertigmachen, notfalls heimlich, und er werde sofort Josef Augstein in Hannover herbeiholen.

Da die Telefonzentrale im sechsten Stock bereits von Polizei besetzt ist, ruft Brawand über seine Leitung seine Frau in Hamburg-Rahlstedt an. Frau Ruth solle sofort Anwalt Josef Augstein mobilisieren, weil sonst das Heft nicht erscheine und der SPIEGEL vielleicht pleite gehe. Und noch etwas: Falls im Hause Brawand keine Polizei warte, solle sie ein weißes Band um die Platane vor dem Haus binden; »You know – tie a yellow ribbon round the old oaktree.« Kaum hat er das Telefonat beendet, hört Brawand Schritte auf dem Flur; offenbar haben die Bundeskriminalbeamten entdeckt, daß die SPIE-GEL-Redaktion bis in den siebten Stock reicht. Da tut der Wirtschaftsredakteur, sonst ein Ausbund an Korrektheit, etwas, was er später wahlweise als geistesgegenwärtige Reaktion wie in seinen Kriegszeiten oder instinktive Fluchtbewegung ausgibt: Er löscht das Licht und versteckt sich in dem mannshohen Kleiderschrank seines Büros.

Sekunden später öffnet sich die Tür; drei Beamte – Pistolen im Halfter – betreten zusammen mit dem Hauswart das Zimmer. Der Hauswart sagt auf hamburgisch: »Hier hefft se ook schon dichtmocht«, dann gehen alle wieder. Als der Redakteur sich seinem Schrank entwindet und leise verschwinden will, findet er die Tür verschlossen. Daß der Raum überdies versiegelt ist, sieht er erst, nachdem er mit Schere und Brieföffner mühselig das Schloß herausgebrochen hat. Über die Hintertreppe schleusen ihn SPIEGEL-treue Setzer, die den Polizeiüberfall lautstark als eine unerhörte Attacke auf die Pressefreiheit geißeln, aus dem Haus, und an der Platane vor der Parchimer Straße 58 erblickt er erleichtert ein breites weißes Band aus einer alten Gardine.

Rudolf Augstein hat sein Tagewerk zwei Stunden früher beendet; er trinkt mit Hans Detlev Becker in seiner Wohnung ein Glas Wein und weiß, schon bevor sein alarmierter Bruder mit dem Auto aus Hannover eintrifft, was in seiner Redaktion passiert. Auch John Jahr, der seine Verlagsanteile einige Zeit vorher verkauft hat, trifft in der Stunde der Gefahr bei Augstein ein. Was sie gemeinsam bis vier Uhr morgens beraten, geschieht am folgenden Tag: Um zwölf Uhr am 27. Oktober stellt sich Rudolf Augstein im Hamburger Polizeipräsidium dem Leitenden Staatsanwalt Siegfried Buback.

Die Invasion des SPIEGEL ist vorerst beendet, aber die meisten Redaktionsräume sind beschlagnahmt und versiegelt, und die Bonner Bundesanwaltschaft gibt über die Aktion folgende Meldung heraus:

»Aufgrund von Veröffentlichungen, die sich mit wichtigen Fragen der Landesverteidigung in einer Art und Weise befassen, die den Bestand der Bundesregierung sowie die Sicher-

Hans Detlev Becker, Johannes K. Engel (oben links), Leo Brawand (oben rechts) bei der Betriebsversammlung nach der Verhaftung des SPIEGEL-Herausgebers: »Sie alle sollen wissen, daß Sie nicht bei Al Capone beschäftigt sind, sondern bei Rudolf Augstein!«
SPIEGEL-Redaktionskonferenz Winter 1962: unten links Hans Detlev Becker; der Stuhl neben ihm ist leer, weil Augstein noch im Koblenzer Gefängnis einsitzt.

heit und Freiheit des deutschen Volkes gefährden, sind die Geschäftsräume des Nachrichtenmagazins DER SPIEGEL in Hamburg und Bonn durchsucht worden.

Mehrere Mitarbeiter des SPIEGEL sind wegen des Verdachts des Landesverrats, der landesverräterischen Fälschung und der aktiven Bestechung vorläufig festgenommen worden.

Die umfangreichen Ermittlungen erstrecken sich auch auf Offiziere, Beamte und Angestellte der Bundeswehr, die verdächtig sind, dem SPIEGEL gegen Entgelt Staatsgeheimnisse verraten zu haben.«

Augstein wird in das Hamburger Stadtgefängnis Fuhlsbüttel eingeliefert, »Santa Fu« genannt, vor dem am Samstag abend Hunderte von jungen Leuten Randale machen. Sie tragen Transparente mit der Aufschrift »SPIEGEL tot – Freiheit tot«, trommeln an das Gefängnistor und skandieren »Jeder Bürger soll es schrei'n, Augstein raus und Strauß muß rein!« Der Inhaftierte hört es; er nimmt die Sache ohnehin fatalistisch, die Rufe rühren ihn, den Abgebrühten, aber doch zutiefst.

Auch seine Redaktion, jedenfalls die führenden Redakteure, stehen unbeirrt zu ihm. In der Masse der Beschäftigten gibt es angesichts der Ungeheuerlichkeit der Vorwürfe und in einer Zeit, da die Kubakrise für ein Gefühl der Bedrohung sorgt – sowjetische Raketen sind zu Castro unterwegs, und US-Präsident Kennedy hat unter Androhung von Kriegshandlungen ein Ultimatum an Moskau gestellt –, auch Ängste. Ehefrauen von Redakteuren müssen sich beim Kaufmann fragen lassen, ob denn ihr Mann auch bei dem Landesverräter Augstein tätig sei. Hans Detlev Becker konstatiert, die Krise habe in der Redaktion »einerseits konzentrische, andererseits zentrifugale Kräfte ausgelöst«, kurz gesagt: Manche rücken tapfer eng zusammen, andere haben Schiß und möchten am liebsten von der Fahne gehen.

Am folgenden Montag versammelt sich die Belegschaft im Kellerraum des Pressehauses Am Speersort; Hans Detlev Becker spricht ihr Mut zu. Rechts von ihm Chefredakteur Johannes K. Engel, gleichfalls in der Überfallnacht verhaftet und nach 24 Stunden mit der Auflage freigelassen, im

SPIEGEL nicht über Details zu berichten, die ihm während seiner Vernehmungen aus den Ermittlungsakten bekannt geworden sind; links von ihm Leo Brawand (der bald darauf eine Art Notprokura erhält – siehe Dokumentation S. 266). Becker, sitzend, umklammert nervös die Stuhlbeine vor dem Mikrofon, aber seine Rede klingt klar und kämpferisch. Er kündigt an, derjenige – gemeint ist natürlich Franz Josef Strauß –, der dieses faule Ei gelegt habe, werde sich noch wundern. Denn, so Becker: »Sie sind bei Rudolf Augstein beschäftigt und nicht bei Al Capone!« Ihm, Augstein, so Becker unter Beifall, sei auch der nächste Titel gewidmet.

Während sich die Redaktion müht, unter den Augen der Kriminalbeamten die nächsten Hefte fertigzustellen, geschieht in der Bundesrepublik bis dahin Ungeahntes, Unerklärtes: Über Gräben hinweg solidarisiert sich ein großer Teil der Gesellschaft mit dem Magazin und seinem eingesperrten Herausgeber. Künstler veranstalten Protestmatineen, Manager bieten sich als redaktionelle Hilfskräfte an (Willy Schlieker: »Ich mache alles; ihr braucht mich nur zu rufen«), *Zeit* und *Hamburger Echo* machen wegen der noch geschlossenen SPIEGEL-Räume Quartier frei, und selbst CDU-orientierte Zeitungen protestieren gegen die Nacht-und-Nebel-Aktion. Allerdings verlangen einige Lieferanten von Zeitungspapier plötzlich Vorkasse; es gibt auch Stornierungen im Anzeigenteil.

Schwierig wird es, als schließlich auch noch Hans Detlev Becker ins Gefängnis muß. Die verbliebenen Chefstellvertreter wählen eine Art Notvorstand mit dem Wirtschaftsredakteur Brawand als Primus inter pares. Er droht der Bundesanwaltschaft – ohne eigenes Risiko, weil er nun mit dem Landesverratsartikel wirklich nichts zu tun hatte – großmäulig, er werde auf jede Verlautbarung »sofort zurückschlagen«, und verkündet forsch: »Wir werden genauso weiterschreiben, wie wenn unsere inhaftierten Kameraden noch bei uns wären, und alle ›Spezis‹, die glauben, sie kämen jetzt um einen Artikel über sie herum, die haben sich geschnitten.« Neben ihm stehen auf der Pressekonferenz der alte John Jahr (»Kaputtmachen wollen sie den SPIEGEL, das wollen sie in Bonn!«) sowie

Rechtsanwalt Josef Augstein und der Verleger Richard Gruner, von dem es gerüchteweise heißt, er habe sein Privatflugzeug in Hamburg-Fuhlsbüttel vollgetankt, um jederzeit abhauen zu können. Tut er aber nicht.

Derweil wird der Untersuchungshäftling Augstein von Hamburg in das Gefängnis Koblenz verlegt, einen festungsartigen Bau, in den Besucher nur mit einer Messingblechmarke hineinkommen, die noch aus dem Kaiserreich stammt. Zeichen über seiner Zellentür weisen ihn als Normalverpfleger, Dissident sowie nicht suizidgefährdet aus, und der Häftling denkt tatsächlich an alles andere als an Selbstmord. Zum einen liegt so etwas nicht in seiner fatalistisch-zynischen, aber auch sinnenfrohen Lebenseinstellung, zum anderen hat er durch Geflüster und Besucher wie seinen Freund Wolfgang Döring längst mitgekriegt, daß in dem angesagten Bubenstück für die meisten Strauß der Schurke, er selbst aber der Held zu sein scheint. Später meint er, nicht unzufrieden: »Jedenfalls bin ich jetzt eine nationale Figur.«

In seiner Abwesenheit treffen an seinem verwaisten Arbeitsplatz täglich Durchhaltebriefe, -telegramme und Geschenke ein. Geduldsspiele und die Schallplatte »Junge komm bald wieder« liegen dabei zahlenmäßig an der Spitze; es folgen Selbstgebackenes, Kränze, Kerzen, Zigaretten, warme lange Unterhosen, selbstgestrickte Strümpfe, Zeichnungen von Künstlern wie Amateuren sowie Humoriges. Ein Bundeswehrangehöriger schickt ein Strauß-Foto, im Bilderrahmen, den er aus acht Patronenhülsen sowie insgesamt 28 Schuß Infanteriemunition zusammengelötet hat – nachdem er entlassen und alles vorbei ist, wird Augstein das martialische Stück Leo Brawand schenken (plus 25 000 bereits versteuerter D-Mark).

Der witzigste Durchhaltebrief stammt von Augsteins Freund Henri Regnier, dem Unterhaltungschef des NDR und Bruder des Schauspielers Charles Regnier. Er mahnt den Knastinsassen, sich rechtzeitig zum gemeinsamen Eislaufen auf Hamburgs Eisbahn »Planten und Blomen« einzufinden, wo sie beide ja schließlich verabredet seien. Damit das klappt, schickt er einen (imaginären) Rosinenkuchen samt Zeich-

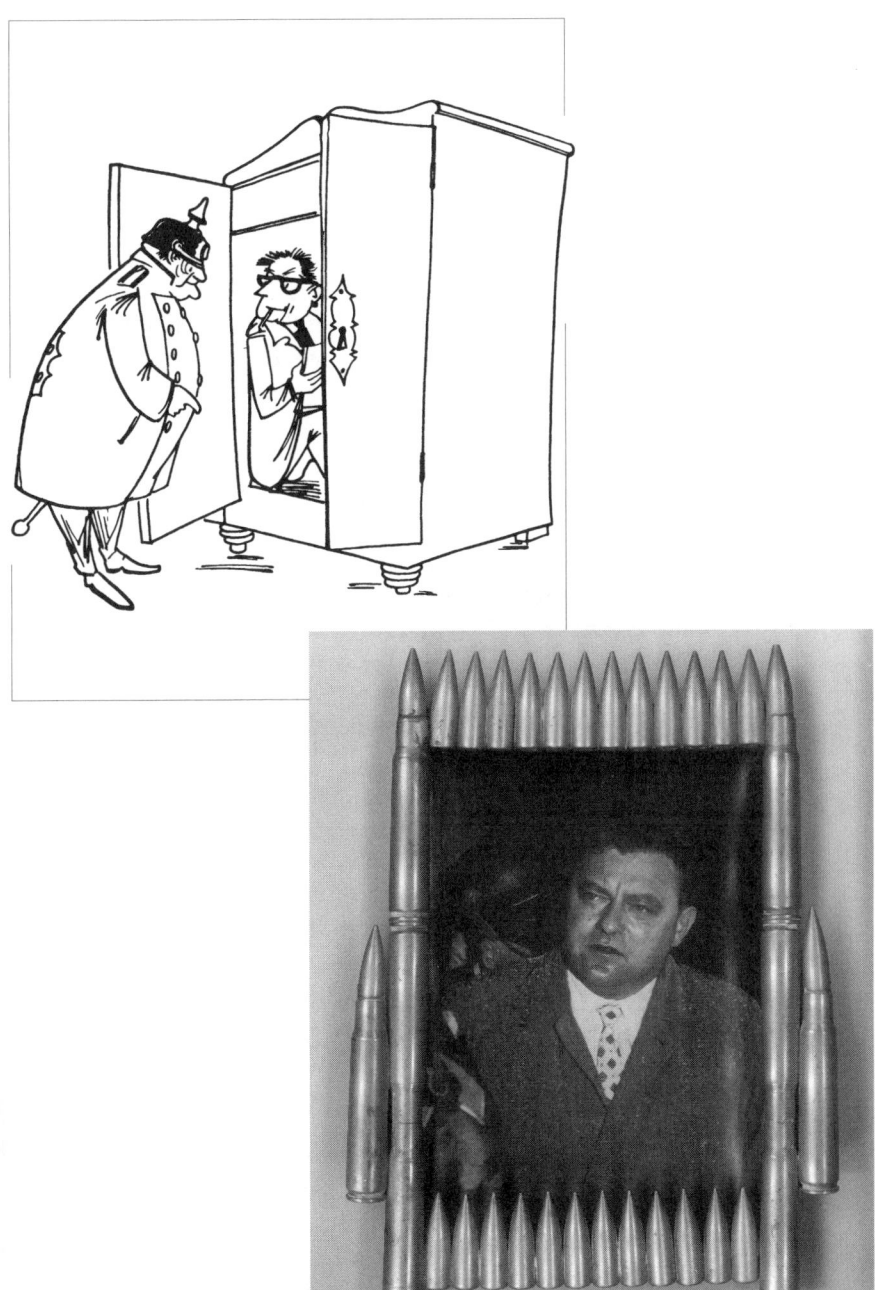

SPIEGEL-Krise 1962 (Karikatur von K. H. Richard): Polizist: »Was machen Sie denn da?« – Redakteur Brawand: »Immer, wenn ich über ein schwieriges Problem nachzudenken habe und nicht gestört sein will, gehe ich in den Schrank!« Unten: Geschenk eines unbekannten Bundeswehrsoldaten, an Rudolf Augstein ins Gefängnis geschickt.

nung, wo genau die (angeblich) gleichfalls mitgeschickte Feile (»Für die Pressefreiheit habe ich aus meinem Werkzeugkasten die beste geopfert«) eingebacken sei. Da auch im Knast zu Koblenz alles seinen geregelten Gang geht, prangt selbst auf der Kuchenzeichnung der Post-Eingangsstempel eines Landgerichtsrats.

Als Abgesandter der Redaktion taucht eines Tages Brawand auf, und im karg eingerichteten Dienstzimmer des Untersuchungsrichters kommt ihm ein etwas verwahrlost wirkender, mit Hausschuhen bekleideter, aber sonst topfit erscheinender Chef entgegen, der seine dramatisch angesetzte Umarmung grinsend abwehrt. Schon einmal, als Augstein in Hamburg mit Bundesanwalt Buback an den »Tatort«, die Redaktion, geführt worden war, hatte er fröhlicher geklungen als sein Mitarbeiter. Bewacht von einem Beamten, stand er neben Brawand am Pissoir, und als dieser scheuen Blicks fragte: »Was können wir für dich tun?«, hatte die Antwort gelautet: »Tut was für das Blatt!« Ein andermal – Augstein wurde wieder ins Büro geführt, wo die Beamten seine Pistole aus dem Safe holten – hatten seine Mitarbeiter ihn einen Stock tiefer erblickt, Brawand das Fenster eingetreten und »Rudolf, halt die Ohren steif« gerufen; er mußte dann von Georg Wolff auf eine Chaise gebettet werden, weil er sich am Fensterglas den Fuß aufgerissen hatte und heftig blutete.

Auf die Reise nach Koblenz geht auch Augsteins dritte Frau Maria mit, die mit Rechtsanwalt Josef Augstein eine Besuchserlaubnis erhalten hatte. Bruder Josef scheint den Inhaftierten zu beneiden, und er ist erst zufrieden, als er einige Zeit später ebenfalls hinter Gitter kommt.* Für den Redaktionsabgesandten läßt sich Rudolf Augstein ein Blatt Gefängnispapier geben und schreibt als Arbeitsanweisung für die Kollegenschaft in Hamburg:

»Ich ordne an:

---

* Vor und nach seiner Haft bombardiert Josef Augstein die Redaktion mit kämpferischen Briefen und der Mitteilung, Bruder Rudolf lasse ausrichten: »Lieber noch einmal überrollt werden als klein beigeben«.

1. H. Becker soll Verlagsdirektor bleiben und die Oberaufsicht über den Verlag führen, soweit John Jahr ihm die nicht lange abnehmen will.

2. H. Becker soll von jeglicher Verantwortung für die Redaktion freigestellt werden.

3. H. Jacobi bleibt Chefredakteur für alle Artikel, die sich nicht mit der SPIEGEL-Affäre zusammen

4. H. Brawand wird Chefredakteur für alle Artikel, die sich mit der SPIEGEL- Affäre befassen.

Augstein.«

Der fehlende Schluß zum Punkt drei sowie die Tatsache, daß Augstein weder Ort noch Datum auf das Dokument setzt, lassen erkennen, daß er bei aller Gefaßtheit nicht vom Gefängnisstreß unberührt bleibt.

Dafür zeugt ebenso ein Brief, den er nach seiner Entlassung an die Jugendfreundin Born (»Liebes Irmchen«) abschickt. Nachdem er darin erwähnt, ein literaturverständiger jüngerer Staatsanwalt habe – bei »Durchsicht meiner gesamten Kriegspost, Wort für Wort« – mit ihm darüber diskutiert, ob man die Gedichte Ernst August Borns publizieren solle, beschreibt er mit derben Kraftausdrücken, daß sich die Bundesanwälte ihm gegenüber alles andere als fair benommen hätten.

Mit Augstein und seinem Bruder sind schließlich neun SPIEGEL-Leute im Gefängnis. Hans Schmelz kommt aus Rumänien zurück; vorher flachst er am Telefon: »Dann heizt man schon die Zelle.«

Conrad Ahlers wird mit seiner Frau Heilwig durch eine mitternächtliche Aktion von Franz Josef Strauß aus seinem Urlaubsort in Spanien herbeigenötigt, was Strauß wider besseres Wissen vehement im Bundestag bestreitet. Im Parlament geht es in diesen Tagen ohnehin zu wie in einem Tollhaus; an italienischen Verhältnissen fehlt nur noch, daß man sich prügelt.

Anfangs gibt es von der Regierungsbank noch starke Töne, wie sie beispielsweise Konrad Adenauer ausposaunt. Auf dem Höhepunkt der Krisensitzung nach der Aktion versteigt sich der 86jährige zu den Ausrufen: »Wir haben einen Abgrund von

Landesverrat im Lande ... Wenn von einem Blatt, das in einer Auflage von 500 000 erscheint, systematisch, um Geld zu verdienen, Landesverrat getrieben wird ... Mein Gott, was ist mir der Herr Augstein, der damit Geld verdient ...«

Einen klareren Fall von Vorverurteilung kann es nicht geben. So erhebt sich im Bundestag daraufhin der F.D.P.-Abgeordnete Wolfgang Döring, einer der sogenannten »Jungtürken« der Partei, protestiert im Namen des Rechtsstaates. Döring: »Herr Bundeskanzler, Sie haben hier nicht zu richten, das ist Sache der Gerichte. Dies zu sagen bin ich nicht nur meinem Freunde, sondern auch dem Staatsbürger Augstein schuldig.«

Strauß versichert, er habe mit der ganzen Sache, auch mit der illegalen Festnahme von Ahlers in Spanien, nichts, »im Wortsinne nichts«, zu tun, aber von Sitzung zu Sitzung wird deutlicher, daß er lügt. Adenauer und die Seinen geraten überdies dadurch unter Beschuß, daß der Bundesjustizminister, ein F.D.P.-Mann, von der ganzen Aktion nicht unterrichtet worden war. Und Innenminister Hermann Höcherl, eher ein SPIEGEL-Sympathisant als Gegner, gibt im Parlament gequält zu Protokoll, seine Beamten liefen schließlich nicht immer »mit dem Grundgesetz unter dem Arm« herum.

Die Verteidigungslinie des SPIEGEL bleibt während dieser Zeit darauf ausgerichtet, daß der Ahlers-Artikel nicht nur vorher vom Verfassungsschutz und dem SPD-Experten Helmut Schmidt in wichtigen Teilen überprüft worden war, sondern daß es sich im Grunde um eine Zusammenstellung bekannter Tatsachen gehandelt habe – keine schöne Beweisarbeit für das SPIEGEL-Archiv und dem Ruhm der Zeitschrift nicht gerade zuträglich. Eine von den Bonner Angreifern jedoch mit Sicherheit nicht beabsichtigte Folge der monatelangen Diskussionen – auch nachdem mit Rudolf Augstein nach 104 Tagen der letzte Redakteur aus der Haft entlassen wird – betrifft die Auflage des SPIEGEL: Sie steigt von 520 000 auf 700 000 Exemplare und macht sich auf den Weg zur heutigen guten Million.

Seine letzten Wochen in der Feste Koblenz verbringt Augstein relativ komfortabel, denn je mehr die Bundesregierung in die Bredouille gerät und je mehr sich die Öffentlichkeit auf seine Seite schlägt, desto respektvoller wird mit ihm umgegangen. Per »Lieber-SPIEGEL-Leser«-Briefen korrespondiert er eifrig mit seiner »Gemeinde«, und die Mitarbeiter in Hamburg erhalten mehrfach Anweisungen zu Themen, die im Blatt behandelt werden sollten, wenn auch in Form von Empfehlungen. So schreibt der Häftling am langweiligen Sonntag, dem 20. Januar 1963, unter anderem an die »Lieben Herren« der Redaktion:

»Was hielten Sie davon, wenn Sie einen Titel über den spanischen Bürgerkrieg machten? Sicher nicht viel. Es sind zwei feine Bücher darüber erschienen...

In nächster Zeit kommen Steuererhöhungen auf uns zu. In den USA wollen sie die Steuer aber senken. Könnte man nicht einmal eine große Geschichte darüber machen, wieviel die Nato-Länder für Verteidigung und Entwicklungshilfe ausgeben. Mir scheint, wir zahlen relativ genug, aber auch wenn ich mich irre, eine Untersuchung wäre interessant.

Die Entwicklung mit de Gaulle befriedigt mich zutiefst. Das Pikante daran ist, daß beide [Adenauer und de Gaulle; d. Verf.] etwas fundamental Verschiedenes meinen, wenn sie unser Europa sagen. Aber ich bin gegen unser Europa in der einen wie in der anderen Gestalt und war es immer. Ich bin für ein Europa mit Einschluß Englands (und war es immer).«

Der Inhaftierte schlägt auch einen Artikel über den Paragraphen 175 vor, weil er unter den Zeitungen, die er lesen darf, darüber etwas im *Monat* sowie in *Christ und Welt* gelesen hat; und möglicherweise hat ihn das Christenblatt animiert, jedenfalls liefert er der Redaktion alsbald einen gepfefferten Kommentar über die Bibel, die ihm der evangelische Gefängnisgeistliche (Augstein zu diesem: »Wenn überhaupt, Herr Pastor, dann käme für mich jemand von der anderen Fakultät in Frage«) in die Zelle bringt. Seine darin geäußerten Ansichten verursachen einen Aufruhr und lassen seine Kritiker wiederum die Vermutung verbreiten, Augsteins ganzer Kampf gegen die Katholiken Adenauer und Strauß rühre von seiner unbewältigten Vergangenheit als Meßdiener in Hannover her. Nach seiner Entlassung aus Koblenz wird er Brawand, Engel und Jacobi lapidar erklären: »Dann hättet ihr eben verhindern müssen, daß das gedruckt wird.«

Es bleibt nicht aus, daß jeder der des Landesverrats Beschuldigten versucht, seine Haut zu retten, wenn auch ohne andere zu belasten. Andererseits versucht die Bundesanwaltschaft mit Fleiß, vor allem nachdem sich der Bestechungsvorwurf als erster in Luft auflöst, die Aussagen gegeneinander auszuspielen. Und da gibt es Unterschiede, wenn zum Beispiel Augstein sagt, er sei mit diesem oder jenem der beschuldigten Redakteure »im Zimmer gewesen«, und dieser erklärt, er habe das Zimmer zu dem angegebenen Zeitpunkt überhaupt nicht betreten. Auch Pressedienste sprechen da von »Einbrüchen« in der gemeinsamen Verteidigung, beispielsweise der Informationsdienst Schweitzer.

So schreibt denn Augstein eines Tages an die »lieben Herren«:

»Aus Schweitzers lustigen Blättern habe ich vernommen, Sie seien von mir und meiner Haltung enttäuscht. Ich schlage vor, Sie warten mit Ihrer Enttäuschung, bis Sie wissen, was ich getan habe und welche Motive ich hatte.

Sie täten mir auch einen Gefallen, wenn Sie Kollegen und sogenannten Kollegen zu verstehen gäben, daß es wohl doch ein Unding ist, sich in Mutmaßungen zu ergehen, solange ich nicht in der Lage bin, auch nur mit einem Wort zu entgegnen. Sie müssen mir zu diesem Punkt nicht antworten, ich bin ganz gewiß nicht gekränkt, und eine Diskussion darüber können wir aus Zensurgründen nicht führen.«

Nach Weihnachten hat der Gefangene Augstein seinen Mitgefangenen mit den zahlreichen, direkt ins Gefängnis zu ihm geschickten Geschenken eine eigene »Bescherung« bereitet. Besonders die Kuchen und Kekse müssen weg. In Bonn dagegen holt das Schicksal immer weiter die Rute aus dem Sack und drischt auf die Regierung ein. Das Ende der Ära Adenauer wird eingeläutet, als die der F.D.P. angehörenden Minister geschlossen zurücktreten, nachdem klar ist, daß ihr Justizminister Wolfgang Stammberger bei der Aktion gegen den SPIE-

GEL absichtlich nicht informiert worden war. Damit platzt das Kabinett Adenauer; ein neues muß gebildet werden.

Noch im Gefängnis erfährt Augstein, daß sein Freund und aufrechter Verteidiger im Bundestag, Wolfgang Döring, einen Herzinfarkt nicht überlebt hat. Augstein in einer Mitteilung an Jacobi: »Es hat mich sehr getroffen.« Er schreibt ihm in der Zelle einen rührenden Nachruf, den Chefredakteur Jacobi ins Blatt hebt. Allerdings ohne den letzten Absatz, in dem Augstein dem F.D.P.-Freund und Parteigenossen nachruft: »Leb wohl. Ich weiß nicht, ob ich Dein bester Freund war; aber ich weiß, daß ich es künftig sein werde.« Einem Toten »Leb wohl« zuzurufen geht dem versierten SPIEGEL-Stilisten Jacobi denn doch zu weit; er streicht den Schluß, obwohl Augstein noch handschriftlich vermerkt hatte: »Das ›Leb wohl‹ ist paradox, aber ich störe mich nicht daran.« Einen auf Adenauer gemünzten Satz hat der Bundesrichter Sanders herausstreichen lassen. Sein Wortlaut: »Als der Kanzler mir im Parlament vorwarf, ich verdiente am Landesverrat Geld, wußte ich, daß ihm jemand entgegentreten würde. Ich konnte am Radio zuhören.«

Verfolgen kann der Häftling am Radio auch, daß sich in Bonn der Vorhang über seinen Erzfeind Strauß senkt. Sogar CDU-Minister wollen mit ihm nicht mehr am Kabinettstisch zusammensitzen. Er wird, um das Gesicht zu wahren, noch mit dem »Großen Zapfenstreich« verabschiedet, aber ansonsten heißt es für ihn: ab nach München. Strauß wird später noch einmal in Bonn auftauchen – als Finanzminister der Großen Koalition –, sein Kanzlertraum jedoch ist ausgeträumt, denn auch das spätere Scheitern als Kanzlerkandidat der CDU/CSU kann in direkter Linie auf sein Verhalten in der SPIEGEL-Affäre zurückgeführt werden; den Makel der Lüge vor dem Parlament wird der im Grunde begabte Politiker zeit seines Lebens nicht mehr los.

Hermann Höcherl, der einmal, nach der bierseligen Eröffnungsfeier eines neuen Bonner SPIEGEL-Büros, gemeinsam mit den Redakteuren am hellichten Tage an die Hauswand pinkelte, gab dem Verfasser dieses Buches viele Jahre später seine abschließende Wertung der Ereignisse schriftlich: »Nehmen wir den nackten Sachverhalt. Der inkriminierte Artikel ›Bedingt abwehrbereit‹ erfüllte nach der damaligen Rechtslage nach Ansicht des höchsten Tatsachengerichts, des BGH, den Tatbestand des Landesverrats; deshalb auch der Haftbefehl, der erst durch eine spätere Entscheidung des Bundesverf.Gerichts eine Änderung erfuhr, die schließlich durch den Gesetzgeber angepaßt wurde.

Hopf war Staatssekretär im Verteidigungsministerium und damit der zuständige Beamte. Die Auffassung des BGH war für ihn verbindlich. Welche Motive daneben wirksam waren, ist leicht zu erraten; ich selbst habe abgeraten und mich nicht daran beteiligt, obwohl mir meine Staatssekretäre dazu geraten haben.«

Der SPIEGEL, so Höcherl, sei für ihn »ein Medium sui generis«, mit wichtigen Informationsaufgaben und somit »positiv im Interesse der politischen Kultur«. Was ihm jedoch an dem Blatt und dem Journalisten Rudolf Augstein mißfalle, sei »die immer wieder festgestellte Neigung, Einfluß zu nehmen und ohne Mandat Politik machen zu wollen«.

Keine Einflußnahme, sondern Chronistenpflicht ist es, die Augstein zu einem SPIEGEL-Gespräch nach Bonn führt, nachdem Franz Josef Strauß Jahre später wieder aus der bayerischen Verbannung auftaucht und Finanzminister unter Georg Kiesinger geworden ist. Augstein im Kreis der Mitarbeiter: »Natürlich müssen wir mit ihm reden, wenn er das Amt bekleidet.« Er nimmt seinen Wirtschaftsredakteur Brawand mit und bremst ihn immer wieder, wenn der, noch wütend, dem Erzfeind mit finanzpolitisch verkleideten Fragen persönlich zu Leibe rückt. Augstein und Strauß, zwei Staatsmänner, die sich auch bei späteren Zusammentreffen die Hände schütteln und höflichen Small talk pflegen.

Auch mit Konrad Adenauer peilt er später eine Art ritterliche Versöhnung an, denn das Verfahren wegen Landesverrats wird schließlich niedergeschlagen bzw. gar nicht erst eröffnet – eine Verfassungsklage Augsteins gegen die Übergriffe scheitert allerdings ebenso –, und der SPIEGEL-Chef meint,

Finanzminister Strauß mit Augstein und Brawand beim ersten SPIEGEL-Gespräch der Kontrahenten nach der SPIEGEL-Affäre (oben): »Natürlich müssen wir mit ihm reden, wenn er den Posten des Finanzministers in Bonn bekleidet.« *Foto: Jupp Darchinger*
Erneutes SPIEGEL-Gespräch 1977 mit Augstein, Chefredakteur Erich Böhme und Dirk Koch (unten): Nach dem Gespräch verehrte Strauß seinen Gästen eine Silbermünze mit seinem Konterfei. *Foto: Jupp Darchinger*

nach der Affäre habe sich doch alles gleich wieder zur Ruhe begeben (was, wie die APO, RAF, Atomtod-Aktionen und ähnliches beweisen, nicht wörtlich genommen werden darf).

Als im Januar 1965 Adenauers 89. Geburtstag bevorsteht, gratuliert Augstein mit einem respektvollen Schreiben und bittet gleichzeitig um eine Audienz. Adenauer antwortet, er entspreche dem Wunsche gern. Bei dem Gespräch entsteht Rührung beiderseits; beim Abschied kommt es dem Vernehmen nach sogar zu einer Umarmung. Augstein kann seitdem behaupten, daß er das letzte politische Interview mit dem Exkanzler vor dessen Tode geführt hat. Das persönliche Schreiben, mit dem Adenauer ihn zu diesem Besuch einlädt, läßt Augstein fotokopiert an seine engsten Mitarbeiter verteilen – so freut ihn das.

»Die Zeit ist ein Landarzt; sie eilt und heilt«, lautet ein Originalspruch des SPIEGEL-Herausgebers. Niemand weiß besser als er, daß großes Glück vonnöten war, um die existenzbedrohende Strauß-Attacke und einen vielleicht tödlichen Imageverlust abzuwenden. Denn nicht nur eine Verurteilung, schon ein Prozeß mit divergierenden Aussagen und Persönlichem (»Zweimal geschieden ist der Augstein, und dann will er unserem Herrn Bundeskanzler etwas anhängen!«) wäre für die Zeitschrift im Bewußtsein der Öffentlichkeit von Nachteil gewesen.

So aber kommt Augstein mit enormem persönlichen Prestigegewinn und einer in die Hunderttausende gehenden Auflagensteigerung aus der Staatsaffäre heraus. In der ganzen Welt ist der SPIEGEL jetzt bekannt, alle Türen öffnen sich für seine Redakteure. Nachdenklich schreibt Rudolf Augstein seinen »Lieben SPIEGEL-Lesern« in einer letzten Epistel über die Todesdrohung für sein Blatt und die Unbill der Gefängniszeit, das Schicksal habe ihn wohl in den Knast geschickt, weil er bis dahin in seinem Leben soviel Glück gehabt habe.

9
Augstein, die Nato
und das »Reich des Bösen«

Augsteins persönliche Kriegsfurcht – Mit Willy Brandt auf Entspannungskurs – »Selbst ein James Bond hätte das nicht gewagt« – Der Moskauer SPIEGEL-Korrespondent und die schöne Generalstochter – Der Nato-Doppelbeschluß spaltet die Redaktion – »Der Zug ist abgefahren«: Die »Kurve« zur deutschen Einheit

Augsteins politische Linie wird durch nichts so sehr bestimmt wie durch seine ganz persönliche, tiefsitzende Kriegsfurcht. Die 44 schlimmsten Tage an der Front in Rußland, der vielfache Kameradentod, die drei Verwundungen am eigenen Leibe (Augstein: »Dabei ist nur beim drittenmal viel Blut geflossen«), die ihm das silberne Verwundetenabzeichen einbrachten, und nicht zuletzt der penetrante Leichengeruch während der Stunden, die er im totgebombten Dresden durch die Trümmer stolpert, haben sich ihm, dem Schöngeist und Ästheten, tief ins Gedächtnis eingebrannt. Der geschichtsbewußte Autodidakt hält es durchaus für möglich, daß der mitunter säbelrasselnde Kriegsapparat des Westens die seiner Ansicht nach schwächere Sowjetunion zu einem Verzweiflungsangriff bringen könnte.

Sein Thema heißt deshalb auch im politischen Tagesgeschäft stets: Krieg und Frieden. Dabei redet er keinem »Appeasement« das Wort, wohl aber versucht er, das zu tun, worum ihn später einmal bei einem Besuch in Moskau der Kremlchef Leonid Breschnew bittet: »Versetzen Sie sich einmal in unsere Lage.« Deshalb also sein Kampf gegen Konrad Adenauers

»willfährige« Waffenbrüderschaft mit den ihm »verdächtigen« USA; deshalb sein andauerndes Ausloten von Verständigungsmöglichkeiten mit dem Ostblock; deshalb seine Furcht, daß Leute wie Franz Josef Strauß irgendeine Verfügungsgewalt über Atomwaffen erlangen.

Wer dagegenhält, es gebe doch immer noch verantwortungsbewußte Politiker, bekommt zu hören: Wie sind denn die verantwortungsbewußten Politiker Europas in den Ersten Weltkrieg hineingeschliddert? Und das bei gemeinsamem Bekenntnis zu Christentum und Abendland – während heute ein tiefer ideologischer Graben klafft.

Die Rolle seines Widerparts in der Redaktion spielt Georg Wolff – Augstein nennt ihn »Georg der Deutsche«. Der zwölf Jahre Ältere hat schon die These seines Chefs verworfen, Bonn möge die Stalin-Note von 1952 sorgsam prüfen, und Konrad Adenauer zugestimmt, die Note abzuschmettern. (Wolff: »Das hätte uns doch bei den Westmächten in Totalverschiß gebracht und deren ›Rapallo‹-Ängste wiederbelebt!«) Als der Herausgeber im Sommer 1961 wieder einmal in seiner Kolumne empfiehlt, sich vorzustellen, was in den Köpfen der Sowjetführer vorgeht und daraus Schlüsse für eine gebotene Deutschlandpolitik zu ziehen, verfaßt Wolff eine Hausmitteilung, in der es heißt:

»Lieber Herr Augstein,

ich habe den ›Jens Daniel‹ gelesen. Er hat mich nicht überzeugen können. Ich spüre die Leidenschaft Ihrer Argumentation und – Sie gestatten, daß ich das sage: sie greift mir ans Herz. Sie sagten vorgestern, Sie seien ein Patriot, und wahrhaftig, Sie sind es ...

Sie sagen, gute Politik begänne damit, in die Haut des Feindes zu schlüpfen. Wie deutsch! Wie verteufelt deutsch! Wir sind doch in alle Häute gekrochen, die es in der Welt gibt. Und es hat uns nichts genützt.

Rußland spielt heute hoch. Es will die Welt erobern. Warum bezweifeln Sie das? Chruschtschow sagt es jeden Tag und jedem, der mal bei ihm reinguckt. Warum es also bezweifeln.

Wenn wir in die russische Haut schlüpfen, nehmen wir unser deutsches Herz mit – unser Herz, wie es seit Hitler nun einmal ist: kleinmütig und ängstlich, eingeschüchtert und entmutigt. Und wenn wir nun in der russischen Haut sitzen, vernehmen wir eine Stimme, die sagt: die Russen wollen gar nicht Europa erobern – und glauben, es sei die russische. Es ist unsere eigene!«

Der Kritisierte nimmt Wolffs Argumente ernst, aber wie in den meisten Fällen bleibt er bei der einmal gefaßten Meinung. Die Antwortnote vom 10. Juli 1961 an Georg Wolff lautet im Kern: »Nein, Rußland will nicht die Welt erobern. Es will den Kommunismus in aller Welt durchsetzen und dabei sicher auch für den nationalen russischen Anteil ein möglichst großes Stück des kommunistischen Gesamtkuchens abbekommen. Das ist ein großer Unterschied.« (Siehe Dokumentation S. 262.)

Augstein verhält sich dabei nicht blauäugig gegenüber Moskau. Schon 1947 hat er seinem Wirtschaftsredakteur, der die im Krieg evakuierte Schwester aus Naunhof bei Leipzig nach Hannover holte, erklärt, jeder tue gut daran, Verwandte in den Westen zu bringen. Und stets betont er, wie froh man sein könne, diesseits des Eisernen Vorhangs zu leben. Er rückt zahlreiche kritische Artikel über die Sowjetunion und ihre Repressionspolitik gegenüber den Ländern des Warschauer Pakts in das Heft, auch über das unzulängliche Wirtschaftssystem sowie die ewige Njet-Haltung Moskaus im Weltsicherheitsrat.

Selbst als der rote Sputnik durch das All rast, erscheint im SPIEGEL ein Artikel, der aufzeigt, daß die Sowjets zwar durch Konzentration von Ressourcen in der Lage sind, die eine oder die andere technologische Hochleistung zu erbringen, daß ihnen aber für nachhaltigen wirtschaftlichen Fortschritt die ganze Breite effizienter mittelständischer Betriebe und Unternehmer fehlt. Der Magazinchef nutzt jede Möglichkeit, sich über das verschlossene Großreich zu informieren; er liest jede verfügbare wissenschaftliche Ausarbeitung über die UdSSR. Er finanziert im Sommer 1965 auch eine Reise mit, die seine Redakteure Jaene vom Ressort Deutschland I und Brawand von der Wirtschaft samt ihren Frauen privat gen Osten unternehmen, um mal hinter den Eisernen Vorhang zu gucken.

Die vier reisen mit Touristenvisum, denn SPIEGEL-Journalisten aus Hamburg sind an der Moskwa offiziell nicht erwünscht. Nach 32 Stunden Bahnfahrt ab Ostberlins Bahnhof Friedrichstraße in der Holzklasse – aber mit stets heißem Tee vom Samowar – lassen sie sich von dem immerhin schon niedergelassenen Moskau-Korrespondenten Igor Witsinos herumführen. Beim deutschen Botschafter (auf dessen Balkon wegen Einsturzgefahr höchstens zwei Personen stehen dürfen) sprechen sie mit russischen Offizieren, Ministerialen und Journalisten wie dem Kreml-Vertrauten Viktor Louis. Zurückgekehrt berichten sie Augstein, daß es in der sowjetischen Hauptstadt »kalt, politisch sehr kalt« sei. Über die SPIEGEL-Artikel in Sachen Sowjetunion und DDR habe es Klagen und Unverständnis gegeben; von freier Presse hätten die Moskowiter offenbar noch nie etwas gehört. Nur Augsteins »Anti-West-Haltung« und seine Kommentare zur Entspannungspolitik gefallen.

Auf Entspannungskurs in der Deutschland- und Ostpolitik liegt um diese Zeit auch ein Journalist der *Süddeutschen Zeitung*, dessen Artikel Rudolf Augstein seit langem interessiert beäugt: Günter Gaus, ein Mann mit besten Kontakten zur SPD, wenngleich (noch) nicht Mitglied dieser Partei. Augstein lädt ihn zu einem Kaffeeplausch in den Hamburger Maienweg ein, wohin Gaus, sehr beeindruckt, von Cheffahrer Otto Förster »in einem riesigen amerikanischen Schlitten« gebracht wird. Gesellig zusammen mit Augstein, seiner Gattin und Hans Detlev Becker bespricht man eine mögliche Mitarbeit, und bei einem anschließenden Spaziergang an der Alster wird man sich einig.

Als er jedoch später im SPIEGEL-Haus seinen ersten Artikel abgeliefert hat, kommt der postwendend zurück, und zwar mit Beckers in grüner Tinte vermerkten Hinweisen, was daran doch wohl noch zu verbessern sei. Gaus zeigt sich konsterniert; das ist er von der *Süddeutschen* nicht gewohnt. Er

Nähe zur sozialliberalen Koalition: Mit Ex-Bundeskanzler Willy Brandt im Jahr des Rücktritts, mit Walter Scheel und Hans-Dietrich Genscher während Augsteins Zwischenspiel als FDP-Bundestagsabgeordneter in Bonn. *Fotos: Jupp Darchinger*

murkst noch einige Wochen herum (und meint später zu Brawand: »Ich kannte doch keinen von euch; geholfen hat auch keiner«). Schließlich ergreift er die Flucht – zum Fernsehen, wo er seine exzellente Serie »Zur Person« produziert. Danach holt Augstein ihn wieder; diesmal als Chefredakteur und für 500 000 Mark Jahresgehalt.

Auf einem Bierabend vor seinem Dienstantritt im Hause des seit Jahren unangefochten amtierenden Chefredakteurs Johannes K. Engel zeigt er den Kollegen seine Nähe zur SPD und bekennt, obwohl Mitglied in einem Hamburger Reitclub und den Genüssen des Lebens zugetan: »Ich habe ein Herz für die kleinen Leute.« Sein Draht zu den Sozialdemokraten ist sehr direkt. Gaus kennt Willy Brandt, den Bundesaußenminister der in Bonn wirkenden großen Koalition dieser Tage; er kennt ebenso Herbert Wehner, hat über ihn ein Buch veröffentlicht. Von beiden wird er später einmal sagen, er verehre sie, und daß Brandt ihm das »Du« angeboten hat, betrachte er als Ehre.

Seit dem Frühjahr 1969 teilt sich Gaus mithin die Chefredaktion des SPIEGEL mit Johannes K. Engel, und Augstein hat in ihm einen gescheiten, redegewandten Korreferenten, der noch den Vorteil mitbringt, anders als früher Georg Wolff, mehr auf der Linie seines Herausgebers zu liegen. Und als es im November 1969 zum SPD/F.D.P.-Kabinett von Willy Brandt und Walter Scheel kommt, schreibt Augstein auch Gaus aus dem Herzen, als er die »Lieben SPIEGEL-Leser« wissen läßt: »Das ist die Regierung, die wir gewollt haben.«

Das macht er über den Kopf mancher Redakteure hinweg, mit dem Recht des Herausgebers, der die Richtlinienkompetenz besitzt. Aber der liberale Grundkonsens aller seiner Mitarbeiter trägt das. Die Redaktion, in der auch CDU-Wähler sitzen – einige wenige –, widerspricht dem Jubel ebensowenig wie dem früheren Augstein-Postulat: »Der SPIEGEL ist ein liberales, ein im Zweifelsfalle linkes Blatt.« Nichtlinke Augstein-Kollegen trösteten sich da mit der Auslegung, daß an dem Linkskurs also immerhin Zweifel entstehen könnten – und blieben.

Gaus gilt als gerngesehener Gast bei Rut und Willy Brandt in ihrem Bonner Haus; ebenso wie Conrad Ahlers, der zum Pressestaatssekretär aufgestiegene Kollege, dessen Frau eng mit Rut Brandt befreundet ist. Zumindest einmal nimmt Gaus Rudolf Augstein mit, und man diskutiert mit Egon Bahr, den Brandt als Ost-Unterhändler eingesetzt hat. Horst Ehmke, der den SPIEGEL während der SPIEGEL-Strauß-Krise mit verteidigte, berichtet von solchen Zusammenkünften: »Die Abende waren immer anregend, nie ausgelassen. Rut Brandt verbreitete einen heiteren Glanz und hatte außer mir leider noch eine große Schar weiterer Verehrer.«

Im Blatt schreibt nun neben Augstein auch Gaus namentliche Kommentare, die im großen und ganzen auf der Brandt-Scheel-Linie sowie der Bahr-Formel »Wandel durch Annäherung« liegen. Auch die Magazinartikel favorisieren SPD und F.D.P., und wenn einmal dennoch ein deftiger Text gegen sozialdemokratische Politik erscheint, högt sich der weniger SPD-geneigte Teil der Redaktion mit der spöttischen Frage: »Was wird denn ›Onkel Herbert‹ dazu sagen?« Gaus hält weiter den Kontakt zu dem bärbeißigen Wehner, der »eigentlich nur zu meiner kleinen Tochter freundlich war« (Gaus).

Daher kommt es, daß Beobachter von draußen eine allzu enge Bindung zu den Bonner Regierenden sehen, was einem Nachrichtenmagazin wohl nicht gut zu Gesicht stehe. So formuliert der Soziologe Professor Helmut Schelsky bissig für ein Buch: »Der SPIEGEL ist zu einem politischen Indoktrinationsinstrument für bestimmte Leserschichten mit parteiisch-politischen Absichten und das heißt zur politischen Herrschaftsdurchsetzung geworden. Dabei liegt das geradezu Infame darin, daß er sein früheres Informationsprestige vermeintlich politischer Unabhängigkeit als Mittel und Sprungbrett eines maskierten politischen Machtstrebens und einer Richtungspropaganda benutzt.« Schelsky unterstellt (oder sieht voraus?), daß insbesondere Günter Gaus (Schelsky: »Mit seiner Eitelkeit, sich selbst reden zu hören; seiner Unfähigkeit, anderen zuhören zu können«) die Publizitätskraft des Magazins für eine eigene politische Karriere benutze.

Der Soziologe gibt diesen Text vor Veröffentlichung an Georg Wolff, der inzwischen das Ressort »Geiwi« (Geisteswissenschaften) leitet und Augsteins Gespräche mit allerlei Geistesgrößen – wie Arnold Gehlen oder Martin Heidegger – betreut. Einmal findet sogar ein als »Versöhnungstreffen« deklariertes Meeting im Hause Wolff statt, nachdem Augstein ein Gehlen-Buch im SPIEGEL verrissen hat. Gehlen zeigt sich zwar entzückt von der gleichfalls anwesenden vierten Augstein-Gattin Gisela, aber die Aussöhnung geht schief. Als Wolff seinen Gast spätabends in den Europäischen Hof zurückbringt, sagt Gehlen: »Augstein hat die Löffel verbogen, und ich will mich nicht bekleckern.«

Wolff findet Schelskys Kritik überzogen, jedoch konzediert er zu den vorgelegten Buchpassagen schriftlich: »Nicht zu leugnen ist, daß der SPIEGEL unter Günter Gaus zuweilen die Diktion eines Kampfblattes der Brandt-Mannschaft annahm und daß auch dies in der Redaktion mit wachsendem Unbehagen verzeichnet wurde. Was Gaus angeht, so dürfte wohl auch Ihre Vermutung richtig sein, daß er dabei seine eigene politische Karriere im Auge gehabt hat. Wie das im einzelnen aussah, welche Abreden er einerseits mit Willy Brandt, andererseits mit Augstein getroffen hatte, weiß ich nicht – ist aber auch in diesem Zusammenhang nicht so wichtig. Auf jeden Fall ist Ihr Eindruck, Karriere-Ehrgeiz und SPIEGEL-Linie seien im Fall von Gaus nicht auseinanderzuhalten, wohl richtig.«

Als die Bonner Ost-Diplomaten, Egon Bahr an der Spitze, fast gleichzeitig in Moskau, Warschau und Ostberlin verhandeln, lobt der SPIEGEL in einem Aufmacherartikel: »Willy Brandt versuchte das Spiel mit drei Kugeln. Und das Spiel gelang. Gleichzeitigkeit und Realitätssinn der Bonner Offerten zahlten sich aus. Sowohl die Moskauer wie die Warschauer Partei- und Staatsführung drängten den gesamtdeutschen Bremser Ulbricht an den Verhandlungstisch.«

Augsteins Kommentare, mit denen er allein in Deutschland an seine früheren langjährigen Mahnungen anknüpfen kann, treiben die Entwicklung mit voran, und manchmal fällt es schwer zu unterscheiden, wer auf der Ost-West-Bühne der

Souffleur und wer die Akteure sind. Einige seiner Leitlinien-sätze von 1970 lauten:

»Es war das Kennzeichen aller von der CDU bestimmten Bun-desregierungen, daß sie nicht sehen, nicht erkennen, nicht wahrhaben wollten, was der Hitler-Krieg für Mittel- und Osteuropa bedeutet, welche realen Machtverhältnisse er öst-lich der Bundesrepublik geschaffen hat ...

Was Willy Brandt der SED in Erfurt zugemutet hat, war das Äußerste, was ein westdeutscher Staatsmann ihr zumuten konnte. Die beschwörend abwiegelnde Geste am Fenster* hat sichtbar gemacht, daß hier auf dünnstem Eis das Schlitt-schuhlaufen geprobt wird. Das skandinavisch temperierte Naturell dieses Lübeckers, früher oft ein Ärgernis, ist derzeit in Gold nicht aufzuwiegen ...

Die Redner der CDU schämten sich nicht, die völkerrechtli-che Anerkennung der polnischen Westgrenze zu verweigern, und gerierten sich dabei noch als Patrioten. Sie sollen wissen, daß die Jugend in diesem Land kein Verständnis für ihre Grenz-Rabulistik mehr aufbringt ...

Die Opposition soll uns melden, was sie denn, hätte sie das Sagen, tun würde, um die ›Einheit der Nation‹ und die Zusam-mengehörigkeit aller auf dem Restgebiet des Deutschen Rei-ches Versammelten zu wahren.«

Im selben Aufbruchjahr deutscher Ostpolitik schickt Aug-stein überdies ein Dreierteam wegen eines Themas nach Mos-kau, das den Sowjets sehr am Herzen liegt und die Annähe-rung über die »deutsche Frage« hinaus auf ganz Europa aus-dehnen soll. Als hauptsächlicher Sprecher agiert dabei der vermutlich beste journalistische Rußlandkenner, Fritjof Mey-er, der in der SPIEGEL-Redaktion nur »Meyer-Ost« genannt

---

* Bei dem Zusammentreffen Willy Brandts mit dem DDR-Ministerpräsi-denten Willi Stoph in Erfurt skandierten Hunderte von DDR-Bürgern vor Brandts Hotel »Willy, Willy!« Auf Drängen des mitreisenden Staats-sekretärs Conrad Ahlers zeigte sich Brandt am Fenster und dämpfte durch abwiegelnde Handbewegungen die Begeisterung, um seine Gast-geber nicht zu verärgern.

wird. Mit von der Partie sind Hans-Gerhard Stephani vom Bonner Büro und der Geschäftsführende Redakteur für Wirtschaft, Brawand; ihr Gesprächspartner ist Professor Daniel Melnikow, Deutschlandexperte des Kreml und in dieser Eigenschaft Berater des sowjetischen Premiers Kossygin.

Da das Treffen im Hause der amtlichen Presseagentur »Nowosti« am Moskauer Puschkinplatz stattfindet, da alle Nowosti-Mitarbeiter bekanntermaßen Mitglieder des Geheimdienstes KGB und da sie alle wie Agent 007 »an der Waffe« ausgebildet sind, leistet sich Brawand bei der Vorstellung einen seiner niedersächsischen Scherze: Beidhändig klopft und tastet er den Abteilungsleiter, in dessen Zimmer die Begegnung stattfindet, danach ab, ob er eine Pistole trägt. Nach einem ersten jähen Erschrecken darüber gibt es ein allgemeines Gelächter, das allerdings nicht anhält, weil der Gastgeber, bevor das Interview beginnen kann, auf hochnotpeinliche Weise mit den SPIEGEL-Vertretern ins Gericht geht.

Der Nowosti-Leitende schlägt eine Aktenmappe vor sich auf und donnert die Abgesandten Augsteins an:

»Sie haben in der SPIEGEL-Ausgabe [vom soundsovielten auf Seite soundso] über die Sowjetunion folgendes geschrieben ... (es folgen genaue Zitate). Das ist eine unerhörte Beleidigung der Sowjetregierung und des friedliebenden sowjetischen Volkes, gegen die wir uns auf das schärfste verwahren. Sagen Sie das Herrn Augstein.«

Es folgen drei, vier Zitate aus Artikeln, die im Sowjetreich anscheinend nicht gefallen haben. Die Herren aus Hamburg erheben sich, protestieren und wollen gehen, aber Professor Melnikow wiegelt ab: »Pscht, pscht, lassen Sie den Mann doch. Er tut ja nur seine Pflicht und ist gleich fertig.« Und tatsächlich, schnell rattert der Abteilungsleiter seinen Sermon zu Ende, klappt mit einem Knall die Mappe zusammen – und läßt Tee kommen. Währenddessen fröhlich krähend: »Jetzt bitte Ihre Fragen an den Genossen Professor!«

Melnikow läßt schnell die Katze aus dem Sack und macht deutlich, warum die Sowjets – »nach Jahren des Zögerns«, wie es in der »Hausmitteilung« des SPIEGEL später heißt –

Nach dem SPIEGEL-Gespräch mit Generalsekretär Leonid Breschnew 1981: Redaktionskonferenz im Moskauer Hotel mit Rudolf Augstein, Dr. Dieter Wild, Valentin Falin, Johannes K. Engel, Michael Portugalow: »Theo, wir fahr'n nach Lodz!« *Foto: Jupp Darchinger*
SPIEGEL-Gespräch mit Michail Gorbatschow 1988: rechts neben Gorbatschow Valentin Falin, auf der anderen Tischseite Augstein, Werner Funk, Dr. Dieter Wild, Frietjof Meyer: Schon immer Vorreiter für die Ost-West-Entspannung. *Foto: Jupp Darchinger*

bereit sind, Redakteure des Magazins zu empfangen. Mit der Stimme seiner Herrn fordert er, was später in Helsinki als »Konferenz für Sicherheit und Zusammenarbeit in Europa« (KSZE)* Gestalt annimmt. Moskau will eine Institution, die sämtliche europäischen Staaten unter einen Hut bringt. Professor Melnikow: »Der Weg führt zu einer Überwindung der Spaltung Europas durch eine enge Zusammenarbeit aller 32 Staaten dieses Kontinents auf allen Gebieten – der Wirtschaft, der Kultur, der Sicherheit des Friedens.«

Am Anfang der KSZE steht also ein Moskauer SPIEGEL-Gespräch, und in der Hausmitteilung wertet die Redaktion zu Recht, es handle sich dabei »offenbar um einen Testfall für künftige Verabredungen«. Der Test muß für die Sowjetregierung positiv ausgefallen sein, denn immer dann, wenn es ihr nützlich erscheint, bittet sie auch in den folgenden Jahren Rudolf Augstein selbst zu Gesprächen mit ihren höchsten Repräsentanten in den Kreml. Hier kann er sich, mit den Generalsekretären bzw. Präsidenten Breschnew, Andropow und Gorbatschow zusammensitzend, als historische Figur fühlen, wenn auch das Procedere, wie zum Beispiel John Chaloner aus London herübermault, »unjournalistisch und liebedienerisch« erscheint. Obwohl jedoch das Überreichen schriftlicher Fragen Wochen vorher und ein wenig Small talk samt Foto hinterher nicht den sonstigen Gepflogenheiten der Hamburger entspricht, enthalten die Interviews für Kundige allemal wertvolle Informationen, die sowohl in Brüssel bei der Nato wie im Pentagon und Weißen Haus aufmerksam studiert werden.

Drei Jahre später, als die Früchte der Entspannung – die Verträge von Moskau und Warschau, der Grundlagenvertrag mit Ostberlin sowie die KSZE-Konferenz als ständige Einrichtung – unter Dach und Fach sind, reist Rudolf Augstein selbst in Richtung Moskau, woraus ihn einst die Rote Armee wie von Furien gejagt »heim ins Reich« trieb. Von einer Stippvisite in Leningrad abgesehen, ist es sein erster Rußlandaufenthalt seit 1945.

---

* Heute »Organisation für Sicherheit und Zusammenarbeit in Europa« (OSZE)

Es geht um die Einführung des neuen Moskau-Korrespondenten Norbert Kuchinke, der ein feines Büro beziehen darf, während Igor Witsinos noch mit seiner russischen Frau in Zimmer 2241 des Zuckerbäckerstil-Hotels Ukraina hausen mußte. An dem Empfang nehmen die Deutschlandexperten des Kreml, Diplomaten, Journalisten, Künstler sowie der Kosmonaut Jegorow teil. Augstein betont in einer Ansprache, er und der SPIEGEL seien schon »für Entspannung und Annäherung eingetreten, als dies auf beiden Seiten noch nicht üblich gewesen« sei. In Bonn regiert um diese Zeit das sozialliberale Duo Brandt/Scheel, das in der Tat auf jene Linie des Jens-Daniel-Augstein eingeschwenkt ist, die er lange Zeit als einziger vertreten und die ihm vielerlei Verleumdung eingetragen hat. (Deshalb war auch mancher aus CDU/CSU 1962 nur zu schnell bereit, an Augsteins »Landesverrat« zu glauben.)

Abends bei Zigeunermusik, klebrigem Krimsekt, viel Wodka und viel Lob über seine Entspannungsartikel – Geschichten über den Alltag im Arbeiter-und-Bauern-Paradies Sowjetunion allerdings werden nicht gelobt – fühlt sich Augstein in seinem Element. Er trinkt und singt mit allen und kichert sein »Hihi«, wie stets, wenn er fröhlich ist. Am Ende der Fete, längst nach sonst geltendem Polizeischluß, ist er randvoll mit frischen Eindrücken vom »Klassenfeind« und der »russischän Sääle«, aber nicht nur davon. Auf dem Heimweg im Schnee, auf dem Roten Platz, bedrängt es ihn; er knüpft sich den Hosenlatz auf. Sein Heimbegleiter, der *stern*-Cartoonist Peter Neugebauer, berichtet entsetzt über das gefährliche Ereignis: »Himmel, denke ich: Er wird doch nicht hier? Mitten auf dem Roten Platz! Stehen nicht immer Wachsoldaten vor dem Lenin-Mausoleum? Rudolf scheint's wenig zu kümmern ... Endlich setzen wir uns wieder in Gang. Selbst ein James Bond hätte das nicht gewagt!« Augstein wagt so was manchmal. Neben vielem anderen nämlich liebt er auch das Risiko.

Seine Ost- und Deutschlandpolitik findet im Prinzip die volle Zustimmung seiner Redakteure, von denen Augstein meint, nur etwa zwanzig seien daran überhaupt interessiert.

Das schließt Meinungsverschiedenheiten über Einzelfragen nicht aus. Fritjof Meyer beispielsweise schreibt gelegentlich etwas, das genau das Gegenteil dessen darstellt, was der Herausgeber in seiner Kolumne vertritt; Augstein ist ängstlicher als der aus Magdeburg geflüchtete und fließend Russisch sprechende Meyer-Ost, der ohnehin über die besseren Quellen verfügt. Und er kennt das System im Osten besser. In seiner Stasi-Akte findet sich später der Vermerk: »Meyer beobachten! Bei Erscheinen sofort festnehmen!« Grund: Als Schüler hatte er zu dem Aufsatzthema »Was erwartet die deutsche Jugend von der Zukunft?« unter anderem angemerkt, es sei ja ein Segen, daß Hitler untergegangen sei, »aber wieder treten bei uns genagelte Besatzerstiefel im Morgengrauen Türen ein, und es werden Leute weggeschleppt«.

Augstein steht nicht an, sich bei Meyer zu entschuldigen, wenn sowjetische Quellen im nachhinein seine Angaben, beispielsweise über die Millionenzahl der Stalin-Opfer, bestätigen. Und als 1994 der Historiker Ernst Nolte, anläßlich eines SPIEGEL-Gesprächs mit beiden, Meyer gratuliert, er habe in einem Buch 1984 ja die spätere Entwicklung in der Sowjetunion genau vorausgesagt, räumt Augstein schuldbewußt ein: »Und ich habe damals gesagt, er sei ein Idiot.«

Wie in der ganzen Bundesrepublik, so schlagen auch in der SPIEGEL-Redaktion die Diskussionswellen hoch, als die Sowjets im Jahre 1979 ihre modernen SS-20-Raketen installieren und auf Ziele in Westdeutschland richten. Der Streit geht darum, ob der Westen diese Herausforderung und Gefährdung seinerseits mit der Aufstellung neuer amerikanischer Raketen beantworten soll. Genauer: Ob die Nato einen Doppelbeschluß durchsetzen solle, einerseits die US-Raketen aufzustellen, aber gleichzeitig mit den Sowjets Verhandlungen über Abrüstung aufzunehmen. Eine Fraktion sogenannter »Friedensfreunde« im SPIEGEL – von böswilligen Kollegen »Moskau-Fraktion« genannt – votiert strikt dagegen; andere, wie zum Beispiel Chefredakteur Johannes K. Engel, wollen zunächst einmal die Sachlage prüfen. Es werden Fachleute, das heißt Militärs und Friedensforscher, befragt; Engel selbst informiert sich bei der Nato in Brüssel und beim Londoner »Institute for Strategic Studies«.

SPIEGEL-Korrespondent Siegfried Kogelfranz, der jetzt das Moskauer Büro leitet, tritt für Wachsamkeit und Stärke des Westens ein – das sei die einzige Sprache, die man in Moskau verstehe. Zum Ärger des pazifistischen Flügels votiert auch Leo Brawand, als Chefredakteur des zum SPIEGEL-Verlag gehörenden *Manager Magazin,* für den Nato-Doppelbeschluß und druckt diese Meinung in seiner monatlichen Namenskolumne. Rudolf Augstein duldet das als Ausdruck innerer Pressefreiheit; die Nachrüstungsgegner kolportieren wütend, was könne man schon von einem Menschen erwarten, der als Mitglied einer Ludwig-Erhard-Jury in Bonn fungiert, alljährlich mit Altersgenossen auf Wanderschaft geht und zur Gitarre »Heino«-Lieder singt.

Demgegenüber kommt Kogelfranz' Ansicht nicht über hausinterne Diskussionen hinaus, denn mit ihm und den Russen hat es eine besondere Bewandtnis: Kogelfranz hat in Moskau geheiratet – ausgerechnet die Tochter eines im Zweiten Weltkrieg gegen die Deutschen kämpfenden verdienten Sowjetgenerals, was für ihn und seine bildhübsche Frau Lena, die Absolventin einer »Napola«-ähnlichen Anstalt, naturgemäß mancherlei Schwierigkeiten aufwirft, privater wie politischer Natur.

SPIEGEL-Redakteuren, die in Moskau aufkreuzen, erzählt die schöne Lena ungeniert, daß die junge russische Generation, eingesperrt, ideologisch fest an der Kandare und über die westliche Welt belogen, keinerlei Zukunftsperspektiven besitze. Kogelfranz beschwert sich gleichfalls, auf Abhörwanzen in seiner Wohnung verweisend, hier werde »im Keller jeder Furz« aufgenommen. Er berichtet überdies nach Hamburg, der KGB sei hinter ihm her und habe bereits zweimal versucht, ihn wegen seiner kritischen Artikel – und einer SPIEGEL-Serie über die Privilegien der roten »Nomenklatura« – kaltzustellen: einmal, indem man ihm die Reifen zerstochen habe (Kogelfranz: »Hat nur nicht geklappt, weil Mercedes-Reifen so dick sind!«), ein anderes Mal durch einen absichtlich herbeigeführten Verkehrsunfall.

Der für die deutsche Presse zuständige ZK-Konsulent vermute, daß er von seiner Frau wichtige Details erhalte und veröffentliche, deshalb habe er gedroht, »dem Kogelfranz den Arsch aufzureißen«. Seine Widersacher in Hamburg dagegen meinen, ihr Mann in Moskau leide an Verfolgungswahn, und auch Rudolf Augstein wertet seine Berichte mit einer gewissen Vorsicht.

Dieter Wild und Meyer-Ost vom Auslandsressort liegen, als Kenner der Verhältnisse, zwar vielleicht eher auf der Linie der Doppelbeschluß-Befürworter, aber ihnen steht in der Formation des Deutschland-Ressorts mit Wolfram Bickerich an der Spitze eine mächtige friedensbewegte Truppe gegenüber, die in der Redaktion viele Anhänger hat. Ihr Sprecher Bickerich vertritt die Meinung: »Für mich ist Pazifismus nicht so ein watscheneinfaches Schimpfwort, sondern pure Haltung.« Und: »Zu dem, was ich für ›meinen‹ SPIEGEL, mein Bild vom SPIEGEL halte, gehört, daß darin ein wenig Friedenssehnsucht mitschwingt und durchdringt.« (Siehe Dokumentation S. 273 f.)

Der Streit kulminiert, als ein Kogelfranz-Artikel nicht gedruckt wird, in dem der Moskau-Korrespondent die sowjetische Raketenüberlegenheit aufzählt und am Schluß alle Friedensfreunde und Demonstranten gegen den Nato-Beschluß ermahnt: »Jeder sollte auch daran denken, daß er für seine Kinder und Kindeskinder mitentscheidet – und daß es sich für diese, bekommt er, was er will, ausdemonstriert und ausentschieden hat.«

In einer Hausmitteilung vom 8. Mai 1981, betr.: Moskaus Raketenwaffen, teilt Wolfram Bickerich dem Korrespondenten Kogelfranz schon im ersten Satz sein absolutes Verdikt mit. Es lautet: »Es wird Sie im Ernst nicht überraschen, von mir zu hören, daß ich Ihr Manuskript zum Thema Ab-, Nach- oder Aufrüstung im SPIEGEL für undruckbar halte; mehr: daß es für mich Folgen haben müßte, wenn das Werk erschiene.« (Siehe Dokumentation S. 273.)

Kogelfranz schlägt scharf aus Moskau zurück und schreibt Bickerich am 20. Mai 1981:

»Es ist mir völlig unerklärlich und unverständlich, wie Deutsche, dreieinhalb Jahrzehnte nach Hitler, sich mit einem Regime gemein machen können, das alle Attribute der Naziherrschaft hat: KZs und SS, Irrenhäuser, in denen Andersdenkende zu Tode gequält werden, Pimpfe, HJ und BDM (mit totaler Militarisierung; die Schießausbildung beginnt bei Kindern und setzt sich über die Studienzeit fort), Bücherverbrennungen, Blockwarts, die totale Zensur, Informations-, Reise- und Emigrationsverbot sowie alljährlich zweimal Reichsparteitagsaufmärsche samt Bekräftigung des systemimmanten Welteroberungsgebots.«

Er wendet sich zusätzlich mit einem dramatischen Brief an seinen Chef und Herausgeber Augstein (»Ich kenne Sie seit neunzehn Jahren ...«), aber er geht mit seiner Meinung unter (siehe Dokumentation S. 277 ff.). Letztlich verlieren Kogelfranz und der mit ihm argumentierende Teil der Redaktion gegen Rudolf Augsteins, echte, ungekünstelte Furcht vor einem neuen Krieg. In seinem Antwortbrief an den »Lieben Kogel« heißt es beschwörend unter anderem:

»Bitte, begreifen Sie, daß es nicht die Stärke, sondern die Schwäche des Sowjet-Systems ist, seine innere Schwäche, die den Krieg wahrscheinlicher macht.

Bitte, begreifen Sie, daß die Sowjet-Union nicht nur im Inneren schwächer ist, als alle ihre Gegner im Inneren schwächer sind, sondern daß sie auch objektiv, rein von der Verteidigung her gesehen, die unterlegene Macht ist. Dann müßte Ihnen eigentlich aufgehen, daß wir in einer exzellenten Kriegsgefahr leben, wenn wir diese Macht zum Äußersten treiben.

Machen Sie sich bitte klar, daß die Führer dieser Macht nichts anderes zu gewärtigen hätten als den Strick oder die Kugel, wenn sie einem anderen, womöglich besseren Regime Platz machen müßten. Dies bedeutet: Der Untergang der Sowjet-Union ist in ihren Augen identisch mit ihrem eigenen persönlichen Untergang, mit dem Untergang ihrer Familien. Dafür kennen Sie sowjetische Geistesart und russische Geistesart zu gut.

Ich nehme für mich in Anspruch, daß ich die Sowjet-Union nicht anders beurteile als Sie. Und trotzdem glaube ich, sicher zu sein, daß die jetzige Reagan-Politik falsch ist. Sie bringt Europa dem Kriege näher.« (Siehe Dokumentation S. 280 f.)

Ein Machtwort, das wie zumeist bei Augstein keines ist, beendet schließlich den Disput. Aus seinem Sommerhaus bei St. Tropez kommt die Hausmitteilung, in der er bekennt, es sei bei dem Nato-Beschluß reine Glaubenssache, für welche Tendenz man sich entscheide, aber eine »nichttendenziöse Behandlung des Themas« sei »hier ausgeschlossen«. Und dann heißt es mit dem ihm eigenen Raffinement und unter Hinweis auf die Washingtoner »Falken«: »Ich persönlich habe mich entschieden, aber das heißt nicht, daß das Blatt sich entschieden hat.« Den Schwarzen Peter so in Hamburg deponierend, schließt der alte Fuchs mit den Worten: »Schöne Grüße von Ihrem mediterranen Kollegen und Mitredakteur Rudolf Augstein.« (Siehe Dokumentation S. 282.) Danach lautet das Votum des SPIEGEL: gegen den Nato-Rüstungsbeschluß!

Nicht ausschlaggebend, aber ein wenig mitentscheidend mag bei Augsteins Urteil sein, daß es ausgerechnet der Bundeskanzler Helmut Schmidt war, der, wie er Leo Brawand in einem Interview versicherte, den Nato-Beschluß persönlich in die Wege geleitet hatte. Augstein und Schmidt mögen sich nicht sehr. Schon als Verteidigungsminister hat sich Schmidt bei Brawand über die schlechte Behandlung im SPIEGEL, zum Beispiel die Titulierung als »Schmidt-Noske«, beklagt, aber als Brawand darüber eine Mitteilung an Augstein gibt (siehe Dokumentation, S. 269), schreibt dieser nur auf eine Fotokopie: »Ich stehe mit ihm im Contact.«

Als Chefredakteur neben Johannes K. Engel wirkt um diese Zeit der spätere Top-Talkmaster Erich Böhme im Hamburger SPIEGEL-Haus. Günter Gaus hat längst die Belohnung für seinen SPD-Kurs einkassiert. Er amtiert als ständiger Vertreter – was im Ernst Botschafter bedeutet – in Ostberlin, und er macht dort über alles Theoretisieren hinaus seine Sache im Dienste an den Menschen hüben wie drüben gut. Manchmal lädt er ehemalige Kollegen in die Hannoversche Straße ein – von Augstein hat er eine Zusage, notfalls wieder einen Posten im SPIEGEL zu bekommen; meist versucht er dabei, die DDR »schönzureden«. Er zeigt ebenso Stolz darüber, mit seiner Diplomatentätigkeit »eine Fußnote in den Geschichtsbüchern« zu ergattern.

Augstein dagegen hat nichts ergattert. Im Gegenteil gerät ihm ein gewagter Ausflug in die direkte Politik zum Flop: Im Wahlkreis seines alten CDU-Gegners Rainer Barzel (»Ich bin ein Jahrzehnt lang der ›Buhmann‹ des SPIEGEL gewesen«) kämpft er für seine F.D.P., um ein Bundestagsmandat, aber es zeigt sich, daß der im Intellektuellenkreis glänzende Rhetoriker mit seinem messerscharfen Verstand einen schlechten Wahlkämpfer abgibt. »Baby-kissing« ist nicht sein Ding, und im katholischen Paderborn entsetzt man sich über sein gerade erschienenes »Jesus«-Buch. Als Augstein, einen Jux will er sich machen, auf der Straße leutselig zwei Nonnen um ihre Stimmen anspricht, rennen sie kreischend davon, wie vor dem Gottseibeiuns.

Zwar kommt er in den Bundestag, seine möglicherweise gehegten Hoffnungen auf eine hohe Position schwinden für den prominenten Seiteneinsteiger jedoch schnell.* Daß Willy Brandt seinen Knappen Gaus nach Ostberlin entsendet und ihn an der wichtigsten Schnittstelle der Weltpolitik in den Diplomatenstand erhebt, muß Augstein schmerzen; es hilft ihm andererseits, ohne Gesichtsverlust die Bonner Bühne fix wieder zu verlassen. Da sein politischer Chefredakteur ausfällt, kehrt er in die Chefredaktion zurück, der er seit 1947, was nicht jeder weiß, angehört hat.

Er und seine Redaktion bleiben auf Entspannungskurs, was nicht bedeutet, daß sie auf kritische Berichte über die Sowjet-

---

* Der SPIEGEL-Herausgeber, der früher einmal zur Unzeit »das Totenglöckchen für die F.D.P.« hatte läuten hören, rechnete der Partei im Frühjahr 1995 trotz heftiger Turbulenzen nach Wahlverlusten gute Zukunftschancen aus. Er schrieb in einem Kommentar: »Nur Masochisten können jetzt noch F.D.P. wählen. Aber davon gibt es genug. So kann ich für möglich halten, daß die F.D.P. 1998 wieder in den Bundestag einziehen wird.«

union oder die DDR verzichten. Augstein selbst reist zu einem SPIEGEL-Gespräch mit dem verstoßenen Regimekritiker Solschenizyn in die USA und läßt im Heft alle Aufmüpfigen aus dem anderen Teil Deutschlands zu Wort kommen, vom daheimgebliebenen SED-Kritiker Bahro bis zum ausgebürgerten Liedermacher Biermann, der glänzend schreiben kann. Kritiker in der Redaktion, die das ständig von Ostberlin gerühmte »Weltniveau« ihrer Wirtschaft anzweifeln, müssen sich sagen lassen, immerhin sei die DDR die achtgrößte Industrienation der Welt. Günter Gaus aus Ostberlin sekundiert: »Die Deutsche Demokratische Republik ist solide bis ins Biedermännische.«

Während Augstein es bewußt vermeidet, die Zweistaatlichkeit festzuschreiben – noch 1984 mahnt er im Gegenteil: »Die deutsche Frage fragt weiter!« –, prescht sein ehemaliger Chefredakteur kühn nach vorn. Gaus in einem Vortrag vor dem Landesparteitag der Berliner SPD: »Wir haben davon auszugehen, daß es keine Wiedervereinigung geben wird, damit wir jede Chance für unser geteiltes Land wahrnehmen können ... Wir müssen den Begriff der deutschen Nation befreien von seiner Bindung an einen Einheitsstaat.«

Gaus arbeitet um diese Zeit als Deutschland- und außenpolitischer Berater des SPD-Vorstandes in Bonn. Beim SPIEGEL hat er nach der Rückkehr aus Ostberlin kein Unterkommen gefunden, und Freund Augstein schreibt ihm, wie er das oft tut – nach Verhandlungen mit dem unerbittlichen Hans Detlev Becker –, an ihm, Augstein, habe es nicht gelegen.

Der SPIEGEL-Chef aber hat eine Nase für Geschichte. Er wittert früh, was es mit dem Gorbatschow-Wetterleuchten sowie der Solidarność in Polen auf sich hat, und handelt sich mit seinen folgenden Kommentaren späteren Beifall des sowjetischen Wendepräsidenten ein. Gorbatschow lobt ihn zu seinem siebzigsten Geburtstag, nachdem er auf Augsteins Muß-Soldatensein 1944/45 an der Ostfront hingewiesen hat: »Für mich ist von besonderer Bedeutung der Beitrag Rudolf Augsteins zur Verständigung zwischen Russen und Deutschen. Wie sehr Augstein und seine Kollegen die Führung der ehemaligen Sowjetunion oder des heutigen Rußland auch kritisiert

Gastgeber Augstein mit Bundeskanzler Helmut Schmidt; Gast Augstein mit dem
Bundeskanzler Helmut Kohl: Der eine liest sein Blatt, der andere (angeblich)
nicht. *Fotos: Jupp Darchinger*

haben, taten sie gleichzeitig alles dafür, daß das ›Feindbild‹ für immer aus unseren Beziehungen verschwinden möge.«

Wie alle Realisten seines Jahrgangs glaubt auch Augstein nicht daran, daß sich die Deutschen noch zu seinen Lebzeiten in einem Staate wiederfinden werden; als sich dann aber im Herbst 1989 das Wunder an der Elbe, die unblutige Beseitigung der SED-Herrschaft, auftut, beweist er – erneut früher als andere – seine geschichtliche Hellsichtigkeit. Glücklich anknüpfend an die in Gesprächen mit Kurt Schumacher 1945/46 in Hannover beschworene Vision eines vereinten Restdeutschlands, weiß und schreibt er: Die Einheit kommt!

Wenige Monate nach dem Fall der Mauer macht Augstein dies unbeirrt im Fernsehen einem der Einheitsbremser, dem politisierenden Dichter Günter Grass, klar – mit der, wie Grass hinterher klagt, »mir von Augstein schon bekannten fatalen Unbedingtheit«. Während Grass auf die Methode »Immer langsam voran« drängt, um auf der Fahrt zur Einheit notorische Fehler deutschen Größenwahns zu vermeiden, hört er von seinem Gesprächspartner immer nur: »Der Zug ist abgefahren.«

Noch zu Augsteins siebzigstem Geburtstag nennt der Dichter ihn einen sturen Bahnhofsvorsteher, der einen Zug in die, wie Grass meint, historisch falsche Richtung fahren läßt, anstatt ihn »durch Haltesignale zu stoppen und auf einem Nebengleis zur Ruhe zu bringen«. Grass, der sich schon mehrfach mit politischen Fehlurteilen hervorgetan hat – beispielsweise rechtfertigte er vehement den Einmarsch sowjetischer Truppen in Afghanistan –, macht Rudolf Augstein sogar nachträglich für die Schwierigkeiten des Zusammenwachsens verantwortlich. Als regelmäßiger SPIEGEL-Leser, so Grass, finde er nirgendwo in den aktuellen Heften »den Hinweis, daß der Herausgeber, Zuchtmeister und Erfinder des SPIEGEL in seiner zeitweiligen Funktion als Bahnhofsvorsteher verantwortlich ist für die angeblich unaufhaltsame Fahrt des Zuges in Richtung deutsche Einheit, mithin verantwortlich für das gesamtdeutsche Scheitern«.

Ganz ähnlich orakelt der einstige ständige Vertreter in Ostberlin, Günter Gaus, man werde sich über die Folgen der überstürzten Einigung noch wundern. Mit Vorliebe verbreitet er seine entsprechenden Bedenken in Sendungen des Mitteldeutschen Rundfunks. Seine einstigen linken Redaktionskollegen um den »Friedensfreund« Bickerich sind etwas stiller geworden; sie murren nach dem Zusammenbruch ihres Weltbildes nur noch leise über den wiederaufgenommenen Einheitsfaden Augsteins, seit er in einem Kommentar dem sonst ungeliebten Helmut Kohl »Glückwunsch, Kanzler« zurief, weil der im einzigen günstigen Moment den Mantelzipfel der Geschichte schnappte. Mit ihrem politischen Urteil fein heraus sind heute naturgemäß auch die »Auslandsjournalisten« des SPIEGEL Kogelfranz, Meyer-Ost und Wild.

Trotz seines Votums gegen den Nato-Doppelbeschluß steht auch der Deutschlandpolitiker Rudolf Augstein insgesamt gesehen gut da. Besser als zum Beispiel Theo Sommer, Herausgeber der *Zeit*. Der hatte immer herzlich wenig Sympathie für die deutsche Einheit erkennen lassen und mußte sich im Mai 1990 in seinem Blatt selbst die Frage stellen, »ob die *Zeit* in all den Jahren und Jahrzehnten einer verfehlten Deutschlandpolitik angehangen« habe, ob »unser Bild von der DDR falsch, unser Urteil über die Zukunft der Nation geschichtslos« war.

Mit Rudolf Augstein an der Spitze hat der SPIEGEL die Kurve zur Einheit gekriegt; seine Kommentare bilden ein Gegengewicht zu manchem anderslautenden ungezeichneten Artikel. Sie wiegen auch den Kommentar des bald danach ausgeschiedenen Chefredakteurs Erich Böhme auf, der in der Überschrift persönlich bekannte: »Ich will nicht wiedervereinigt werden!« und heute kalauert: »Aber ich bin wiedervereinigt worden.«

Der Autor Jens Hacker hat recht, wenn er in seinem Buch über *Deutsche Irrtümer* das Resümee zieht: »SPIEGEL-Herausgeber Rudolf Augstein ist zu attestieren, sein Magazin vor einem deutschlandpolitischen Desaster bewahrt zu haben. Augstein hatte spät, aber noch nicht zu spät, seine von Anfang an überzogene Kritik an der Außenpolitik Konrad Adenauers relativiert und dafür gesorgt, daß das Deutschland-Bild des SPIEGEL nicht von politischer Einseitigkeit geprägt war.«

10
Augstein an den Laternenpfahl?

Die Apo sucht nach einer Galionsfigur – Linke Revoluzzer wollen das Magazin erobern – Der Kampf ums Redaktionsstatut – »In einer halben Stunde fliegt der SPIEGEL in die Luft!« – Augstein verschenkt das halbe Unternehmen – »Augstein, Becker, Engel, Gaus: du mußt raus!«

Eine zweite große Krise, die sowohl Augstein wie sein Blatt in existentielle Bedrängnis bringt, kommt sechs, sieben Jahre nach der SPIEGEL-Strauß-Affäre, und sie kommt diesmal von innen. Sie kommt auf leisen Sohlen, genauer gesagt, auf denen der Tennisschuhgeneration – jener »68er«, die angeblich den Muff von tausend Jahren aus den Talaren der Bundesrepublik blasen wollen.

Zum Beispiel kommt sie in Gestalt des späteren *Konkret*-Chefs, Hermann Gremliza, im SPIEGEL »Greml« genannt, den Rudolf Augstein zunächst scheinbar an sein Herz drückt, weil er in dem Vertreter der aufsässigen Studentengeneration ein Stück seiner selbst als zorniger junger Mann erkennt, der er bei Kriegsende gewesen war. Gremliza seinerseits sieht in dem erfolgreichen Adenauer-Gegner eine journalistische Vaterfigur, die er heute allerdings, nach der mißglückten Palastrevolution an Hamburgs Ost-West-Straße, mit Haß beobachtet. Als Augstein zum Beispiel von der Bergischen Universität Wuppertal der Ehrendoktor in einem Nebenfach verliehen wird, äußert Greml hämisch-ironisch, Augstein habe viel mehr Ehrung verdient, weil er zur Stabilisierung und Ruhigstellung der Republik beigetragen habe, indem er eine Pseu-do-Wächterrolle spiele, in Wahrheit aber die Herrschaftsver-hältnisse konserviere.

Die jungen Linken, die da flott in das wichtige politische Ressort »Deutschland I« (D I) einziehen, haben ihre Unizeit noch nicht lange hinter sich – wie etwa Bodo Zeuner, Jahrgang 1942 und von 1965 bis 1969 Assistent am Otto-Suhr-Institut der Freien Universität Berlin. Sie ziehen Dr. Alexander von Hoffmann in ihren revolutionären Kreis, der jahrelang erfolg-reich und still in der Wirtschaftsredaktion mit Leo Brawand gearbeitet hat, in seiner Freizeit jedoch schon mal samt Kin-dern zu Anti-Springer-Demonstrationen aufgebrochen war.

Was die linke Truppe, die sich bald um weitere Kämpfer ver-stärkt, will, was sie aber natürlich nicht jedem auf die Nase bindet, ist einfach: Sie will Rudolf Augsteins SPIEGEL für sich erobern und dann als Sprachrohr für ihre radikale Politik ein-setzen.

Aber Redakteure, die Augstein vor einer drohenden Unter-wanderung warnen, hören von ihm: »Wir brauchen frisches Blut, nachdem wir das Blatt nun schon bald ein Vierteljahr-hundert machen; wir müssen auch wissen, was die junge Generation denkt.« Augstein liebt die geschliffene Diskussion mit Gremliza und seinem Anhang, und er weiß, daß die »Außerparlamentarische Opposition«, die Apo, ihn am lieb-sten auf den Schild heben möchte, was ihm einen enormen Machtzuwachs verschaffen würde. Das schmeichelt ihm, und seine Ressortchefs, die »Landesfürsten« der Redaktion, wer-den ihm manchmal ohnehin recht eigenmächtig. Augstein diskutiert ja auch mit dem Studentenführer Rudi Dutschke, der es an intellektueller Rhetorik fast mit ihm aufnehmen kann; mal spendet er ihm sogar ein paar tausend Mark.

So können die Möchtegernrevolutionäre in der Redaktion sich einer gewissen Sympathie sicher sein, zumal Augstein in einer seiner Kolumnen ihren Grundanliegen zuzustimmen scheint, indem er schreibt:

»Sowenig die Apo ihrem Ziel – Enteignung der Presseher-ren – näherkommen konnte, so gründlich hat sie das Selbstverständnis bei jenen Publikationsmenschen geschüttelt und gerüttelt, die überhaupt noch bereit waren, ihre eigene Rolle und ihre Interessen zu überdenken (den autoritär geführten und verkrusteten SPIEGEL nicht ausgenommen).«

Als erstes Anzeichen dafür, daß es bald nicht mehr bei den hitzigen Diskussionen in der Hauskantine oder der Journalistenpinte »Fiete Melzer« über die Ost-West-Straße hinweg bleiben wird, flattert eines Tages ein Flugblatt auf die Schreibtische der Redakteure. Im »Wacht-auf-ihr-Völker-dieser-Erde«-Stil heißt es darin:

»An alle Redakteure im SPIEGEL-Verlag Rudolf Augstein GmbH!

Es ist höchste Zeit, auch in den publizistischen Massenmedien für eine demokratische Mitbestimmung der Produzenten zu kämpfen. Das System ›SPIEGEL‹ ist ein System der Gewalt: Gewalt an der objektiven Nachricht, die zum bloßen Konsumartikel entstellt wird; Gewalt gegen den einzelnen Journalisten, dem politische Erkenntnis und politisches Engagement systematisch ausgetrieben werden.

Hohe Gehälter und ›optimale‹ Arbeitsbedingungen verschleiern dem SPIEGEL-Redakteur seinen unmündigen Status.«

Fazit des anonymen Flugblatts ist die Forderung nach »innerbetrieblicher Mitbestimmung« und der Appell: »Wehren Sie sich gegen Ausbeutung und Entmündigung am Arbeitsplatz!« Am Schluß versprechen die Verfasser: »Wir werden offen arbeiten, wenn wir stärker geworden sind.« Datum: 1. April 1969. Einige Zeit später meldet sich mit Hermann Gremliza eine Siebenergruppe, bei der auch gemäßigte Redakteure wie Karl-Heinrich Rüßmann und Wolfgang Kaden (heute Chefredakteur des *Manager Magazin*) mitmachen, die ein »Redaktionsstatut« formuliert hat und ihre Kollegen zur schriftlichen Abstimmung darüber auffordert.

Danach wird die Redaktion zu einer Quasselbude. Auf den Fluren, in der Kantine und von Zimmer zu Zimmer lodern die Diskussionen, werden Unterschriften für Resolutionen gesammelt, wird auf die Kollegen vom *stern* verwiesen, die ebenso ein Redaktionsstatut erarbeiten. Rudolf Augstein spricht spöttisch von »Halbtagsredakteuren«, weil sie die halbe Arbeitszeit mit umstürzlerischem Palavern verbringen. Natürlich leidet das Zeitungsmachen darunter und wird durch die ideologische Linksdoktrination erschwert. Ein uneiniges Team Redakteure bringt zum Beispiel einen Bericht aus Kuba zurück, zu dem eine Art Mehrheits- und Minderheitsgutachten verfaßt werden. Der Artikel erscheint dann mehrheitlich pro Castro, vielleicht, weil Augstein bei Castros Sieg über Batista seinerzeit davon geschwärmt hatte, daß es im 20. Jahrhundert noch möglich sei, einen Diktator davonzujagen.

Jedes Manuskript, auf das die Gremliza-Crew Einfluß nehmen kann, wird jetzt in langen, quälenden Sitzungen auf »progressiv« getrimmt, zumindest wird das regelmäßig versucht. Einer der SPIEGEL-Männer nimmt sich später, anläßlich der Hamburger Medientage, einen der Übeltäter namens Dieter Brumm zur Brust, indem er fragt:

»Haben Sie gehört von femeartigen Vorladungen in Redaktionen, wo der Kollege X in das Zimmer der Kollegen Y, Z, A, B zitiert wurde und sich zu rechtfertigen hatte, warum er dieses oder jenes so geschrieben habe? Daß Delegationen zur Chefredaktion marschieren und sagen, wenn das, was der Kollege Sowieso geschrieben hat und was schon abgesetzt ist und was wir gelesen haben, wenn das erscheint, dann passiert das und das und das? Herr Brumm, bitte antworten Sie darauf!«

Als die politischen Deutschland-Redakteure vom Ressort D I ein SPIEGEL-Gespräch mit dem Entwicklungshilfeminister Erhard Eppler in Bonn führen, an dem auch einer der Wirtschaftsredakteure teilnimmt, protestiert Auslands-Chef Dr. Dieter Wild gegen die unverkennbare Apo-Agitation. In einer Hausmitteilung moniert er, der SPIEGEL offenbare »in einigen seiner Fragen jene linksdoktrinäre Verkrampfung, gegen die wir bei Kollegen von D I in der letzten Zeit wiederholt, aber offenbar vergeblich, andiskutiert haben. Ich meine damit: Der SPIEGEL gibt für meinen Geschmack in einer ...

platten ... Art zu verstehen, daß die Bundesregierung ihre Entwicklungshilfe besser revolutionären Bewegungen zuzuführen habe.« (Siehe Dokumentation S. 270 f.)

Alexander von Hoffmann schnauzt daraufhin in einer Hausmitteilung zurück: »Die Terminologie des Schreibens (unerträglich, irrer Einwand, linksdoktrinäre Verkrampfung) wirft allenfalls die Frage auf, wer hier verkrampft ist.« (Siehe Dokumentation S. 272.) Vernünftiges redaktionelles Arbeiten wird so immer weniger möglich. Rudolf Augstein weiß das und droht auf den Montagskonferenzen: »Vor allem muß der SPIEGEL aus den Schlagzeilen der anderen Medien heraus!«

Auf einer später als »historisch« eingestuften Betriebsversammlung geht Augstein deshalb auf das Siebener-Papier ein und macht seinen Mitarbeitern am 30. Dezember 1969 ein Verhandlungsangebot. Vorher jedoch stellt er seine persönliche Situation im SPIEGEL dar:

»Wir haben in diesem Haus im wesentlichen einen Eigentümer, der gleichzeitig als Journalist und, soweit ihm das Verständnis kaufmännischer Dinge gegeben ist, als Kaufmann und Unternehmer tätig ist. Dieser Kapitalseigner betrachtet den SPIEGEL nicht in erster Linie als Unternehmer. Ich sehe in diesem in erster Linie die publizistische Potenz.

Wir haben hier die einzigartige Chance, für ein publizistisches Unternehmen ein Modell zu entwickeln, das beispielhaft für andere Unternehmen sein könnte. Die Chance liegt aber darin, daß Ihre und meine Vorstellungen von Anfang an miteinander ins Gespräch gebracht und akkordiert werden. Der Weg, mittels sogenannter Vollversammlungen fertige Redaktionsstatuts-Entwürfe zu verabschieden, denen ich dann zu konfrontieren wäre, ist, lassen Sie mich das in allem Freimut sagen, ein Irrweg.«

Augstein, der gerade für vierzig Millionen Mark seinen Teilhaber Richard Gruner losgeworden ist, läßt in seinem Referat eine ganze Reihe Möglichkeiten Revue passieren – von der reinen Altersversorgung über jährliche Gewinnausschüttung bis zur Beteiligung am Firmenkapital – und am Ende jene Möglichkeit aufscheinen, die einige Jahre später Wirklichkeit und als Augsteins klug-soziale Tat bekannt wird: die fünfzigprozentige Teilhabe seiner Mitarbeiter am Kapital des SPIEGEL. Als nächstes, so Augstein in seiner Rede, möge die Belegschaft eine Kommission wählen, die mit ihm über das zweckmäßigste Modell verhandeln soll.

Mit dieser Offerte hat er den darüber verblüfften Kämpfern für ein Redaktionsstatut zunächst den Wind aus den Segeln genommen, und bei der ersten Wahl für die Verhandlungskommission gewinnt keiner der von Gremliza & Co nominierten linken Redakteure. Vielmehr erzielt der »Haus-Konservative« Brawand an der Spitze eine Dreiviertelmehrheit, was Bodo Zeuner eindeutig auf Augsteins Fifty-fifty-Schachzug zurückführt. Er mosert ironisch: »Ein Unternehmer will seiner Belegschaft freiwillig die Hälfte seines Besitzes abtreten – da kann man doch nicht Leute wählen, die damit immer noch nicht zufrieden sind, sondern diesen Unternehmer mit kleinkarierten Veto-Forderungen belästigen!«

Aber echte Klassenkämpfer geben nicht auf; Gremliza und seine Freunde gründen jetzt eine neue, größere Kampfgruppe, die sie um ein Haar »Verein der Freunde der italienischen Oper«, dann jedoch »Arbeitskreis Redaktionsstatut« nennen, und sie diskutieren und agitieren weiter. Sie setzen vor allem bei den Archivmitarbeitern an, denen sie klarmachen, wie »unterprivilegiert« sie als Materialbeschaffer und Manuskriptkontrolleure seien und wieviel mehr Einfluß im Hause sie haben würden, wenn es ein Redaktionsstatut gäbe. Das macht Furore, so daß bei den folgenden Abstimmungen der Vollversammlung im orangefarbenen Speisesaal die Hauslinke mächtig an Stimmen zulegt.

Dies, zumal die Verhandlungen mit Augstein schwierig verlaufen, viele Modelle oder Punktsysteme diskutiert werden und Gremliza darauf verweisen kann, daß Augstein in seiner Dezemberrede ein Redaktionsstatut als »zweckmäßig« erachtet, später aber erklärt habe, er wisse gar nicht, »ob wir so was brauchen«. Je mehr Stimmen ihnen zuwachsen, desto dreister verfahren Gremliza, Zeuner und von Hoffmann. So setzen sie einmal unter eine von mehr als hundert Mitarbeitern unterzeichnete Resolution nachträglich die Forderung, neben Hans Detlev Becker solle auch Dr. von Hoffmann Geschäftsführer werden – ohne daß alle davon wissen. Als Leo Brawand, laut Bodo Zeuners Buch *Veto gegen Augstein,* die »Säule des SPIE-GEL-Establishments und gleichwohl zuweilen rebellischer Neigungen fähig«, diese Methode auf einer Vollversammlung kritisiert, wird er belehrt, hier sei ein Redaktionskomitee am Werke gewesen, das wohl im Sinne aller verfahren sei.

Der Streit eskaliert derart, daß die Linken vom »Herrenclub« ihrer Gegner, diese wiederum von Gremliza und seiner »DDR-Clique« sprechen. In der Agitation aber und den Geschäftsord-nungspraktiken sind die Hauslinken von ihren Studententagen her besser gerüstet. Als nach monatelangem Tauziehen der Kommission mit Augstein fünf sogenannte Treuhänder gewählt werden müssen, die den zu erwartenden Kapitalanteil von 50 Prozent verwalten und die Mitwirkungsrechte ausüben sollen, erleidet der »Herrenclub« eine schmähliche Niederlage: Statt Brawand und Anhang gewinnen diesmal haushoch »Deutsch-land-I«-Chef Alexander von Hoffmann und seine Crew.

Damit rückt der Showdown näher, und die anderen west-deutschen Medien enthüllen genüßlich weiter, wie die Ent-hüller der Nation an Hamburgs Ost-West-Straße sich nun selbst bekriegen. Während die Linken bei ihren Meetings schon offen jubilieren, trifft sich Rudolf Augstein mit den engsten Getreuen, vornehmlich den Ressortleitern, unter konspirativen Umständen in der Hamburger Vorortvilla des »Deutschland-II«-Chefs Manfred Hentschel. An diesem Abend wird deutlich, Augstein hat sein freundliches Interesse für das junge Blut verloren; jetzt ist die Machtfrage gestellt, und da kennt er kein Pardon. Ein Ergebnis des Geheimtreffens wird, anders als bei den Linken, nicht schriftlich fixiert, aber klar ist, Augstein macht jetzt reinen Tisch. Er läßt sich sein im Zweifel linkes Blatt nicht von den Linken kaputtmachen.

Was danach folgt, reimen sich die Verlierer des Machtkamp-fes im Laufe des Sommers 1971 ahnungsvoll zu einem Kinder-Abzählvers zusammen. Er geht so: »Augstein, Becker, Engel, Gaus: du mußt raus!«

Das gelingt dem Herausgeber, den die Linke längst »Herausnehmer« nennt, in Etappen unter anderem deshalb, weil jeder im Hause sieht, daß ein Vertrauensverhältnis nicht mehr besteht und selbst vorher eifrige Gremliza-Anhänger von der Fahne gehen. Spätestens seit es, wenn auch wohl nur verbal, darum geht, »an welchem Laternenpfahl Augstein aufgehängt werden sollte und an welchen die anderen vom ›Herrenclub‹«, habe es Zweifel bekommen, meint nachträglich ein Redaktionsmitglied; wobei es hinzufügt, in jungen Jahren habe man eben seine Ideale.

Dr. von Hoffmann muß als erster gehen. Kündigungsgrund: Unlösbarer Konflikt zwischen ihm als D I-Ressortchef und Erich Böhme, dem Chef des SPIEGEL-Büros in Bonn. Als von Hoffmann anbietet, freiwillig zurückzutreten, sofern sein Stellvertreter Gremliza den Posten erhielte, bleibt Augstein hart und macht damit erkennbar: Die führenden Palastrevolutionäre müssen das Haus verlassen; ihr Durchmarsch durch die Institution SPIEGEL endet hier. Trotz allerlei Finessen – zum Beispiel schnell noch in den unkündbaren Betriebsrat gewählt werden – und trotz Streikandrohung: Nach von Hoffmann, der als Professor an der FU Berlin Unterschlupf findet, gehen auch Gremliza, Zeuner, Grimm und andere. Ihr Abtreten kostet den Verlag allerdings mehrere hunderttausend Mark. Jeder Kämpfer gegen Augstein bekommt von ihm sozusagen einen goldenen Handkantenschlag.

Zunächst mit Erstaunen, dann mit Interesse, sieht kurz darauf Klaus Rainer Röhl, damals Herausgeber der Zeitschrift *Konkret* und Exehemann der Terroristin Ulrike Meinhof, wie plötzlich Hermann Gremliza bei ihm erscheint und »Pläne für ein verbreitertes und verbessertes *Konkret*« entwirft. Röhl, der inzwischen eine denkwürdige Läuterung erfahren hat, klagt: »Zu spät erkannte ich, daß sie mich selbst gar nicht mit eingeplant hatten. Sie wollten einen kommunistischen SPIEGEL. Sie dachten die gleichen Gedanken wie meine Putschisten von 1968 noch einmal: Da ist etwas, was wir gut brauchen können, uns aber nicht gehört. Also nehmen wir es uns!« Nachdem er den SPIEGEL nicht gekriegt hat, nimmt sich Gremliza also *Konkret*.

Augstein, Freund Hermann Schreiber (oben), Gegner Hermann Gremliza (unten):
Die Revoluzzer im SPIEGEL loszuwerden kostete Augstein Nerven und viel
Geld.

Im linken politischen Lager der Bundesrepublik löst die Rausschmißfolge zumindest Argwohn und Erstaunen aus. Hat man sich nicht viele Jahre lang Munition gegen die Herrschenden aus dem Arsenal des SPIEGEL geholt, hat nicht Augstein selbst das »Mehr Demokratie wagen« mit herbeigeschrieben? Noch zum vorletzten Geburtstag des Herausgebers sinnierte der grüne 68er Joschka Fischer, der Minister mit den Tennisschuhen: »Rudolf Augstein gebührt ein Titel, mit dem er selbst wohl niemals gerechnet hat. Er ist der wahre, der eigentliche Vater der deutschen Alternativbewegung. Halleluja!«

Vater unser also – und nun das?

Seit er in öffentlicher Diskussion mit Rudi Dutschke seine Kernfrage an die Apo, »Was soll denn an die Stelle dessen kommen, was ihr beseitigen wollt?«, gestellt und nur Blabla als Antwort erhalten hat, ist das gegenseitige Verhältnis ohnehin stark getrübt – bei allem Verständnis Augsteins für die Aufmüpfigen. Mehr noch: Der SPIEGEL-Herr, der früher auch schon mal mit der jungen und noch relativ friedfertigen *Konkret*-Journalistin Ulrike Meinhof seine Meinung austauschte, scheint sich indirekt sogar mit dem gewalttätigen Flügel der Linken, der »Rote Armee Fraktion« (RAF) angelegt zu haben. Als nämlich diese, nach Aussagen des geschiedenen Meinhof-Ehemanns Röhl, ihrer beider kleine Töchter in ein palästinensisches Waisenlager im Nahen Osten verschleppen will und die Kinder bereits von RAF-Leuten auf Sizilien zwischenstationiert waren, holte der frühere *Konkret*-Redakteur Stefan Aust sie in einem Husarenstreich zum Vater zurück – mit Hilfe einer von Rudolf Augstein gefüllten Reisekasse.

Der SPIEGEL und sein Chef sind um diese Zeit Zielscheibe verschiedenster Pressionen; niemand kann sagen, wer genau die Urheber sein mögen. Mal überfällt ein Trupp junger Leute den Hochhausbau an Hamburgs Ost-West-Straße, protestiert gegen irgendwelche Artikel und schmiert Parolen an die Wände; mal gibt es eine Bombendrohung, so daß Redakteure und Sekretärinnen fluchtartig ihre Büros verlassen. Oder auch nicht: Als einmal nachts beim Umbruch ein Anruf ankommt, in einer halben Stunde fliege der SPIEGEL in die Luft, befragt der Chef vom Dienst ängstlich Chefredakteur Johannes K. Engel, ob alle sofort das Haus räumen sollten. Darauf Engel mit seiner Kriegserfahrung: »Der kluge Infanterist bleibt in seinem Loch. Wir räumen nicht!«

Auch gegen Augstein selbst wird aus verschmähter Liebe gedroht, und er, zu klug, um übermäßig mutig zu sein, aber ebenso fatalistisch, wird von seinen engsten Mitarbeitern immer wieder gewarnt, nicht jeden Tag dasselbe Auto zu benutzen und täglich andere Strecken zu fahren. Sogar die Einstellung von Leibwächtern wird diskutiert, aber Augstein winkt lässig ab.

Nach der Kündigung von Gremliza und Zeuner hält er im Kantinensaal des SPIEGEL eine letzte Ansprache, die den Redaktionskampf praktisch abschließt. Zwar trommeln die verbliebenen Umstürzler noch einmal eine Vollversammlung zusammen; mangels ausreichender Zahl von Teilnehmern jedoch erweist sie sich als nicht beschlußfähig. Augstein spürt, daß er gewonnen hat, und erteilt in seiner Rede als erstes ein wenig staatspolitischen Unterricht. Sein Credo: »Demokratie bedeutet nicht, daß jeder überall Bescheid weiß.« Des weiteren erklärt er (»Ich, der dienstälteste Mitarbeiter dieses Hauses ...«) den Versammelten:

»Der gesamte Streit um Dr. von Hoffmann ist nicht aus dem Machtstreben der Chefredaktion entstanden, sondern daraus, daß eine kleine Gruppe, namentlich im Bereich des D I-Ressorts, anderen Gruppen des Hauses ihre politische Überzeugung und ihre hauspolitische Linie aufzwingen wollte.

Ließe man die Wortführer der Vollversammlungsstrategie machen, würde das Blatt weder erscheinen noch den unerläßlichen wirtschaftlichen Kredit genießen ... Einschlägig unternommene Versuche weisen herostratische Züge auf, so als solle bewiesen werden, daß in einer nach kapitalistischen Regeln funktionierenden Presse evolutionäre Mitbestimmung und Mitverantwortung zum Scheitern verurteilt sind. Wir werden diese Versuche künftig als solche kenntlich machen und nicht mehr zulassen, daß Halbtagsredakteure auf Kosten der überlasteten ihre Zeit mit Hauspolitik zubringen.

In der Gesellschafterversammlung dieses Hauses werden demnächst 50 Prozent der Kapitalanteile von den Betriebsangehörigen vertreten. Es gibt schlechtweg nichts, was in einer Gesellschafterversammlung nicht zur Sprache gebracht und verantwortlich entschieden werden kann – wie es umgekehrt nur wenig gibt, das in einer Vollversammlung der Redaktion verantwortlich beraten und entschieden werden könnte. Die letzten Tage und Wochen haben das bewiesen.«

So spricht der SPIEGEL-Kapitän; danach ist Ruhe im Schiff. Und als nach steuertechnisch komplizierten Gewinnübertragungen an die Belegschaft – während mehrerer Jahre wächst jedem Begünstigten ein Anspruch zu, ohne daß er selbst dazu Geld aufbringen muß – das erste Bargeld aus dem Gewinn fließt und die Mitarbeitervertretung bei den wichtigsten Personalentscheidungen, wie der Bestellung von Chefredakteuren und Verlagsleitern, mitbestimmen kann, ist der Beweis angetreten, daß das Modell funktioniert – und es wird von allen geschätzt. Welcher Arbeitnehmer würde es auch nicht schätzen, in Jahren guten Geschäftsgangs neben dem Gehalt noch einen Gewinnanteil von bis zu 60 000 Mark einzustreichen. Selbst die altgedienten Spitzenleute sind zufrieden, obwohl es nicht die Lösung geworden ist, die der Wirtschaftsredakteur seinem Chef Rudolf schon in ganz frühen Jahren unterzujubeln versucht hatte:* Wie in einem großgewordenen Handwerksbetrieb solle jeder »Altgeselle« fünf Prozent des Firmenkapitals erhalten. Augstein wimmel-

---

* Druck auf Augstein kam damals nicht nur von den Hauslinken; über den teuer herausgekauften SPIEGEL-Teilhaber Richard Gruner tönte der Geschäftsführende Redakteur Brawand am 14. April 1969 in einer »Panorama«-Fernsehsendung: »Der Fall unseres früheren Mitherausgebers Gruner – des Herrn Gruner, der zu der geistigen Leistung, die der SPIEGEL immerhin darstellt, wenig oder nichts beigetragen hat – zeigt, daß bei Zeitungen die Anwendung rein kapitalistischer Prinzipien unmöglich ist. Herr Gruner mag die durch unsere Arbeit verdienten Millionen gern auf den Bahamas oder sonstwo verleben, aber ich bin sicher, daß sich für die Zukunft unsere Branche und unsere Verleger, was die Eigentumsverhältnisse angeht, etwas Neues einfallen lassen müssen.«

te das scherzhaft mit dem Argument ab, die Gesellen würden wohl kaum die Schenkungssteuer aufbringen können.

Herr im Hause – wenn er das denn je war – ist er nach dem praktizierten Modell nicht mehr; die fünf Geschäftsführer der Mitarbeiter KG haben die gleichen Rechte wie die anderen Eigentümer: Beteiligung am Ertrag, zu 50 Prozent, sowie Mitsprache bei wichtigen Entscheidungen, zum Beispiel:

- Einstellung und Entlassung von Chefredakteuren, Verlagsleitern und Prokuristen;
- Aufstellung des Jahresfinanzplanes;
- Kauf oder Verkauf von Verlagsobjekten, Beteiligung an sonstigen Geschäften;
- grundlegende und nachhaltige Änderungen der inneren Organisation des SPIEGEL-Verlages oder der Redaktion des SPIEGEL.

Mit dem Beteiligungsmodell hat Augstein das Revoluzzerproblem nach einigem harmoniewahrenden Zaudern auf die ihm eigene, letztlich dann entschlossene Weise gelöst, hat den gordischen Knoten mit einem scharfen Hieb zerschlagen, obwohl er dabei selbst »bluten« muß. Getreu seiner Überzeugung, die er stets den SPIEGEL-Personalchefs nahebringt, wenn sie eine nach Augsteins Ansicht untragbar oder unpassend gewordene Führungskraft feuern sollen: »Wie man mit Redakteuren umgehen muß, davon verstehe ich ja nun *wirklich* was!«

Nach dem Beinahe-Desaster grübelt der oberste Magazinmann wohl manchmal darüber nach, ob er die richtige Entscheidung getroffen hat, nachdem das Geschenk an seine Mitarbeiter ihn im Laufe der folgenden Jahre um mehr als hundert Millionen Mark Gewinn gebracht und ihm die Unternehmensführung erschwert hat. Das Mitmischen der Mitarbeiter KG erweist sich für den Manager Augstein manchmal als ein Klotz am Bein – zuletzt Ende 1994 bei der Einsetzung des ungeliebten Stefan Aust als neuen Chefredakteur. Claus Jacobi, einer seiner Vorgänger auf diesem Posten, meint sogar,

Augstein habe sich mit dem großmütigen Angebot vor zwanzig Jahren selbst »die Schlinge« um den Hals gelegt.

Er und andere unterschätzen den immensen Druck, unter dem der Gründer der erfolgreichen Zeitschrift während des internen Streits steht, ebenso wie die tödliche wirtschaftliche Gefahr für das Unternehmen SPIEGEL. Hätten die Umstürzler im Hause gesiegt, hätten sie ihr radikales Redaktionskonzept durchgesetzt, dann wären sehr bald die Anzeigenkunden ausgeblieben und die Zahl verkaufter Hefte im Eiltempo gesunken – vielleicht bis auf jene Miniauflage, bei der *Konkret* herumkrebst.

11
Freunde und Mitarbeiter

H. D. Becker, ein »lebenslanger Freund« – Mit den Regniers auf du und du – Eine Feile für den Freund im Gefängnis – Lehrer Haake: »Der Mann hat für uns keine Gedanken über« – Augstein als Zentralgestirn – Mit Horst Janssen ein Pas de deux für zwei Genies

Mehr Leute, als man denken sollte, können sich Rudolf Augsteins Duzfreunde nennen; sie sind nicht gerade Legion, aber doch in Kompaniestärke vorhanden. Dabei duzen sich die gleichaltrigen Pioniere praktisch vom Tag der Gründung im Jahre 1946/47 an, so wie sie eineinhalb Jahre zuvor als Soldaten per du gewesen wären. Andere ereilt der Duz-Ritterschlag bei verschiedensten Gelegenheiten – dem Starreporter Hermann Schreiber etwa, als er an Augsteins Seite, ausgerechnet an seinem Geburtstag, in Washington ein SPIEGEL-Gespräch mit Henry Kissinger führen soll.

Wieder andere kommen dem berühmt gewordenen Herausgeber erst im Laufe von Jahren näher, Hermann Senfft zum Beispiel so: »Wir waren natürlich alle für dich, als 1962 die große SPIEGEL-Affäre über euch niederging und du und andere – davon mächtig gezeichnet – in Untersuchungshaft saßen. Wir fingen an, miteinander umzugehen; wir verbrachten gemeinsame Wochenenden, alberten und lachten, machten Reisen und liefen zusammen Ski.« Senfft sinniert: »Wir fingen auch an, uns so anzufreunden, wie man mit dir befreundet sein kann – kann man?«

Sein Freund und einstiger Lehrer Bernhard Haake schreibt

in den sechziger Jahren einmal gleichfalls zweifelnd an Irmgard Born: »Augstein ist heute ein Koloß der Publizistik, ein Homo politicus, der besorgt sein muß, daß nicht ehemalige Freunde sich an seine Schöße hängen. Törichterweise hatte ich in einem Brief an Rudolf das ehemalige Du gebraucht, das könnte doppelt fatal gewirkt haben – dieser Mann hat für uns keine Gedanken über.«

Da irrt Haake. Nicht nur daß Augstein bald danach zu einem runden Geburtstag die obligaten zwölf Flaschen Dom Perignon schickt; er besucht Haake und seine Frau auch in deren »Künstler-Speicher« in Rotenburg an der Wümme und hält mit ihnen Verbindung. Besonders die erkrankte Ehefrau Margarethe (Haake: »Sie leidet am Insult«) kann mit seiner Fürsorge rechnen.

Augsteins Situation in dieser Hinsicht wird dadurch mitbestimmt, daß er für viele Menschen, nicht nur für seine Mitarbeiter in Redaktionen und Verlag, sondern auch im familiären und privaten Bereich eine Art Zentralgestirn darstellt, um das viele kreisen und viele etwas von ihm wollen. Dennoch hält er alte Freundschaften am Leben, wie etwa die mit Michael Thomas, und zögert nicht, das immer wieder zu bekunden. Wo er andererseits seine eigenen Interessen oder die der Zeitschrift im Kern berührt glaubt, kann er auch zu Freunden bissig sein.

Zu den Zeiten von Hannover sind die geschäftlichen und privaten Bande noch eng miteinander verknüpft. In den Redaktionsräumen an der Goseriede ist es warm, zu Hause kalt; Augstein und seine Mitstreiter bleiben deshalb oft die Nacht über im Anzeiger-Hochhaus. Sie machen vieles gemeinsam. Einmal marschieren sie geschlossen zum Güterbahnhof Limmer und klauben dort von den langsam rangierenden Zügen Kohlen in mitgebrachte Säcke. Aus der Not heraus lebt die Gruppe Augstein praktisch schon nahe dem Prinzip der 68er-Kommune.

Zum wichtigsten Freund, sowohl als Mitarbeiter wie privat, steigt in dieser Zeit Hans Detlev Becker auf. Worüber Augstein später einmal in einer »Liebe-SPIEGEL-Leser«-Kolumne mitteilt, seit Becker an seiner Seite stehe, sei er »nie mehr allein gewesen«. Höchstes Kompliment für eine Freundschaft. Bekker konstatiert noch im Frühjahr 1995: »In seiner Grabrede auf John Jahr, nachzulesen in der Wiedergabe des *stern,* hat mich Rudolf als ›seit 1947 lebenslangen Freund‹ bezeichnet – and that's that.« Unter den Kollegen gelten beide scherzhaft als Castor und Pollux oder aber bei denjenigen, die Beckers harte Führungshand spüren müssen, als Faust und Mephisto, wobei Augstein die Rolle des Faust zugemessen wird. Ohne Beckers Organisationstalent, ohne sein preußisches Zucht-und-Ordnung-Regiment – zunächst als Chefredakteur, dann als Manager – wäre der SPIEGEL kaum zu dem geworden, was er ist.

Dabei hat Becker, Sohn eines peniblen Bezirkszollkommissars, der stets den Dienstbleistift mit privatem Schreibstift wechselte, sobald er eine Postkarte an Verwandte schrieb, Augstein anfangs erst zu-, dann aber wieder abgesagt, nachdem er ihm einen Brief mit »konstruktiver Kritik« am SPIEGEL zugesandt hatte. Der SPD-Mann (1948 trat er dann gleichzeitig aus SPD und Kirche aus) verfolgte damals noch die Chance, bei einer SPD-Zeitung in Wilhelmshaven Chef vom Dienst zu werden. Im Mai 1947 erscheint er dann doch per Motorrad endgültig an Hannovers Goseriede, nachdem er bereits unter dem britischen Controller Major John Chaloner – zuerst als Bezirkskorrespondent, dann als Redakteur bei der *Osnabrücker Rundschau* – gearbeitet hat. Im Anzeiger-Hochhaus trifft er in Rudolf Augstein, wie er es selbst nennt, »die kapitale Schicksalsfigur« seines Lebens.

Als eine politische Lokalgröße in Nordhorn hat er kurz zuvor im Saal des »Capitol-Lichtspielhauses« ein Grundsatzreferat gehalten, das Augstein zwar nicht kennt, das jedoch deutlich macht, warum die politische »Chemie« zwischen den beiden sofort stimmt. Becker erklärt den »Genossinnen und Genossen« dabei unter anderem, was er von der CDU hält; er donnert in den Saal:

»Die Partei, die sich heute Christlich-demokratische Union nennt, sehen wir als reines Machtinstrument der Kirchen an.

Alle Beteuerungen der Toleranz und der allgemein christlichen Grundlinie, der nationalen Konzentration und der Besitzverteidigung können nicht darüber hinwegtäuschen, daß es ihr Hauptbestreben ist, ihre Stellung durch religiöse und klassenpolitische Agitation auszuweiten ... Wir können es nicht zulassen, daß die Geschäfte einer Religionsgemeinschaft mit den Geschäften des Staates verquickt werden, daß eine bestimmte religiöse Einstellung Voraussetzung zur Erlangung staatlicher Ämter ist.«

Kaum anders klingt es, wenn Augstein später, nach den Erfahrungen mit Adenauer und Strauß, so formuliert: »Unser Haupteinwand gegen die Ära Adenauer traf ja gar nicht einmal die Politik, die gemacht wurde, sondern das falsche Etikett. Das war es doch, was uns aufgeregt hat, und wir haben diese Unehrlichkeit durchaus mit dem christlich-katholischen Regime gleichgesetzt. Wir haben zwischen der Heuchelei des katholischen Milieuchristentums und der Heuchelei des politischen Pendants sogar gewaltsam eine Gleichung hergestellt.« In seinem Antiklerikalismus, der ebenso aus persönlicher Erfahrung im katholischen Westfalen wie aus dem Streben nach Bindungslosigkeit als Folge ausgiebigen Sartre-Studiums resultiert, ist Becker also ein idealer Partner Augsteins.

Als Henry Ormond Becker nach einigen Monaten wegen angeblicher Fragebogenfälschung feuern will, mag Augstein den Bruder im Geiste schon nicht mehr missen und verkündet: Wenn Becker geht, dann gehe ich auch! (Die Episode haben beide fast ein halbes Jahrhundert lang geheimgehalten.)

Becker nimmt Augstein nicht nur den größten Teil des unerläßlichen Bürokrams ab, er verfaßt nicht nur Regelwerke zur Reisekostenabrechnung und Hausmitteilungen über die richtige Anwendung des Akkusativs – er macht hinfort auch für seinen Chef überall dort den Ausputzer, wo es gilt, harte Entscheidungen zu treffen – nicht nur beim Ausscheiden des Mitlizenzträgers Roman Stempka oder bei der Entlassung der Kulturredakteurin Hanne Walz und anderer. Dank seiner Hilfe wahrt Augstein, auf ein freundliches Image und Langzeitharmonie bedacht, fast immer sein Gesicht. Als beispielsweise einer Führungskraft eine degradierende Änderungskündigung beigebracht werden soll, schreibt ihm Augstein: »Laß Detlev das Vertragliche machen; er ist da besser drin. Ich kann ja dann aus optischen Gründen am Schluß dazukommen.«

Und nachdem die Trennung von Hans Dieter Jaene durch Becker kühl vollzogen ist, schreibt ihm der Herausgeber: »Ich wollte nicht auf Trennung los, aber Aufklärung ... Lassen Sie uns nicht elegisch zurück und auch nicht allzu finster in die Zukunft sehen. Ich halte noch gar nicht für ausgemacht, daß unsere Wege endgültig auseinandergehen. Mit freundlichen Grüßen Ihr Augstein.« Für Jaene, der anschließend eine große Funkkarriere macht, ein freundlicher, aber schwacher Trost. Sein Resümee: »Sie haben mich rausgekegelt!«

Becker spürt natürlich den Unwillen der Kollegen über seine strenge Redaktionszucht und seine Rolle als Vollstrecker von Augsteins harten Maßnahmen; er versucht deshalb, wo es ohne Autoritätsverlust geht, positive Stimmung zu erzeugen. Auf den hannoverschen Partys imitiert er beispielsweise den sächselnden DDR-Häuptling Walter Ulbricht mit dessen Soldatenansprache: »Gänossen Gabitähne, Gänossen Leitnande, Gänossen Soldaden ...« Ebenso gekonnt trägt er die Abenteuer des Matrosen »Kuddeldaddeldu« auf der Reeperbahn vor, wo Augsteins Redakteure sich später in Hamburg nach Feierabend auch schon mal einfinden, genauso wie im Rotlichtcafé Lausen (Werbeslogan: »Sie kommen als Fremder, Sie gehen als Freund!«). Als der Permafrost in den menschlichen Beziehungen der Redaktion einmal erneut klirrend kaltes Betriebsklima erzeugt, richtet Becker regelmäßig »Schmellemann-Abende« ein; so benannt nach dem Redakteur Hans Schmelz, in dessen Hamburger Privatwohnung eines der ersten dieser Aussprachetreffen stattfindet. Danach geht es reihum; nur Augstein erscheint nie. Er betrachtet diese Einrichtung bewußt als »Detlevs Domäne«.

Sei es jedoch die Einführung der berühmten SPIEGEL-Gespräche, sei es die Frage, ob den Ressortchefs aus dem

Gewinn Tantiemen gezahlt werden, alles Wichtige kochen die beiden gemeinsam aus. Nur ganz selten sind sie so uneins, daß sie sich in den Redaktionskonferenzen etwas schroff gegeneinander benehmen. So, als Augstein in einer Hausmitteilung »aus gegebener Veranlassung« darauf hinweist, »daß die Gehälter der Redaktion von Herrn Jahr und mir festgesetzt werden. Herr Becker als geschäftsführender Redakteur und Prokurist der Firma wird dabei konsultiert, bzw. er wird durch Vorschläge initiativ«, und ein anderes Mal in den siebziger Jahren, als der Gewinn nach Augsteins Meinung zu niedrig ausfällt (Becker verweist dagegen auf ein Gutachten zur finanziellen Entwicklung, mit dem er rechtzeitig gewarnt habe).

Beckers Aufstieg vom Ressortleiter Deutschland (anfangs noch mit Augstein als eine Art Oberressortleiter) über den Chefredakteur bis zum obersten Verlagsmanager vollzieht sich in gleicher Harmonie, wie die beiden auch privat miteinander umgehen; es ist kein Zufall, daß beide bei einem Glas Wein in Augsteins Wohnung sitzen, als im Oktober 1962 die SPIEGEL-Strauß-Krise über die Zeitschrift hereinbricht. Obwohl Becker ahnt, daß es seinen Job als Verlagsgeschäftsführer dereinst erschweren wird, nimmt er auch die Mitarbeiterbeteiligung am Unternehmen hin. Augstein lohnt seine Nibelungentreue damit, daß er ihm 4 Prozent Kapitalbeteiligung an der Rudolf Augstein GmbH zubilligt – als einzigem seiner alten Kameraden. Sie bringt Becker, der politisch im Laufe der Jahre merklich zur Mitte rückt, einige Millionen Mark Gewinn.

Halten sich in Beckers Fall Augsteins persönliche und geschäftliche Sympathien etwa die Waage, so ist die Freundschaft mit dem Hamburger Ehepaar Henri und Antonia Regnier rein persönlich-privater Natur, und die beiden rangieren dabei so hoch, daß andere Wegbegleiter etwas neidvoll konstatieren, die Regniers hätten Rudolf Augstein »quasi adoptiert«. Rund 35 Jahre hindurch, bis zu Henri Regniers Tod 1988, sind die beiden fröhlichen Intellektuellen in der Tat privat seine besten Kumpels, und danach bleibt die Witwe weiterhin Augsteins Vertraute.

Augstein (oben mit Freund Charles Regnier, unten im Feriendomizil in St. Tropez): »Sei herzlich gegrüßt von Luis Trenker, ganz besonders aber von Deinen Dich liebenden Regniers.«

Die Regniers und Augstein fahren gemeinsam in den Urlaub, verbringen Sommerferien in seinem Haus in St.-Tropez, laufen, mit Helikopter hochgebracht, alpinen Ski, besuchen Kino und Oper, feiern Weihnachten zusammen und befriedigen ihre Lesewut mit dem Austausch von Büchern und Meinungen darüber. »Toni« und »Heinrich« reden mit dem SPIEGEL-Herausgeber in jener spöttisch-zynisch-schnoddrigen Tonart, die er mehr schätzt als bierernstes Geschwafel. Von der sogenannten feinen Hamburger Gesellschaft halten alle drei nicht sonderlich viel. Henri Regnier, der Bruder des Schauspielers Charles Regnier und ihm wie aus dem Gesicht geschnitten, ist einer, der auch schon mal mit Gummistiefeln, einen Rucksack über den Rücken ins teure Beverly-Hills-Hotel marschiert.

Anfangs leitet Regnier die Unterhaltungsabteilung des NWDR, später wird er Hauptabteilungsleiter fürs Leichte auch im NDR-Fernsehen und bringt neben dem Fernsehkabarett »Die Rückblende« Heiteres wie »Allein gegen Alle«, »Kennen Sie Kino« und den »Tegtmeier« des beliebten Jürgen von Manger, den er seinen »Stegreifschwätzer« nennt, auf den Bildschirm. Seine Frau Antonia, geborene Hilke, hat eine ganze Reihe TV-Filme aus Paris, beispielsweise über Mode, gemacht und gilt überdies als erfolgreiche Graphikerin, mit eigenen Ausstellungen. Das liberale Ehepaar besitzt für Augstein noch einen Vorzug: Es will nichts von ihm. Im Gegenteil helfen ihm beide, sein Ferienhaus in St.-Tropez (Antonia: »Kein Schickimicki-Schuppen!«) behaglich einzurichten, und bieten ihm ihr Hamburger Zuhause als gelegentliches Refugium. In Politik und Kunst haben sie ähnlichen Geschmack; die Regniers sind auch dabei, als Opernbesucher Augstein einmal bei einer der modischen Klassikerinszenierungen der Nackten auf der Bühne zuruft: »Zieh dir was an, Mädchen!«

Ihre zumeist ironisch verbrämte Freundschaftsbeziehung erweist sich besonders während Augsteins Knastabenteuer als stabil; das beweist nicht nur Henri Regniers Jux-Schrieb mit der Feile in Antonias Weihnachtskuchen. In mehreren Briefen mit dem Absender »Les Regniers – Internationale Kaskadeure u. Stimmungskanonen, bekannt von Bühne, Funk, Film und

Fernsehen« machen sie ihm blödelnd Mut, wenn sie zum Beispiel mitteilen:

»Wir haben uns zu Deinem Brief sehr herzlich gefreut, besonders, weil man ja so selten Post aus einem Gefängnis kriegt.«

»Du kannst lachen: der einzige richtige Aufenthaltsort zu Weihnachten ist Deiner.«

»Ich habe veranlaßt, daß es weiterhin kalt bleibt. Insofern kannst Du den Leuten sagen, sie sollen sich mit Deiner Entlassung noch Zeit lassen. Aber ich weiß natürlich nicht, was Du außer Schlittschuhlaufen sonst noch vorhast.«

»Nun kann es aber nicht mehr lange dauern mit Deinem Erholungsurlaub.«

Auch von einem Teehaus samt Bootssteg, das man am Lütjensee bei Hamburg errichten will, ist in den Briefen albernd die Rede. Man habe deswegen schon mit Le Corbusier und Mies van der Rohe gesprochen, wohingegen Professor Eiermann wohl nicht in Frage komme. Dazwischen jedoch heißt es dann wieder ernsthaft besorgt, beide hätten »in List sehr doll an Dich gedacht«, oder: »Sei herzlich gegrüßt von Luis Trenker, ganz besonders aber von Deinen Dich liebenden Regniers.«

Nach seiner Rückkehr tragen sie durch Hausmannskost und Essen im »Mühlenkamper Fährhaus« mit dazu bei, ihrem Rudolf die im Gefängnis – zum großen Neid der Untersuchungsrichter und Staatsanwälte – abgespeckten vierzehn Pfund Gewicht wieder anzufuttern. Sie päppeln ihn auch auf, wenn er sich gesundheitlich down fühlt, etwa zu der Vierzig-Jahr-Feier des SPIEGEL 1987 in der Hamburger Fischauktionshalle, wo sie neben der Familie Jahr am Tisch sitzen. Beide akzeptieren, aber reden nicht über Augsteins »Genialität«, sind sich darin einig, daß sie da einen Ausnahmemenschen um sich haben, »so wie es manchmal ein musikalisches Genie aus einer nichtmusikalischen Familie gibt«. Sie bewundern seine Belesenheit, sein Wissen besonders in Geschichte. Antonia Hilke-Regnier: »Sein Gedächtnis ist ein enormer Speicher. Wo andere sich in einem dicken Wälzer Eselsohren machen müssen, hat er die Namen und Daten sofort parat.«

Das erfahren einmal beispielsweise auch die Redakteure der *Welt am Sonntag*. Als sie im Juni 1995 ein Bild vom »Kaiser Franz I. von Österreich« drucken, klärt Augstein sie leserbrieflich auf, das Bild stelle den deutschen Kaiser Franz I. Stephan, vormals Herzog von Lothringen, dar.

Erstaunen – genau wie unter seinen Redakteuren – aber ebenso über Augsteins »Pferdenatur«, die zahlreiche Belastungen wegzustecken scheint, ein Stehaufmännchen. Henri Regnier dagegen kränkelt zuletzt, und beim gemeinsamen Winterurlaub 1988 in Celerina beschleicht Augstein die düstere Ahnung, »daß Heinrichs Maschine es wohl nicht mehr machen, daß die Berge wohl nicht mehr wiedersehen würde«. Aber als er dann im November von Toni hört, der Freund liege mit einem Schlaganfall darnieder, fühlt er sich, als habe ihm einer »mit dem Hammer eins über der Schädel« gehauen.

In einer Trauerrede für den mit siebzig Jahren Verstorbenen lobt der SPIEGEL-Herausgeber Henri Regniers »Verdienste um die deutsche Kultur, ja um unsere, die deutsche Kultur« und hebt vor der Trauerversammlung seine besondere Beziehung zu den beiden heraus. Augstein: »Man wird oft gefragt, ob man Freunde hat und wer der beste Freund sei. Zumindest auf die letzte Frage konnte ich bisher ohne Besinnen antworten. Das ist nun vorbei.« Und ein zweites Mal: »Dieser hier war mein bester Freund, und seine Frau ist meine beste Freundin.«

Wenn Augstein sich auf Reisen befindet, Urlaub macht oder zur Kur geht, läuft die gut geölte SPIEGEL-Maschinerie leiseeffizient weiter – eben der Rolls-Royce unter den Wochenpublikationen. Dieses nicht zuletzt deshalb, weil neben den sich ablösenden Ko-Chefredakteuren Claus Jacobi, Günter Gaus und Erich Böhme während 26 langen Jahren Johannes K. Engel (K. steht für »Karl«) im Cockpit sitzt. Mit seiner ruhigen bestimmten Führungsart regelt er die redaktionellen Abläufe und beweist überdies bei Themenwahl, Titelbildentscheidungen und Layout das beste Gespür von allen. Von ihm sagt Augstein: »Wenn es in Deutschland einen Chefredakteur überhaupt gibt, der den Idealtypus des Nachrichtenmagazins in sich verkörpert, dann ist es Johannes K. Das ist nicht etwa Bekker und ich, und das ist auch nicht Böhme und Gaus, Funk wird es vielleicht werden. Jacobi ist es auch nicht. Engel ist es!«

Der Polizeimeistersohn aus Berlin, Jahrgang 1927, war noch 1944 rechtzeitig zur deutschen Ardennen-Offensive Infanteriesoldat geworden (Befehl: »Engel, nehmen Sie mal die Panzerfaust, und gehen Sie sichern!«), war bei seiner Gefangennahme durch die Amerikaner im März 1945 Gefreiter und danach als Lagerdolmetscher einer Gefangenenkompanie tätig, die auf dem Rhein-Main-Flughafen die erste Zementrollbahn baut. Nach seiner Entlassung im März 1946 verdingt er sich als Reporter bei der US-Nachrichtenagentur »International News Service«. Wie Hans Detlev Becker, so überrascht und reizt auch ihn das neue Wochenblatt aus Hannover, als er es zum erstenmal in die Hände bekommt. Engel: »Aufgemacht war es wie *Time* und *Newsweek*, die ich natürlich kannte, aber geschrieben war es frisch und frech. Daß so etwas auf deutsch erscheinen konnte, erschien mir wie ein Wunder.«

Er bewirbt sich bei Augstein, ergattert den Korrespondentenposten in Frankfurt und wird 1950 in die Zentrale nach Hannover geholt. Auf Drängen Augsteins übernimmt er das neu zu schaffende Ressort »Wissenschaft und Technik«. Engels Artikel sind insofern idealtypisch, als er schwierige wissenschaftliche Sachverhalte so darzustellen versteht, daß ein interessierter Laie sie begreift. So zum Beispiel mit seiner Titelgeschichte über Albert Einstein, die zum Tode des Begründers der Relativitätstheorie erscheint.

1961 rückt er, mit Claus Jacobi, in die Chefredaktion auf und führt später als »unser Mann fürs Auswärtige« (Augstein) viele der SPIEGEL-Gespräche, die dem Blatt mit wachsendem internationalen Renommee in den siebziger, achtziger Jahren möglich sind: zum Beispiel mit US-Präsident Ford, Englands Premiers Heath und Thatcher, Saudi-Arabiens König Fahd und Libyens Revolutionsführer Gaddafi, Ägyptens Staatschef Sadat und dem Schah von Persien. Er begleitet Augstein nach Einsetzen des politischen Tauwetters zu Polens Kommunistenführer Edward Gierek nach Warschau, nach Peking zu Chinas KP-Chef Hua Guofeng, zum ersten SPIEGEL-Gespräch mit einem Kremlchef, mit Leonid Breschnew, dessen mit Parteichinesisch gespickten Text Augstein anschließend im Hotelzimmer des »National« respektlos redigiert und in lesbares Deutsch bringt; zum Kummer des anwesenden einstigen Bonn-Botschafters Valentin Falin, der eigentlich die Unversehrtheit des Breschnew-Textes überwachen soll.

Eineinhalb Jahre später sitzt die SPIEGEL-Mannschaft mit ihrem Chef wieder in demselben Hotelzimmer, um mit Kremlsprecher Samjatin ein vereinbartes SPIEGEL-Gespräch mit dem Nachfolger Breschnews, Jurij Andropow, vorzubereiten. Diesmal wollen die Russen nur Augstein und Engel vorlassen, nicht aber, entgegen der Zusage, auch den Auslandschef Dieter Wild und Fritjof Meyer. Da weigert sich Engel: »Dann komme ich auch nicht!« Woraufhin Samjatin seine Akten auf den Tisch schmeißt und blafft: »Sie wollen mir im Ernst sagen, daß Sie den Generalsekretär der KPdSU nicht zu sprechen wünschen?« Engel: »Nein, will ich nicht!« So kommt es zum Gespräch Andropow–Augstein, und Engel bleibt wohl der einzige Journalist, der es abgelehnt hat, an einem Interview mit einem Kremlchef teilzunehmen.

Bevor Engel den Posten des Chefredakteurs antreten kann, muß Augstein erst einmal eine Probe seiner Menschenführungskunst ablegen, denn zwei aus der Führungsriege sollen Hans Detlev Becker – den künftigen Verlagsmanager – ersetzen, aber fünf Kandidaten stehen bereit. Georg Wolff rechnet sich nach vorausgegangenen Gesprächen eine gute Chance aus. Aber es kommt anders.

Nachdem Augstein den in seinem Zimmer Versammelten vorsichtig erläutert hat, daß und warum Engel und Jacobi die Auserwählten sein sollen, protestiert als erster »Kultur-Chef« Walter Busse, er habe wenig Lust, Artikel seines Ressorts Leuten vorzulegen, die von seinem Sachgebiet nichts verstünden. Auch Brawand knötert herum. Es geht hin und her, aber mit der fast feierlich vorgetragenen Erklärung »Jeder der hier Anwesenden ist grundsätzlich durchaus als Chefredakteur geeignet« besänftigt der Herausgeber halbwegs die Gemüter. Wolff hat ohnehin nicht viel gesagt.

Was nur er und Augstein wissen: Schon zuvor bat Augstein mittags Wolff, mit ihm »eine Suppe essen« zu gehen. Bei Tisch begründet der Herausgeber dann bedauernd seine Ablehnung Wolffs damit, man müsse vermutlich sonst in der Öffentlichkeit wegen seiner »SD«-Tätigkeit während des Krieges im besetzten Norwegen mit bösen Kommentaren rechnen. Das Ganze versüßt er mit dem Lob, Wolff sei als »der gedankenreichste Schreiber im SPIEGEL« unersetzlich. Und obwohl alle drei Abgewiesenen verlockende Abwerbungsangebote anderer Verlage in Aussicht haben, halten sie Augstein die Treue. Später wechselt nur Claus Jacobi, ein glänzender Schreiber (»In Bonn, hinter den sieben Bergen ...«), wegen seiner etwas konservativeren politischen Ansichten intern als »Tory« angesehen, zum Springer-Konzern. Sein Ko-Chefredakteur Engel dagegen hält gut zweieinhalb Jahrzehnte die Stellung.

Obwohl er ebenso wie andere Spitzenleute der Redaktion auf Trennung von Privatem und Geschäftlichem achtet, rückt er dem Herausgeber im Laufe der vielen Jahre ganz nahe. 1985 zeigt sich, daß er sich für das Blatt bis an die Schmerzgrenze eingesetzt hat: Er muß sich in London als erster SPIEGEL-Mann einer Bypass-Operation unterziehen. Als er, nach Erreichen der Pensionsgrenze, am Tage des vierzigjährigen Jubiläums in Hamburgs Fischauktionshalle verabschiedet wird, bestätigt ihm Augstein auf dem Podium gerührt: »Daß wir allein nichts sind ohne den anderen, das ist klar. Ich allein wäre gar nichts, und er allein wäre auch nichts, in unserem Zusammenhang. Aber es war immer eine gute Freundschaft. Nur im Gegensatz zu anderen guten Freundschaften hat sich diese langsam und kontinuierlich entwickelt, gegenüber anderen Freundschaften, die sich langsam und kontinuierlich auseinanderentwickelten.«

Zu der auseinanderentwickelten Art scheint in Augsteins Privatzirkel das Verhältnis zu dem Presseanwalt Heinrich Senfft zu gehören, der in glücklichen Tagen mit ihm auf einem Hausball den Juxtanz vollführte. Es hat sich ausgetanzt, seit

Senfft öffentlich bekundet, daß sich heute angeblich »nur noch ein paar alte Esel der Redaktionsmaxime des SPIEGEL der späten sechziger und Anfang siebziger Jahre erinnern: ›Im Zweifelsfalle links‹«. Er, der früher auch schon mal mit dem SPIEGEL-Herausgeber bei den Regniers Weihnachten gefeiert hat, sieht das Blatt politisch nach rechts gerückt und nur noch Günter Gaus auf dem richtigen Weg weitermarschieren. Trotzdem schreibt Senfft in seinem Glückwunsch zu Augsteins Siebzigstem hoffnungsvoll: »Ich rechnete Dich gern wieder zu meinen Freunden – mehr werden es sowieso nicht, wenn man älter wird.«

Auch Augstein-Gesprächspartner Günter Grass, dessen Verhältnis zu dem »Freund aus angejahrten Vorzeiten« nach eigener Einschätzung wegen der Wiedervereinigung »irritiert, wenn nicht gar gebrochen« ist, steht wohl auf der Verlustliste. Das einschlägige Fernsehduell mit dem Herausgeber als Sieger hat der Dichter offensichtlich nicht verkraftet. Auf derselben Liste steht wohl auch der unbeirrbare Erich Kuby, den Augstein einst eineinhalb Jahre unter Vertrag gehalten hat.

»Ersatz« gäbe es bei Ausfällen in Augsteins privater Entourage reichlich; einige Leute aus der Kunstszene machen aus ihrer Adorierung keinen Hehl. Aus seiner Filmzeit, als er mit Millionenbeträgen den Neuen Deutschen Film finanziert, halten ihm manche ebenso die Treue wie Jürgen Flimm, Intendant des Hamburger Thalia-Theaters. Der erinnert sich voller Rührung daran, wie der SPIEGEL-Herausgeber ihm einmal nach einer ausgebuhten Vorstellung von »Hoffmanns Erzählungen« im Hamburger Restaurant Paolino umarmend gratulierte und verkündete, er habe die »Erzählungen« wohl schon dreizehnmal gesehen, aber noch nie so schön. Anschließend singen der Metropolitan-Tenor Neil Shicoff und Augstein um die Wette. Ebenso dankbar hat der Theatermann im Gedächtnis, daß, als er einmal einen großkotzigen Sponsor aus der Rüstungsindustrie abwimmelte, Augstein ihn kurzerhand anrief und sagte: »Das Geld kriegst du von mir!«

Originellster Freund aus der Welt der Kunst jedoch dürfte der Hamburger Maler Horst Janssen sein, der einmal zu einem

Beisammensein mit dem damaligen Bundespräsidenten Walter Scheel im SPIEGEL-Hochhaus in hohen weißen Gummistiefeln erscheint und dem Chefredakteur Johannes K. Engel beiläufig-provozierend ein Glas Sekt ins Gesicht schüttet, worauf dieser, reaktionsschnell, ihm mit seinem Sekt sofort Bescheid tut. Janssen bringt es bei einer anderen geselligen Zusammenkunft auch fertig, Augstein plötzlich auf die Schulter zu nehmen und so herumzutanzen – ein Pas de deux für zwei Genies.

Von den Freunden aus der Politik steht Augstein nach wie vor Hans-Dietrich Genscher am nächsten, was sich aus Augsteins Nachruf auf einen anderen Freund, Karl Schiller, ergibt. Im SPIEGEL schreibt er da in einem Postskriptum: »Der Journalist kann mit Spitzenpolitikern auf Dauer nicht Freund sein. Und doch hatte ich deren zwei. Jetzt habe ich nur noch einen.« Gemeint ist zweifelsfrei Genscher, der Hallesche Komet der F.D.P., dessen Leuchtkraft als Bundesaußenminister seine Partei noch heute erwärmt.

Die Aussage gilt für die deutsche Politik. Mit Henry Kissinger jedenfalls, dem einstigen US-Außenminister und deutschgebürtigen Fürther, verbindet ihn gleichfalls, seit 1959, gegenseitige Herzlichkeit, obwohl Kissinger den gezügelten Antiamerikanismus des Herausgebers und seiner Zeitschrift mehr als einmal zu spüren bekommt. In einem Geburtstagsbeitrag amüsiert er sich: »Rudolf Augstein ist mir seit vielen Jahren ein hochgeschätzter Freund. Das wird zweifellos die meisten unserer Freunde wundern, seine wie meine.«

Alt geworden, besinnt sich Rudolf Augstein – neben der engen Zusammenarbeit mit seinem »Ziehsohn« Stefan Aust – vermehrt auf wenige Mitarbeiter, allen voran Engel, der ihn nach wie vor berät. Unaufgefordert rät ebenso Leo Brawand ihm gelegentlich – beispielsweise gegen den Brüsseler »Ecu« anzuargumentieren (siehe Dokumentation S. 288).

Beider Verhältnis zueinander kann als kritisch-solide Freundschaft bezeichnet werden, denn beide sind Liberale, aber ihre Ansichten differieren über manches: Dieser befaßt sich sein Leben lang mit der Wirtschaft, jenen interessiert sie, wie einst Adenauer, vorwiegend insofern, als sie von politischem Belang ist; dieser zählt sich seit seiner Korrespondentenzeit in Bonn zur »Erhard-Brigade« der Sozialen Marktwirtschaft, jener schätzt den Kanzler Erhard weniger; dieser hält auch einiges von Bundeskanzler Helmut Schmidt, jener steht ihm kritischer gegenüber (siehe Dokumentation S. 217); dieser tritt öffentlich für den Nato-Doppelbeschluß ein, jener schreibt dagegen an. Unterschiedliche Herkunft und erlebte Jugendzeit kommen hinzu. Hier der Arbeitersohn mit Abendkursen und Langemarck-Studium als zweitem Bildungsweg, dort der Bürgersohn mit gediegener gymnasialer Bildung; hier der unbedarfte Jungvolk-Oberjungzugführer, dort der politisch früh aufgeklärte HJ-Puppenspieler. Brawand neidet seinem genialen Chef nichts – außer der humanistischen Bildung. Als dieser eine seiner ersten Redaktionskonferenzen mit einem »Sic!« beendet, blättert Brawand anschließend im Duden, um herauszufinden, was das Wort bedeutet.

Augstein ist im Grunde mehr ein Einzelkämpfer als ein Gruppenmensch, aber er schätzt selbstbewußte Freunde als Mitarbeiter, die seine manchmal makabren Gedankenflüge bremsen. Überdies hört keiner im SPIEGEL so aufmerksam zu wie er; und er kehrt um, wenn ihn jemand gut begründet – und am besten in seiner eigenen Art Sarkasmus – korrigiert. Dafür gibt die private Niederschrift eines seiner Redakteure über eine Stehkonferenz zu Zeiten des kalten Krieges Zeugnis, auf der es um die aggressive Cowboypolitik der Weltmacht USA geht. Sie liest sich so:

»Augstein entwickelt beredt, wie Chruschtschows Politik den Westen langsam auf die Knie zwingen werde. ›Wir werden noch soo klein werden (er zeigt mit Daumen und Zeigefinger, wie klein), soo klein ohne Hut!‹ – ›Wie wir uns da aber freuen‹, wirft Johannes Engel sarkastisch ein. Der Zwischenruf trifft. Augstein fängt seine wie auf ein faszinierendes Objekt gerichteten Augen ein und dämpft die Stimme zu kühler Sachlichkeit: ›Natürlich nicht, natürlich kann man sich nicht darüber freuen, aber es geschähe uns doch recht.‹«

12
Das ewig Weibliche

».. . dann will ich ewig als Dein Sklave büßen« – Das Gold *und* die Mädchen – Der Cherub im roten Cabrio – Schwacher Tänzer, starker Entertainer – Kaffee mit der Knef – »Ein süßholzraspelnder Jüngling war er nie« – Die päpstliche Sexuallehre – Trotz vier Scheidungen ein Familienmensch

Sein Anblick läßt nicht automatisch Frauenherzen höher schlagen. Trotzdem eilt Rudolf Augstein der Ruf napoleonischer Liebesfähigkeit voraus (und hinterher). So bekannte der Verleger Gerd Bucerius einmal schriftlich: »Natürlich neide ich ihm seine Erfolge bei Frauen.«

Auch als ihm Geld und Ruhm noch nicht halfen, bei Damen die Cour zu schneiden, riß manche Weiblichkeit sich um ihn, und alles Männliche in seiner Umgebung fragte sich: Wie macht der Kerl das bloß? Vielleicht gibt eines seiner Sütterlingedichte Aufklärung, das der damals Sechzehnjährige im Ratsgymnasium zu Hannover verfaßt hat. Früh übt sich.

Er widmet es jenem unbekannten Mädchen der Wilhelm-Raabe-Schule, das im kriegsbedingten Schichtwechsel entweder morgens oder nachmittags auf seiner Schulbank sitzt und paukt. Schon Jung-Rudi weiß, was Frauen wünschen; er schreibt auf einen Zettel, den er unterm Tintenfaß versteckt:

»Du, die Du hier auf diesem Platze sitzest,
auf diese schäb'ge Platte Deine Schenkel stützest
zum Ausruh'n – wenn Du hohen Geist verspritzest

und Deine safran-fahle Venusstirn erhitzest,
die Du vor steter Lernbegierde schwitzest.
Oh – laß mich Deinen hehren Namen wissen,
vor dem selbst Könige erblassen müssen,
vor dem die Blumen aus der Erde sprießen,
wenn ihn die Winde lispeln dienstbeflissen.
Denn selig wär' ich, wonnig hingerissen,
bedachtest Du mich nur mit Deinen Grüßen –
dann würd' ich knechtisch auch die Erde küssen,
die Du berührtest hier mit Deinen Füßen.
Drum sag den Namen mir – den süßen
– dann will ich ewig als Dein Sklave büßen!«

Kein Zweifel: Es ist in erster Linie sein verbaler Charme, mit
dem er die Herzen der stolzesten Frau'n bricht. Hinzu kommt
in seinen jüngeren Jahren eine reizvoll-filigrane Jünglingshaf-
tigkeit, die an griechische Statuen erinnert. Schlank, schma-
les Gesicht, zarte Hände, glatte Haut. Georg Wolff meint gar,
der junge Augstein habe »so was Engelhaftes, etwas von einem
Cherub« gehabt. John Chaloner, über dasselbe Phänomen grü-
belnd, vergleicht Augstein mit der Märchenfigur »Peter Pan«
und betont: »Das weiß man ja: Alle Frauen lieben Peter
Pan!«

Michael Thomas, einstiger britischer Presseoffizier in Nord-
deutschland, ergänzt das Bild: »Der Reiz seiner Persönlich-
keit und die Faszination sind nicht nur eine Sache, die auf
Männer, sondern auf Menschen überhaupt wirkte. Selbstverständlich waren auch Frauen von diesem ebenso messerscharfen wie reflektierenden Geist beeindruckt, und da hinzu noch
eine erotische Ausstrahlung kommt, ist das nicht verwunder-
lich. Außerdem ist da ja auch merkwürdigerweise eine körper-
liche Verfassung, die Frauen anzieht, ihren mütterlichen
Instinkt weckt – dieser kleine, bleiche, mit etwas Silberblick
und Träumerischem ausgestattete Körper, das ist etwas für
Frauen, auch ohne die finanzielle Seite.«

Der Emigrant Michael Thomas hieß ursprünglich Ulrich
Hollaender und lebte in Berlin; sein Vater war ein exzellenter

Augstein, Sekretärinnen: »Alle Frauen lieben Peter Pan.«

Schriftsteller und Direktor der Reinhardt-Bühnen. Sohn Ulrich hatte in dem linksintellektuellen Vaterhaus noch Besucher wie Elisabeth Bergner, Emil Jannings, Max Pallenberg und Gerhart Hauptmann erlebt. Augstein hört begierig zu, wenn er von den goldenen zwanziger Jahren in Berlin erzählt.

Das Auf und Ab seines Liebeslebens beschäftigt und verängstigt nicht selten seine Umgebung. Heinrich Senfft, Anwalt und kritischer Freund, steht, wie er selbst mitteilt, »Jahr um Jahr« an Augsteins »Damenkarussell« und leistet notfalls Erste Hilfe: »Wir fingen dich auf, wenn du bei schneller Fahrt abgeworfen wurdest oder bei gemächlichem Tempo abstiegst, um gleich wieder hinaufzuklettern.«

Früh macht er sich bei den jungen Damen mit Bemerkungen wie dieser beliebt: »Es sind ja doch letztlich die Frauen, die aus uns machen, was wir sind.« Und dann seine Gedichte; zu allem und jedem hat er eins parat und rezitiert es mit Ernst und weit ausgebreiteten Armen. Was er nicht aufsagt, das singt er mit angenehmem Timbre: »Begin the Beguine« auf den hannoverschen Festen, »Mit'm kleen bißchen Glück« zu Silvester im Hamburger Hotel Vier Jahreszeiten und Verdis Opern bei diversen Gelegenheiten.

Denn was keiner seiner Leser weiß: Augstein ist der geborene Entertainer – nicht erst seit seinen Puppenspielerzeiten. Jugendfreundin Irmgard Born, die darauf besteht, sie gehöre »nicht in das Kapitel ›Augstein und die Frauen‹«, erinnert sich, er habe stets mit »schnoddrig-markanten Bemerkungen« im Kreise mehrerer die Aufmerksamkeit auf sich gelenkt – so wie ein Conférencier sein Programm einleitet – und dann gesprüht vor Einfällen. Mancher seiner Auftritte vor Freunden und Kollegen ist bühnenreif. Augstein wirkt durch Bildung, Witz und Unterhaltung; Irmgard Born: »Ein süßholzraspelnder Jüngling war er nie.«

Auch die meisten Redakteursgattinnen beeindruckt der belesene »Cherub« mit seinem Wissen. Eine von ihnen bekennt, er sei faszinierend informiert gewesen; sie habe als junge Frau in seiner Gegenwart meist den Mund gehalten – aus Angst, etwas Falsches zu sagen und dadurch ihren Mann zu blamieren. »Denn«, so erinnert sie sich, »Augstein konnte jede und jeden mit einem einzigen zynischen Satz dem allgemeinen Gelächter preisgeben«; so wie in jenem Fall, als einer in der Runde statt »Rapallo« versehentlich »Rapollo« sagte. Fährt er zu zweit mit einem schönen Mädchen oder einer jungen Frau zum Kaffeetrinken zu den im Süden Hannovers liegenden »Benther-Berg-Terrassen«, dann birst er vor Lebensfreude, erkundigt sich eindringlich nach ihren Interessen, ihrer Situation, und das flotte rote Ford-Cabrio, bei dem schon damals das Verdeck automatisch aus- und eingefahren werden kann, erweist sich auch nicht gerade als hinderlich für einen erfolgreichen Auftritt.

Als fleißiger Opernbesucher verfügt er über ein reichhaltiges Repertoire, mit Schwergewicht auf Wagner. (Intendant Rolf Liebermann gratuliert ihm beim Thema »Frauen«: »Alberich sind Sie nicht, denn Sie haben das Gold *und* die Mädchen.«) Seine große Zugnummer stammt aus Rossinis »Barbier von Sevilla«. Es ist das Duett des Grafen Almaviva und des Mädchens Rosine, die er beide, einmal als lyrischer Tenor, das andere Mal als Koloratursopranistin, in seiner Person vereint.

Graf: »Warum gabst du bis heute nie meinem Flehn Gehör?«
(Der Graf verläßt den Raum, die Tür hinter sich schließend. Tür öffnet sich wieder.
Auftritt Rosine: »Herr Graf, Sie zu erhören, wäre auch heut noch Zeit.«
Rosine verläßt den Raum, die Tür hinter sich schließend. Tür öffnet sich wieder.
Auftritt Graf Almaviva: »Kommst du zu mir in'n Garten ...«
Graf geht, Tür zu; Tür auf, Rosine kommt: »... um die bestimmte Zeit.«

Beifall der Zuschauer; Augstein bedankt sich mit einer Verbeugung als Graf und mit einem Knicks als Rosine.
Auch real führt er das Stück gelegentlich auf, so bei der sil-

bernen Hochzeit des langjährigen SPIEGEL-Reporters Hermann Schreiber. Da fragt er mit lauter Stimme über das Partygetöse hinweg Ruth Brawand:»Heh, Ruth, nun kennen wir uns schon seit den Tagen von Hannover und haben noch nie eine Liebesnacht zusammen gehabt.«Aber die Ruth antwortet anders als Rosine:»Ach, Rudolf, nun hast du so lange darauf gewartet, nun warte man noch ein bißchen länger.«

Zuweilen triumphiert sein Showtalent selbst über feierliche Anlässe, so bei der Verleihung der Ehrensenatorwürde durch die Universität Hamburg. Als ihm Uni-Präsident Dr. Dr. Fischer-Appelt neben der Urkunde auch einen Ehrentaler überreicht, schiebt Augstein diesen zwischen die Zähne und prüft nach Art von Geldwechslern im Mittelalter durch Draufbeißen, ob das Gold echt ist.

Er ist kein Partylöwe, aber wo er erscheint, wird er meist Hahn im Korb; dies, obwohl er als Tänzer nicht gerade glänzt. »Rudolf Augstein hüpft wie ein Osterhase«, notiert sich die Hamburger Fotoreporterin Inge Schoenthal, später verheiratete Feltrinelli, einmal nach einem Presseball. Und weiter: »Aber Liselotte Pulver schien das überhaupt nicht zu stören. Und wir hätten uns nicht gewundert, wenn er eines Tages mit Marilyn Monroe am Arm aufgetaucht wäre.« Ihr Gesamturteil über den Herausgeber des SPIEGEL:»Ein toller Tombeur de femmes!«

Manchmal allerdings fällt er auf seinen eigenen Ruf herein; so einmal in New York, als *stern*-Chef Henry Nannen ihm auf einer Party von Hildegard Knef vertraulich einredet, die Knef sei ganz verrückt nach ihm, traue sich aber nicht so recht. Augstein wartet deshalb hoffnungsvoll, bis der letzte Gast gegangen ist, und anschließend hat die Knef Mühe, den lancierten Irrtum bei einer Tasse Kaffee aufzuklären.

Mehreren Schauspielerinnen wird nachgesagt – oder sie selbst sorgen dafür –, daß Rudolf Augstein sie umworben habe. Von dem Filmpreisträger Will Tremper liegt allerdings nur das Zeugnis über eine angebliche Augstein-Liaison mit der Filmgarderobiere und Kostümberaterin Ursula Schulz aus Berlin, nachmaliger Ulla Contessa Pompeo di Lasa, vor. Tremper: »Ich zog zu ihr in eine möblierte Wohnung in der Kufsteiner Straße, bis mir auffiel, daß ich jeden Morgen, den Gott werden ließ, um zehn Minuten vor acht durch einen Telefonanruf geweckt wurde und, bevor ich zum Hörer greifen konnte, Ulla sich über mich warf, um vor mir abzunehmen; danach begann ein leises Getuschel unter dem Kissen. Zu spät fand ich heraus, daß es Rudolf Augstein war.«

Bis auf Lore Ostermann entsagt der SPIEGEL-Chef aller Weiblichkeit in der eigenen Redaktion, wie er überhaupt nach der wilden Gründungszeit Wert auf Akkuratesse legt. (»Leo, du kannst doch zu einer schwarzen Hose keine braunen Schuhe tragen!«) So reagiert er höchst befremdet, als mehrere seiner Redakteure mit einem Mädchen aus dem Archiv angebandelt haben. Er kommandiert sie alle fünf, unter ihnen die Redakteure Becker, Brawand und Plathner, in sein Chefzimmer. Kaum sitzen sie, als weisungsgemäß die junge Dame hereintritt und hochroten Kopfes Platz nimmt. Augstein verdonnert alle sechs: »Sucht euch Freund oder Freundin meinetwegen überall sonst, aber nicht hier in der Redaktion!«

Lore ist eine fröhliche Brünette aus guter hannoverscher Familie, die, so richtet sie der Redaktionskonferenz aus, das neue Blatt ganz gut, die Wirtschaftsartikel jedoch sehr dürftig findet. Sie arbeitet tüchtig in Augsteins Deutschland-Ressort mit, schreibt ihm bewundernd zu und steht mit ihm gemeinsam nachts am Umbruchtisch (damals wird noch in Blei umbrochen). Beide heiraten 1948 im Standesamt nahe der »Eilenriede«.

Lore Augstein paukt mit ihrem jungen Ehemann regelrecht Bildung, vor allem jene Literatur, die im Dritten Reich auf dem Goebbelsschen Scheiterhaufen verbrannt worden war. Beide studieren ebenso eifrig in jenem Handbuch der Betriebswirtschaft, das der vorerst nebenbei weiter an der Handelsschule Buhmann in Hannover unterrichtende Leo Brawand Augstein auf seinen Wunsch hin geliehen hat. Nachdem er als Herausgeber und GmbH-Gesellschafter zum sogenannten Vollkaufmann avanciert ist, will Augstein wissen, wie ein Wechsel aussieht oder wie eine Gesellschaft mit beschränkter Haftung funktioniert. Den Umzug nach Hamburg allerdings macht die junge Gattin schon nicht mehr mit. Die Ehe zerbricht, und Lore zieht nach München, wo sie später einen Schauspieler heiratet. Beide sind kurz nacheinander gestorben.

Michael Thomas berichtet:»Ich lernte Augsteins erste Frau kennen, aber damals war schon Katharina Luthardt im Kommen – Katrin, eine sinnliche und begabte Journalistin, die Rudolf um Haupteslänge überragte. Rudolf fragte mich: ›Was macht man, Michael, wenn man gerade geheiratet hat und dann die Frau seines Lebens trifft?‹«

Die Starreporterin Luthardt von der Westberliner Zeitung *Telegraph* wird Augsteins zweite Frau. Sie arbeitet für den SPIEGEL und hält auch nach der späteren Scheidung – die Ehe bleibt ohne Kinder – die Verbindung zu Augstein und Redaktionskollegen aufrecht.

Nach der für Augstein natürlich unmaßgeblichen Meinung einiger Redakteure ist die in sich ruhende, warmherzige Intellektuelle »für Rudolf die Richtige«. Wo es angezeigt ist, widerspricht sie ihm; sie teilt zum Beispiel die Skepsis mancher seiner Freunde, als der SPIEGEL-Herausgeber als F.D.P.-Mann für den Bundestag kandidiert.

Augstein heiratet noch zwei weitere Male; zunächst die Übersetzerin Maria Carlsson, dann später die Filmemacherin Gisela Stelly, hat schließlich zwei Töchter und zwei Söhne. An der Festtafel im Hamburger Hotel Atlantic sinniert er einmal anläßlich eines Brawand-Geburtstages:»Ich habe es ja mit der Heirat viermal versucht, Leo zweimal. Aber zweimal mit derselben Frau, und das verstehe ich. Seine Ruth ist ein guter Kumpel.« Daraufhin gibt es Beifall bei den Gästen, unter ihnen Harry Bohrer aus London, nicht hingegen bei den erwachsenen Brawand-Kindern. Denen hatten die Eltern ihre Scheidung bis dahin schamhaft verschwiegen.

Freund Senfft, der Beobachter an Augsteins »Damenkarussell«, versucht an seinem siebzigsten Geburtstag die Deutung:»Aus Angst vor Verletzungen trenntest du dich von Damen lieber, als daß du dich bandest und etwas von dir hergabst.

Aber bei all den vielen Auf- und Absprüngen, bei den vielen Verwicklungen, Gleichzeitigkeiten, den Szenen und Auftritten – und den reichlichen Zahlungen – hast du dich am Ende selber mehr verletzt, als es andere vermocht hätten, wärest du der Auslieferung fähig gewesen.«

Die Unrast bleibt, und seine Anziehung auf Frauen hält lange an; bei einer geheimen Wahl der Redaktionssekretärinnen wird nicht, wie erwartet, Claus Jacobi zum »schönsten Mann« gekürt, sondern der Herausgeber. Auch sein entsprechender Ruf bleibt vom Altern lange unberührt, so daß beispielsweise SPIEGEL-Korrespondent Kogelfranz – begründet oder nicht – der schönen Gattin nicht von der Seite weicht, als ihn sein oberster Chef einmal in Moskau besucht.

Auf die Frage, was denn an ihm so anziehend sei, antwortet zum Beispiel die Sekretärin Ute, die während seiner Sturm-und-Drang-Zeit für ihn arbeitet (wenn auch nicht als Chefsekretärin):»Körperlich finde ich ihn nicht übermäßig attraktiv, aber intellektuell finde ich ihn faszinierend. Außerdem habe ich in dieser Zeit mehrfach mit seinen Freundinnen zu tun gehabt, und da hat er sich immer wie ein Gentleman benommen. Seitdem habe ich ihn in mein Herz geschlossen.«

Auch wo Erotik nicht ins Spiel kommt, erweist er sich als Kavalier eigener Schule, so nach dem Besuch von Arnold Gehlen und Frau Gisela bei seinem Mitarbeiter Wolff. Dabei fällt ihm auf, daß auf dem Namensschild am Hauseingang nur »Georg Wolff« steht, was er für unzeitgemäßes Machogehabe hält. Als am nächsten Tag das Ehepaar Wolff von einem Spaziergang heimkehrt, prangt da ein neues Schild mit den Namen »Hanna und Georg Wolff« an der Tür. Er hat es durch seinen Fahrer Otto Förster heimlich auswechseln lassen.

Und zu einem Geburtstag macht er Ruth Brawand, die er gelegentlich Lea nennt, per Gedicht ein Kompliment:»Montevideo ist nichts für mein' Leo; drum bleibt er näher bei seiner Lea.«

In allen Ehren, aber besonders eng, lehnt er sich an die Frau seines Freundes Henri Regnier, des langjährigen Leiters der

Abteilung »Unterhaltung« im NDR-Fernsehen, an. Sie, Antonia Hilke-Regnier, ist selbst eine berühmte TV-Journalistin der ersten Stunde, und ihr bescheinigt Augstein einmal in einer Ansprache: »Ich denke, daß ›Toni‹ in unserem – man muß schon sagen – Dreiecksverhältnis die unmerklichste, aber wichtigste Rolle gespielt hat. Das ist der guten Frauen Domäne, das können wir Männer nicht.«

Weiblichen SPIEGEL-Lesern imponiert seit langem, wie Rudolf Augstein zum frauenfeindlichen Paragraphen 218 und zur Geburtenkontrolle steht. Da ist sein Standpunkt wesentlich durch die Erfahrungen der ersten Nachkriegszeit geprägt, als die Freundinnen der jungen Magazinredakteure bei ungewollter Schwangerschaft – Antibabypillen gibt es um diese Zeit noch nicht – ihre Zuflucht oft zu sogenannten weisen Frauen oder zwielichtigen Ärzten nehmen müssen. Das Elend hat er nicht vergessen.

So erhebt er in der Abtreibungsdebatte seine Stimme immer wieder zugunsten einer letzten Entscheidung einzig und allein durch die Frauen; für eine Regelung, durch die, wie er sagt, Frauen nicht gedemütigt und Reiche nicht bevorzugt werden. Seine Hauptgegner in dieser Frage sind wieder einmal die CDU/CSU und die katholische Kirche, aber der Leserbriefschreiber Volker Farrenkopf von der »Katholischen Kirche im Privatfunk« irrt, wenn er rügt: »Immer wenn es um das Thema Papst und Kirche geht, scheinen bei Rudolf Augstein die Sicherungen durchzubrennen.« Augstein kämpft da mit den besseren Argumenten und wettert noch 1995 in einer Kolumne unter der Überschrift »Der Papst und ich« darüber, daß der Pontifex Wojtyla mit seiner ebenso verklemmten wie disziplinierenden Sexuallehre offenbar die Bevölkerungsexplosion auf der Welt nicht nur ignoriere, sondern sie sogar noch anheize.

Mehr leitende Frauen in seiner Redaktion möchte er wohl auch gern haben, aber der SPIEGEL ist nun mal überwiegend ein Männerblatt, was kritische Erfolgsfrauen unter den Lesern immer wieder monieren. Als einmal ein Artikel über angebliche Emanzen im deutschen Fernsehen erscheint, fragt Leserin

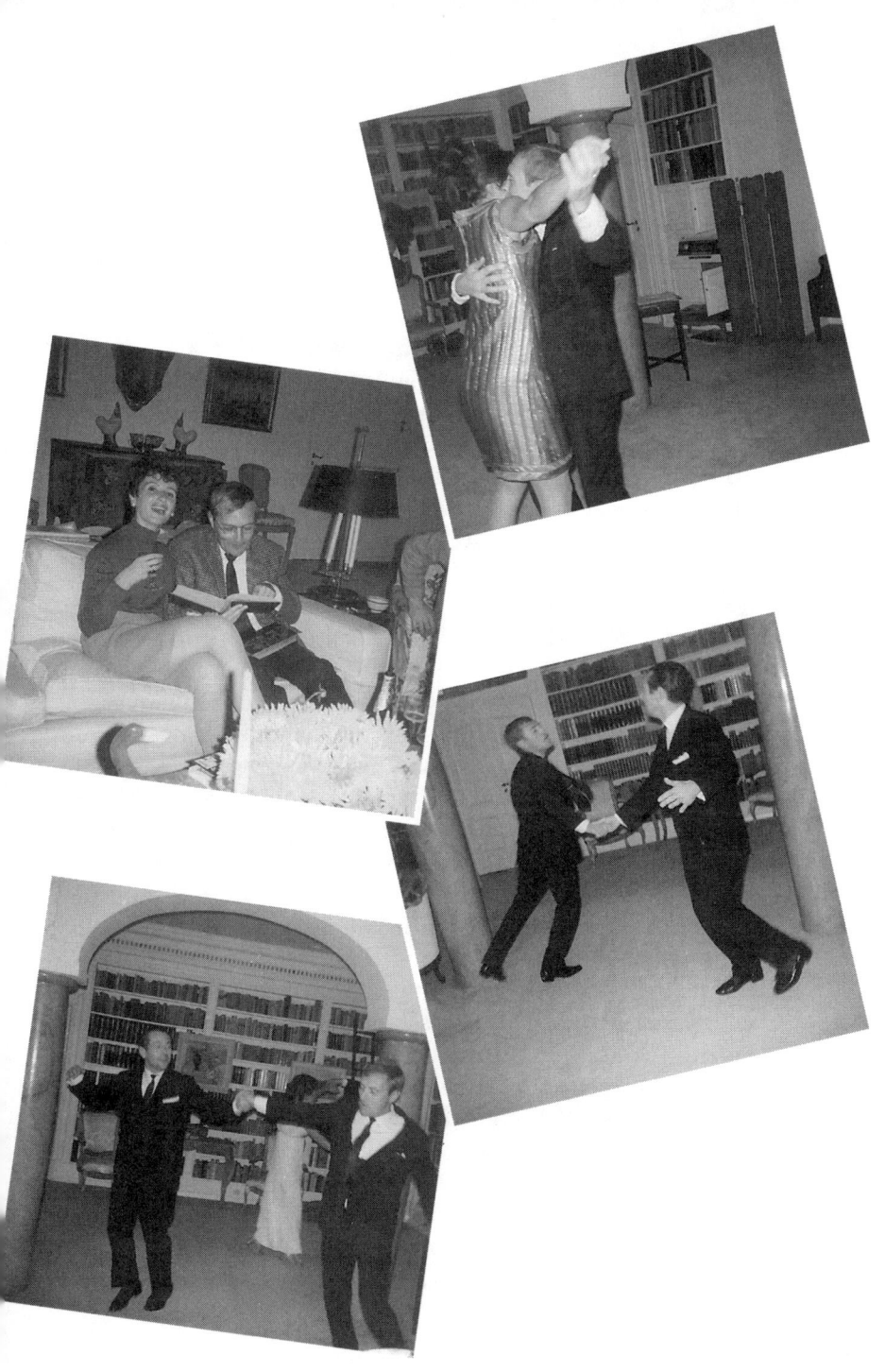

Freizeitgestalter Augstein (unten als Juxtänzer mit Anwalt Dr. Senfft): Kein Partylöwe, aber meist intellektueller Hahn im Korb.

Susanne Gasche in einer Zuschrift giftig: »Wie wär's mal mit einem Artikel über Frauen in den Chefetagen des SPIE-GEL?«

Und Margarethe Schreinemakers schimpft sarkastisch in ihrem Leserbrief: »Gratulation, ihr müßt Fernsehfrauen ein Stück kleiner, niedlicher, tussihafter, geldgeiler und blöder machen. Das habe ich auch nicht anders von eurem Frauen-magazin erwartet. Ein jedes Kind weiß ja, daß entzückende Damen bei euch schon seit Jahren erfolgreich die Ressorts Frauen, Küche, Kinder, Keller und Kartoffeln leiten.«

Natürlich bleibt Augstein nach den Trennungen nicht lange unbeweibt; wobei sein Altern es mit sich bringt, daß seine Begleiterinnen vergleichsweise jünger ausfallen. Vom Jet-set, auch dem auf Sylt und in St.-Tropez, hält er sich bewußt fern. Dennoch: Sein Spannungsbogen zwischen hochbrisantem politischen Journalismus samt den damit verbundenen Anfeindungen (CDU-Politiker Barzel: »Bei ihm war immer viel Häme im Spiel«), den gerichtlichen Auseinandersetzun-gen und gelegentlichen Attentatsdrohungen sowie seiner angeborenen Lebensfreude führt manchmal zu grotesk-explo-siven Entspannungssituationen. Dabei mischen sich Triebhaf-tigkeit mit seinem sich selbst veralbernden Komödiantentum. Einer seiner Redakteure hat eine solche Explosion – beobach-tet auf einer nächtlichen privaten Feier – in seinem Tagebuch festgehalten. Die Notiz lautet:

»Augstein gab eine der üblichen Schaustellungen seiner un-heimlichen Triebwelt, indem er die Frau des Hauses in die Luft schwenkte, mit ihr in seiner merkwürdigen, nach Schwe-fel riechenden Art, diabolisch gestikulierend, zierlich die Füße setzend, die Arme weit umherschwenkend, tanzte. Dazwischen zog er die Schuhe aus, hüpfte in seiner Harlekins-weise über das Sofa und den Tisch, fiel über die Lehne, um gleich wieder tänzelnd auf die Beine zu springen.«

Mancher Beobachter meint, im Falle eines Falles sei er in der Vergangenheit zu großer Form aufgelaufen. Da könne er schon mal mit einem Blumenstrauß vier Treppen hochrennen wie ein verliebter Pennäler. Dennoch hätten Frauen in seinem

Der »family-man«: oben mit Katharina Augstein und Freund Michael Thomas im Italienurlaub, Mitte mit Töchterchen Franziska, unten *(Foto: Eberhard Seeliger)* mit den Kindern Jakob und Franziska auf Sylt.

Leben die ganz große Bedeutung wohl nicht gehabt. Wenn diese Vermutung zutrifft, dann entspräche das jener Zeile des blutjungen Hobbydichters Augstein von 1942, in der er philosophiert:»Zum Glücke sind wir nicht gemacht und dürfen dennoch Glück empfinden für einen Morgen, eine Nacht – – – et...! Der Rest den Winden.«

Seine Mitarbeiter sind oft gefragt worden, was es mit ihrem Chef und seinem Charakter auf sich habe, mit seinem Ekel an der Welt, seinem Zynismus. Losgelöst von Job und Stellung, zeigt er jedoch genau das Gegenteil. Da kommt es schon vor, daß er auf einer Party nicht nur mit den Damen über das Parkett schwoft, sondern händchenhaltend sogar mit dem Hausherrn tanzt – so zum Beispiel mit dem Presseanwalt Heinrich Senfft.

Unter seinen Scheidungen leidet er. Manchem tut er leid, der ihn zufällig in dieser Zeit in einem Hamburger Café trifft, wo er einen kurzen Nachmittag mit seinen noch kleinen Kindern verbringen kann, bis das Kindermädchen zum Aufbruch mahnt. Im Grunde sehnt er sich vermutlich nach einer intakten, bleibenden Familie, so wie er sie von seinem Elternhaus her kennt. Nachdenklich und vielleicht ein wenig neidisch betrachtet er den Clan seines Freundes John Jahr, den Mutter »Ellimaus« – die er verehrt – mit Liebe und Fürsorge zusammenhält, denn Hermann Schreiber hat recht mit der Beobachtung: Augstein ist, so merkwürdig das klingen mag, ein »familyman«.

Traurig stimmt es ihn auch, als beispielsweise die Ehe des SPD-Vorsitzenden Willy Brandt zu Ende geht, dessen Seitensprünge nirgendwo besser bekannt sind als bei SPIEGEL und *stern*. In einem tröstenden Brief an die verlassene Ehefrau Rut schreibt Augstein unter anderem:»Es hatte sogar eine politische Bedeutung, daß ›die Norwegerin‹ den Deutschen so nahegerückt werden konnte. Zusammen habt Ihr die schwierigen Zeiten, so darf man wohl sagen, glorios überstanden.«

Alt geworden, gelingt es ihm immerhin, seine vier Kinder aus drei Ehen trotz aller Unterschiedlichkeiten zu einer Art losem Verband zu vereinen; sie besuchen ihn und umgekehrt. Er, an dem öffentliche Kritik im allgemeinen abprallt, achtet peinlich genau darauf, daß er bei ihnen nicht in ein ungünstiges Licht gerät; er kann sich, wie er selbst bekundet, ein Leben ohne Kinder nicht vorstellen. Befriedigung empfindet er außerdem darüber, daß keine seiner Ehefrauen schlecht von ihm spricht.

In die »Kamerad-weißt-du-noch-Gespräche« der SPIEGEL-Senioren bezieht Augstein wie selbstverständlich jene Frauen ein, die mit ihm einmal jung waren, vor allem die aus den Anfangsjahren in Hannover. Ihnen bietet er mit Glückwünschen zu Geburtstagen manchmal auch seine ganz persönliche Hilfe an. In einem solchen Brief heißt es zum Beispiel:

»Liebe Ruth,
wie Dir vermutlich bekannt sein wird, wirst Du heute 60 Jahre alt. Schöner werden wir alle nicht, aber es gibt doch eine Möglichkeit, ohne Resignation zufrieden zu werden. Wenn ich mir so überlege, was wir drei zusammen und miteinander erlebt haben, dann geht es mir so, daß ich gern an die alten Zeiten zurückdenke, an Dich, an Leo, an mich. Solltest Du persönlich mal in irgendeiner Schwierigkeit sein, in der meine Hilfe Dir nützen würde, dann wende Dich bitte an mich.
Liebe und herzliche Grüße
Dein Rudolf.«

Die so von ihm bedachten Frauen verwahren diesen Schrieb sorgfältig in ihren sichersten Schatullen, denn, wie es sich in mehreren Notfällen schon erwiesen hat: Augsteins Versprechen ist sicherer als die Rentenversicherung von Norbert Blüm – zu seinen Lebzeiten.

Das Lebenskapitel Augstein und die Frauen wäre indes nicht vollständig, bliebe jene SPIEGEL-Sekretärin unerwähnt, die nach seinen Worten tagaus, tagein »hold gelächelt«, seinem Selbstwertgefühl als Tombeur de femmes bei ihrem Ausscheiden jedoch einen argen Stoß versetzt hat. Sie ließ sich nämlich noch einmal im Chefzimmer anmelden, in dem Augstein eine Besprechung mit Hans Detlev Becker führte, und erklärte, ohne sich hinzusetzen: »Zum Abschied wollte ich nur noch sagen, ihr beide seid die größten Arschlöcher, die ich je gesehen habe.«

13
Die Last und Kraft der späten Jahre

Zu viele Tote … – »Ich bin selbst christlichen Trostes bedürftig« – Grabredner Augstein und der Prinz Eugen – Gutes tun und nicht darüber reden – Der unbeirrte Aufklärer der Nation – Gegen Maastricht und Ecu – Memoiren von 800 Seiten?

Seine späten Jahre bringen es mit sich, daß der nach Mutter Gertrudes Tod aus der Kirche Ausgetretene immer öfter an christlichen Begräbnissen teilnehmen und dabei Reden halten muß. Er tut das einfühlsam engagiert und singt die bei solchen Anlässen gebotenen Kirchenlieder textsicher mit. Aber es drückt auf seine Stimmung; gelegentlich antwortet er auf die Frage, wie es ihm gehe, mit dem Seufzer, es seien »zu viele Tote« um ihn herum. Besonders nahe geht es ihm, wenn »soviel jüngere Menschen als ich« sterben – beispielsweise sein Sekretär Wolfgang Eisermann im Alter von dreiundfünfzig Jahren und *Manager-Magazin*-Chefredakteur Ulrich Blecke sogar mit fünfzig Jahren.

Manchmal spricht er trotz der traurigen Anlässe so gekonnt, daß sein früherer Fahrer Friedrich Schleede hinterher vermeldet: »Der Chef war gut, sogar die Angehörigen haben gelacht.« Dann wiederum gibt eine Traueransprache tiefe Einblicke in sein Selbst, wie bei der Beerdigung des Wirtschaftsjournalisten Blecke in Hamburg.

Dabei hatte auch diese Feierstunde in Kapelle 13 des Ohlsdorf-Friedhofs fast fröhlich begonnen. Es erklang nämlich ein normalerweise flott gesungenes Lied in bayerischer Mundart mit dem Text:

»Ja, mir san mit'm Radl da;
olle mit a'm Radl da;
ja, mir san mit'm Radl da!«

Aber erstens stimmte das nicht, denn der Verlag hatte einen Autobus gechartert, und die PKWs der übrigen Trauergäste parkten vor der Kapelle. Zweitens klärte sich der Irrtum schnell auf, als eine Baritonstimme begann, nicht über die Radfahrer, sondern über das Himmelreich zu singen: »Over in the glory-land, Jesus takes me by the hand, over in the glory-land!« So nämlich lautet das schöne Spiritual im Orginaltext, den bayerische Sänger so verfremdet haben.

Dann jedoch, nachdem der SPIEGEL-Personalchef über das erfolgreiche Wirken des Verstorbenen gesprochen hat, erhebt sich Rudolf Augstein, nimmt seitlich des Eichensarges Aufstellung und beginnt seine Trauerrede mit den Worten: »Christlichen Trost kann ich Ihnen leider nicht spenden, weil ich selbst christlichen Trostes bedürftig bin. Ich finde es nicht gerecht, daß ein solcher Mann mit fünfzig Jahren stirbt und ich lebe!«

In seinen Traueransprachen offenbart Augstein, der sich selbst gern einen Zyniker nennt, eine in der Geschäftigkeit des Alltags zugedeckte nachdenkliche Herzlichkeit; mit der Zeit hat er es dabei zu seiner eigenen, oft lyrisch verzierten Totenkultur gebracht.

Bewegt nimmt er zum Beispiel mit Chaloner und Brawand an Harry Bohrers Trauerfeier in London teil: Inmitten altgewordener Überlebender des Holocaust hier und da ein gedämpftes »Shalom« und Wiedererkennen: »Warst du nicht mit uns in dem Kindertransport nach Auschwitz?« Augstein spart da nicht aus, was Bohrers aus Amerika und Israel angereiste jüdische Verwandten vermutlich mit den deutschen Trauergästen assoziieren. Er sagt:

»Nur einmal haben Harry und ich über jene Dinge gesprochen, über die man als Deutscher eigentlich wirklich nicht sprechen kann. Aber Gott sei Dank haben wir es getan. Mit Harry ist ein Teil von mir selbst gegangen. Die konventionelle

Lüge ›Wir werden dich nie vergessen‹ ist, von mir zu dir, Harry, gesprochen, die Wahrheit!«

In die Hamburger St.-Johannis-Kirche, zur Trauerfeier für seinen väterlichen Freund John Jahr, geht Augstein mit seiner erwachsenen Tochter Franziska am Arm. Nach der Predigt und dem Choral »Bis hierher hat mich Gott gebracht«, den er am lautesten mitsingt, wendet er sich an die versammelte Gemeinde: »Wenn es mir so schwerfällt, an diesem Sarg ein paar Worte zu sagen, so ist das leicht mit der Verszeile aus dem ›Prinz-Eugen‹-Lied erklärt: ›Weil er ihn so sehr geliebet.‹ Ja, wie kaum ein Außenstehender habe ich diesen Mann geliebt.«

Bei seinen besten Freunden hält er das Zitat für so treffend, daß er es, ohne routiniert zu wirken, mehrmals verwendet. So auch am Sarge Henri Regniers, wo er erklärt: »Eine Rede hätte Heinrich ja nicht gewollt. So, wie wir beide waren, haben wir uns die wechselseitigen Grabpredigten ja mehrfach im Scherz vorgebetet. Das macht die Sache nicht gerade leichter. Mein einziges Recht, ein Wort über ihn zu sprechen, ist ein Vers aus dem Volkslied über den Prinzen Eugen: ›Weil er ihn so sehr geliebet.‹«

Ebenso gern schließt er seine Trauerreden mit den Dichterworten: »Wir haben einen guten [zur Abwechslung auch mal: ›noblen‹] Mann begraben – mir war er mehr.«

Augsteins Mannschaft besteht nicht aus fleißigen Kirchgängern; die meisten, ohnehin evangelisch, zählen zu den sogenannten Weihnachtschristen. Ratio regiert in der Redaktion. Dennoch halten mehr an der Kirche fest, als man denken würde und ihre Berichterstattung vermuten läßt. Wie der Herr, so's Gescherr: Im Sinne und nach dem Vorbild des Herausgebers richten sich die Artikelattacken überwiegend gegen die katholische Kirche.

Nach Sichtung von rund 20 000 SPIEGEL-Seiten über Religion will der Tübinger Theologe Uwe Beck zwar teilweise »besten Wissenschaftsjournalismus«, vor allem aber »Konstanten einer negativen Berichterstattung« entdeckt haben: Machtmißbrauch der Kirche, festgemacht an »Hirtenbriefen«

231

zu Bundestagswahlen, Abtreibungsdebatte, Zölibat, Kirchensteuer, Umgang mit Kritikern und spöttische Artikel über Wallfahrten. Die Enttäuschung über die Konzilergebnisse sowie über die Enzyklika »Humanae vitae« von Papst Paul VI. habe »insbesondere in den Artikeln des Herausgebers Rudolf Augstein antiinstitutionelle Affekte« überhandnehmen lassen.

Die meisten der journalistischen Freigeister um ihn herum wollen sich zwar kirchlich beerdigen lassen, aber frommer werden sie dadurch kaum. Als der abgeklärte langjährige »Kultur«-Chef und spätere Augstein-Sekretär Walter Busse (Busse selbstironisch: »Ich bin dazu da, Herrn Augstein in den Mantel zu helfen«) auf dem Sterbebett liegt und sein Ressortkollege ihn besucht und fragt, ob er für ihn beten solle, antwortet der nur: »Wenn Sie meinen, daß das was bringt.«

Der Chef selbst hat schon vor Jahren erkennen lassen, daß er, entgegen früherer Absicht, nicht mehr daran denkt, in der Stunde des Todes zu beichten. Dazu mahnt ihn einmal sein philosophischer Gesprächspartner Georg Wolff: »Na, na, Herr Augstein, gerade Menschen wie Sie sollten da sehr vorsichtig sein.« Und als er ihm zum siebzigsten Geburtstag gratuliert, bedankt Wolff sich – inzwischen per du – zunächst »für 28 Jahre, die ich arbeitend an deiner Seite verbringen durfte«, um dann fortzufahren: »Erinnerst du dich an die Kneipe am alten Pressehaus, wo wir gelegentlich ›Süppchen‹ aßen? Einmal kam das Gespräch auf Glaube, Kirche, Christentum und, und, und. Ich meinte, du würdest eines Tages dahin zurückkehren, du sagtest nein. Es war eine Art Wette. Bis heute bin ich wohl der Verlierer. Aber besser wäre wohl, meine ich, es wäre anders.«

Auch Paul Ziethe, der Pastor aus Brandenburg, möchte den einstigen Banknachbarn am hannoverschen Ratsgymnasium in den Schoß des Glaubens zurückführen und bot über den Autor dieses Buches Augstein Gespräche zu diesem Thema an. Ziethe hätte schon früher gern beispielsweise über Augsteins Buch *Jesus Menschensohn* mit ihm diskutiert, aber zu Stasi-Zeiten wäre jede Verbindungsaufnahme für ihn und seine

Familie gefährlich gewesen. Er hält den Jugendfreund noch nicht für »verloren«, und wer Augstein öfter bei Beerdigungen beobachtet, kann tatsächlich den Eindruck gewinnen, daß hier ein Skeptiker insgeheim doch auf eine Heilsbotschaft von der anderen Seite des Jordan horcht.

Einer seiner Seniorredakteure, der ihn jahrzehntelang beobachten konnte, meint: »Dieser Grübler, der sich Jens Daniel nennt, hat ein trauriges Herz. Während er seine Saltos dreht und die bunten Bälle seiner Sentenzen fliegen läßt, liest er Bultmann und schnüffelt bei Augustin, gräbt in Theologie und Kirchengeschichte nach einem festen Standort: eine Dostojewski-Figur in ihrem Zynismus und in ihrer heimlichen Sehnsucht nach Gott.«

Wie hatte Augstein doch als hoffnungsvoller Jüngling gedichtet:

»O Gott, ich habe das Große gewollt,
ich wollte den Himmel offenbaren,
der über den dunkelsten Tiefen schwebt,
ich wollte die weite Welt durchfahren
und das Schöne preisen, das darin lebt
wie im Stein das Gold.
Ich wollte Dein glühendster Herold sein ...«

Das Schicksal hat ihm aber nicht die Aufgabe gestellt, das Schöne in der weiten Welt zu zeigen, sondern, wie er seiner Redaktion von Anfang an predigt, »die Kehrseite der Medaille«. Und das hieße und heißt, den Machtmenschen in Politik und Wirtschaft streng auf die Finger zu sehen, Betrugsskandale aufzudecken und die Betrüger anzuprangern, Kriegstreiber zu entlarven, den Übermut der Ämter zu brechen, Freiheit, Recht und Demokratie zu verteidigen; kurz, alles das zu tun, was man neumodisch unter investigativem Journalismus versteht. Er reklamiert für sich selbst von den demokratischen Ruhmestaten seiner Zeitschrift nur den Fall Strauß (Augstein: »Sie ersparte den Bonnern einen unberechenbaren, einen auf

Atomwaffen erpichten Kanzler«) sowie seine Rolle als einer der »Eisbrecher« der Ostpolitik, die dem friedlicheren Zusammenleben von Ost und West diente; dabei hat er immerhin die friedengefährdende innere Schwäche der UdSSR richtig diagnostiziert.

Augstein (zu) bescheiden: »Alles übrige – die Flick-Affäre samt Selbstamnestie der Parteien für illegal kassierte Spendengelder, die Gewerkschaftskumpanei im Zusammenhang mit der Neuen Heimat und coop, die kriminellen Machenschaften des Kieler Ministerpräsidenten Uwe Barschel sowie die vielen preisgekrönten Arbeiten des SPIEGEL« seien Sache seiner Redakteure und Reporter gewesen.

Ebenso wesentlich für die demokratische Entwicklung der Bundesrepublik dürfte jedoch das wöchentliche Vielerlei von SPIEGEL-Berichten darüber sein, was faul ist im Staate Deutschland – angefangen bei den einstigen Bestechungen mancher Bonner Ministerialbeamten mit sogenannten Leihwagen der Industrie über den gestürzten ungetreuen (Länder-)Finanzminister bis zu jenem aufgeflogenen Kassen-Defraudanten, der sich nach dem Artikel über ihn im Wald erhängte, vorher aber der Redaktion eine Ansichtspostkarte schickte, worauf der ausgewählte Galgenbaum mit einem Kreuz gekennzeichnet war. Augstein dazu: »Daß es nach einer Veröffentlichung irgendwelche Kurzschlüsse gibt oder geben könnte, vielleicht einen Selbstmordversuch, weil die Steuerfahndung kommt oder dergleichen, das macht einen natürlich betroffen, aber man kann es nicht vermeiden. Man hat es nicht beabsichtigt, und es ist mehr zufällig.«

Sein Altersleben verläuft heute ruhiger, jedoch spornt ihn die Benennung Stefan Austs zu neuer Aktivität an, bringt ihn wieder näher an sein Blatt. Augstein liefert fleißig wie selten zuvor Artikel, im Mai 1995 sogar mit »Karl May und die Deutschen« sowie »Besiegt, besetzt, befreit« zwei Titelgeschichten direkt nacheinander. Er nimmt starken Anteil am Redaktionsgeschehen und registriert mit Genugtuung, daß der SPIEGEL mit neuem politischen Pep zusehends Profil zurückgewinnt. In die

Öffentlichkeit geht er jetzt seltener, und wenn er zum Interview mit Solschenizyn nach Moskau fliegt, bleibt er nur noch zwei Tage. Aus dem einst gewagten hochalpinen Skilaufen oberhalb von St. Moritz ist gemächlicher Langlauf in Sils-Maria geworden, und im Frühjahr geht's in ein Fitneßkurhotel nach Österreich. Mit Tennis hat er es schon seit langem nicht mehr. Er, den es gelegentlich nach einem Eintopfessen wie bei Muttern gelüstet, lebt auf hohem Niveau bescheiden.

Der Dr. h. c., Ehrensenator der Hamburger Universität sowie neben Helmut Schmidt Ehrenbürger der Hansestadt, tut manches Gute und redet nicht darüber. Nur ab und zu kommt ohne sein Zutun heraus, daß er einem notleidenden Theater 700 000 Mark anbietet – seine alte Theaterliebe rostet nicht – oder nach einem Fernsehaufruf spontan eine Million Mark für bedürftige Kinder lockermacht. Statt in der großen Villa an der Elbchaussee mit Blick auf den Strom wohnt er seit langem in einer Stadtwohnung an der Außenalster, an der er nach jüngstem ärztlichen Rat, wann immer er kann, eineinhalb Stunden spazierengeht.

»Muß ich das lesen?« fragt er manchmal, wenn ihm ein Schriftstück vorgelegt wird. »Muß ich den angucken?«, wenn ein für wichtig gehaltener Film im Kino läuft. In »Schindlers Liste« geht er auf den Rat von Kollegen, die meinen, den müsse man als Journalist gesehen haben. Mit Antonia Regnier sieht er sich in Salzburg den Oscar-preisgekrönten Streifen »Forrest Gump« über jenen ungebildeten Simpel an, der darin die Hauptfigur abgibt. Ruft Antonia Regnier seitdem Freund Rudolf an, dessen Kommentare im SPIEGEL noch immer vor bildungsbürgerlichen Daten und Zitaten nur so strotzen, dann meldet sie sich, die Unbedarfte spielend, mit den Worten: »Hier spricht Forrestine Gump!«

Den Klassentreffen in Hannover bleibt er fern; manche der alten Schulkameraden mit ihren Alltagskarrieren trauern auch nicht darüber, weil sie ihn als aus der Art geschlagen ansehen. Ebenso nimmt er längst nicht mehr an jedem Geburtstag teil – anders als bei Henry Nannens Achtzigstem. Gelegentlich sagt er mit einem witzigen Kurzgedicht ab, wie zum Beispiel die Einladung zu Brawands Siebzigstem:

»Oh Wahrstimme, zwischen Korn und Kimme,
kann ich dich immer noch sehen.
Doch gibt's auch das Schlimme,
daß man zu den glücklichsten Festen
nicht immer kann gehen.«

Auch nicht jeder Briefschreiber kann heutzutage mit einer Antwort von Augstein rechnen; selbst alte Mitarbeiter müssen das erfahren. Als beispielsweise Hans Dieter Jaene aus Berlin ihn nach der Wende anschreibt, hört er daraufhin nichts aus Hamburg. Was daran gelegen haben mag, daß Jaene seinen früheren Chef wissen ließ, wegen der seiner Ansicht nach unfairen Stasi-Berichterstattung im SPIEGEL könne er, wie einst Max Liebermann, »jar nich soviel fressen, wie ick kotzen möchte«.

Er, Jaene, habe während seiner SPIEGEL-Zeit viele Gesprächskontakte mit DDR- und anderen Ostblockfunktionären gehabt, und wer wisse, wie viele Stasi-Berichte darüber verfaßt worden seien. Jaene: »Wer aus seiner Position heraus zur Zeit des Moskauer Drucks mit der Stasi kooperierte, ohne andere ans Messer zu liefern, dem ist im nachhinein nichts vorzuwerfen; er kann Thomaskantor bleiben oder auch Hochschullehrer – sofern er andere nicht der Verfolgung ausgesetzt hat. Ein SPIEGEL, der so schriebe, das wäre auch heute noch mein SPIEGEL.«

Augsteins Lebensabend wird mitbestimmt durch seine Lebenserkenntnis, daß Aufklärung im philosophisch-historischen Sinn heute nicht mehr möglich sei, weil dies die Annahme voraussetze, der Mensch könne erzogen, sozusagen »veredelt« werden. Martin Heidegger fragt er einmal sogar, ob es denn überhaupt die Bestimmung des Menschen sei, »auf dieser Erde zu sein«. Wie nicht anders zu erwarten, haben alle Gespräche mit den großen Philosophen und Politikern, die ihm gern zur Verfügung stehen, keine endgültigen Antworten gebracht.

Er selbst hat diese Antworten ebensowenig parat; er und sein SPIEGEL scheinen mehr für die Fragen zuständig. Vete-

Rudolf Augstein mit dem Philosophen Martin Heidegger (oben und Mitte rechts neben Georg Wolff); bei der Verabschiedung des langjährigen Chefredakteurs Johannes K. Engel: »O Gott, ich habe das Große gewollt, ich wollte den Himmel offenbaren!«

ran Wolff meint:»Augstein hat, soweit ich sehe, zum Beispiel niemals ein Konzept deutscher Politik entwickelt. Er verhielt sich so, wie er sich immer verhalten hat: mäkeln, warnen, aber niemals sagen, wie es anders sein sollte. Das nannte er die ›innere Linie halten‹, und publizistisch war das ein Erfolg.« Aus der ihm einmal in einer Sternstunde zugefallenen Rolle und Linie hätte Augstein auch nicht so ohne weiteres wieder heraustreten können und wollen. Alte Mitstreiter erinnern sich, wie er, in Hannover von einem Richter gefragt, wieso ein so junger Mensch auf eine so hohe Position gelangen könne, wütend zurückfragte, ob er denn etwa die Lizenz der Engländer für das Nachrichtenmagazin hätte zurückweisen sollen. Statt dessen in Kunst zu machen war für den Aufsteiger nur kurze Zeit eine denkbare Alternative, und Lehrer Haake betont, mit seinem Lebenswerk habe der Ausnahmeschüler das Optimale aus seiner Begabung gemacht, mehr, als ihm in der Kunst möglich gewesen wäre.

Trotz leicht resignativer Anwandlungen, die den zu Ruhm und Reichtum gelangten Autodidakten (Augstein zu alten Mitarbeitern:»Ich bin durch mich und euch wohlhabend geworden«) gelegentlich befallen, bleibt er seiner Rolle als Aufklärer der Nation nach wie vor treu. Wenngleich»das Große«, das er vor Gott gewollt hat, unvollendet bleiben wird, den kleinen Part in der konfusen deutschen Gesellschaft füllt er noch immer mutig aus: von den»Kaisern« wie das Märchenkind zu sagen:»Der hat ja gar nichts an!«

Nach der Wende von 1989 spielt er in seinen Kommentaren wieder die deutsche Karte aus – nicht chauvinistisch und nicht antieuropäisch, wohl aber auf den nationalen Interessen des wiedervereinigten Deutschlands innerhalb eines eng verbundenen Europas bestehend. Dies vor allem gegenüber Frankreichs seit Gründung der Montanunion und den Römischen Verträgen ungebremst eigensüchtiger Politik.

Und was erntet er dafür? Grätenlose Kommentare von Zeitgenossen, denen die Kontinuität seiner nationalen Politik seit den Gesprächen mit Kurt Schumacher nicht aufgeht. Erich Kuby tut entsetzt:»Jetzt schwimmt er mit seinen auf der Trompete geblasenen Propaganda-Artikeln im großen Strom der offiziellen Bonner Politik.«Und Anwalt Senfft, der gegenwärtig Gregor Gysis Sache in einem Rechtsstreit mit dem Nachrichtenmagazin vertritt, barmt angesichts Augsteins Zustimmung zu Kanzler Kohls entschlossener Vereinigungspolitik: »›Glückwunsch Kanzler!‹ – einen solchen SPIEGEL hätten sich wohl alle Kanzler gewünscht, angefangen mit Konrad Adenauer.« Dabei will der politische Kopf des Magazins alles andere als zurück zu Bismarcks Zeiten.

Als einsamer Rufer, wie in den fünfziger Jahren mit seiner Deutschlandpolitik, wendet er sich vor allem gegen den schnellgestrickten Maastricht-Vertrag, der die starke Deutsche Mark »vergemeinschaften« (Augstein) und durch das inflationssüchtige Esperantogeld »Ecu« ersetzen soll. Der SPIEGEL-Herausgeber beweist damit mehr historischen Instinkt als ganz Bonn zusammengenommen, und er spricht nur exakt aus, was die Deutsche Bundesbank als Hüter der Währung nicht sagen kann. Mit Recht zitiert er in seinen Kommentaren den französischen *Figaro*, der in aller Offenheit befindet, Maastricht, das sei »der Versailler Vertrag ohne Krieg«. Augstein sieht den Sturm in Deutschland voraus, wenn der nächste Bundestagswahlkampf sich endlich dieses Themas annimmt. Er weiß: »Man hätte den Vertrag gar nicht erst beschließen sollen« und widersetzt sich damit ungerührt selbst seinem F.D.P.-Freund Genscher.

Unbeirrt attackiert er ebenso eine andere Schimäre, die in Schador und Sepplhut einherschreitet: die friedfertige multikulturelle Gesellschaft. Augstein fährt den Sonntagsrednern mit dem Beweis dazwischen, daß die staatlich verordnete Mixtur unterschiedlicher Religionen und Rassen nirgendwo auf der Welt harmonisch funktioniert, bricht auch dieses Tabu, indem er in einer seiner Kolumnen feststellt: »Die Türken gehören einem Kulturkreis an, der mit dem unseren vor und nach Prinz Eugen nichts gemein hat.« Er tritt für das friedliche Zusammenleben aller Menschen ein, warnt aber vor Illusionen, nennt die multikulturelle Gesellschaft einen »Luftballon« und argumentiert: »Wer als Türke bei uns lebt und arbei-

239

tet, soll ohne große Umstände die deutsche Staatsangehörigkeit bekommen können. Will er diese nicht, weil er die eigene Staatsangehörigkeit vorzieht: Wieso ist er dann diskriminiert, welche Nachteile hat er dadurch?«

Er, der unverdächtige Nichtnazi, wagt sich sogar an das Thema Holocaust. In seiner Titelgeschichte zum fünfzigsten Jahrestag der Kapitulation vom 8. Mai 1945 zitiert er den israelischen Politiker Abba Eban, der sich einmal gegen die Tendenz wandte, »den Holocaust zum Beruf zu machen«. Augstein dazu: »Diese Tendenz ist in der Zwischenzeit nicht schwächer, sondern stärker geworden. Man sollte hoffen, daß sie nach dem fünfzigsten Jahrestag des Kriegsendes allmählich wieder abebbt. Tatsächlich muß man bedenken, wieviel der Psyche einer Bevölkerung zugemutet werden kann.«

Das briefliche Memento an John Chaloner, viel Zeit verbleibe ihm nicht mehr, scheint ernst gemeint zu sein, dafür zeugen die Bemühungen, sein SPIEGEL-Haus nun zu bestellen. Ebenso spricht dafür, daß er mit der Niederschrift seiner Memoiren begonnen hat – achthundert Seiten visiert er an. Schon liefert ihm Johannes K. Engel Material zu, und die Haus-Dokumentaristin Jutta Temme wälzt vergilbte Magazinbände und Pandekten. Den Herbst des Lebens und das Ende hatte er schon als Jüngling bedichtet:

»Übers erschauernde Moor
horch, welch ein Wehmutsklang!
Liebliches Flötenrohr,
machst mir so weich und bang.

Einstens durchs nächtige Tor
geht es zum letzten Gang.
Dann meinem lauschenden Ohr,
liebliches Flötenrohr,
spiele den Abschiedsgesang!«

Josef Augstein und er hatten sich vor Jahren versprochen, bei tödlicher Krankheit oder sonst auswegloser Lage würden sie einander Sterbehilfe leisten. Nun ist Bruder Josef schon vorausgegangen. Ob Rudolf Augstein sich im Ernstfall jener Rezepturen aus der englischen Handlungsanleitung *To die with dignity* bedient, die einst Harry Bohrer für die Hamburger Kollegen besorgte, bleibt sein Geheimnis. Dagegen meinen einige Freunde zu wissen, welche Inschrift er sich, wenn überhaupt, auf seinem Grabstein wünscht: die Dichterworte »Es hat mir wollen behagen, mit Lachen die Wahrheit zu sagen«.

Freund Hein, so hoffen alle, die ihn schätzen, sollte sich noch lange zurückhalten, denn ein zweiter Rudolf Augstein ist nirgendwo in Sicht. Sie brauchen es: die Freunde sein Lachen und Deutschland seine Wahrheiten.

Dokumentation

Erster Zeitungskommentar Rudolf Augsteins in *Das Reich.*
Der Sechzehnjährige nimmt Stellung zu einem am 15. September
1940 erschienenen Artikel über Friedrich Nietzsche.

Das neue Nietzsche-Bild

Ihrer Besprechung des neuerschienenen Nietzschebandes von
Balduin Noll in Nr. 17 entnehme ich, daß der Autor, wie er glaubt,
im Sinne Nietzsches den Begriff wahr als gleichbedeutend mit
»den Typus Mensch hervorhebend« aufgefaßt wissen will. Ganz
abgesehen von der vorher festgestellten Relativität jeglicher
Wahrheitsvorstellungen: Was wäre mit der Nollschen Erklärung
anderes gewonnen als die nochmalige Bestätigung, daß es einen
endgültigen Wahrheitsmaßstab kraft der Verschiedenheit der
Standpunkte eben nicht geben kann? Hier beginnt doch erst die
Auseinandersetzung mit der Fragestellung: Was kann für den
Menschen als typisch gelten? und: Was hebt den Typus Mensch
hervor? An der verschiedenartigen Beantwortung, die diese Fragen finden müßten, wäre sehr bald zu ersehen, daß das Problem
im Grunde dasselbe geblieben ist und nur unter einem anderen
Nenner erscheint. Bemerkenswert an obiger These bleibt freilich
die völlig neuartige Ausgangsstellung in der Betrachtung von Gut
und Böse, welche ja bei Nietzsche mit derjenigen von Wahr und
Unwahr parallel läuft: Wahr ist, was den Typus Mensch hervor-
hebt. Notwendig muß dieses Wahre dann auch gut sein, gut außer-
halb sämtlicher geltenden Begriffe sittlicher und moralischer Prä-
gung.
    Übrigens erscheint mir die Behauptung, daß Nietzsche eine
Umdrehung Platos darstelle, zumindest im Ausdruck unglück-
lich gewählt. Was heißt Umdrehung? Wäre hier Umdrehung
gleich Gegenpol zu setzen, so entspräche dies gerade in bezug
auf die Wahrheitsdefinitionen dem tatsächlichen Verhältnis.
Denn Plato war es, der die Ideen, also auch diejenige von der
Wahrheit, als unabänderlich und für alle Zeiten gegeben
annahm. Was aber die These angeht, daß Nietzsche Kant in der
Tiefe weitergeführt hat, so verweise ich auf die Kuriosität, daß
Hegel und Schopenhauer sich beide von Kant herleiteten, daß

überhaupt fast jeder Philosoph des 19. Jahrhunderts von Kant seinen Ausgang nahm und erst von ihm ab eigene Bahnen zu beschreiten vorgab. Wenn es schon beinahe unmöglich ist, für die Gedankenwelt Nietzsches einen Ausgangspunkt festzulegen, so will mir Kant als solcher unbegründet erscheinen, es sei denn, man ließe die beiden als gemeinsame Größen im Wollen des Unerreichbaren gelten.

Augstein

Vier Gedichte des Gymnasiasten Augstein

Kleine Wolke, feine Wolke
ziehst dahin so schlank und leicht,
spiegelst dich im seichten Kolke,
im Gewässer blank und seicht.

Wanderst über Land und Meere
flügelschnell von Ort zu Ort,
nimmst in deine holde Sphäre
meine Wünsche mit dir fort;

die ich hegte, all mein Sinnen,
meiner Hoffnung kühner First,
wird dereinst in nichts zerrinnen,
selig sanft, wie du es wirst.

Über dir des Himmels Bläue,
unter dir der Wasser Flut,
wechselnd Kleid, dem schon das Neue
flockig in den Falten ruht.

Gleichst du nicht dem schmalen Kahne,
drin die Seele heimwärts schwimmt,
oder einem stolzen Schwane,
der die Windeswogen krümmt?

Weißes Wunder, Wolkenwunder,
lockst mein Herz zu dir hinan.
Immer weicher, schöner, bunter
ende deine lichte Bahn!

Böcklin:
Selbstporträt mit dem Tod als Geiger

Ja spiele nur, von Lebenslust
Und wie es schwer zu sterben:

Wer diese Weise nicht gewußt,
Stirbt nicht – er muß verderben.

Ja spiele nur, mich schreckt nicht mehr
Dein süßes Todesspiel.
Zwar hab ich alles nicht getan,
Doch was ich tat, ist viel.

Ja spiele nur. Dein Fiedelklang
Malt sich in meinem Bild.
All Lieb und Leiden trotzig-bang
Und Schlaf, der alles stillt.

Ja spiele nur! Ich hör dir zu,
Dein Grinsen seh ich nicht.
Ich geh, im Ohre noch dein Spiel,
Im Auge endlos' Licht.

Abschied

Fiel nicht der Sonne Schweif
blitzend durchs blanke Geäst?
Frischer die Knospe sich preßt
aus dem taufrühen Reif.

Stille und stummes Gelärm
als Orgelpunkt.
Drüber das Vogelgeschwärm,
das pfeifft und prunkt.

Mädchen gehen am Hag,
süß von Schauern durchschwellt.
Herz, dein brausender Schlag
füllt die goldene Welt.

Endloser Schrei!
brich aus dem stickenden Brei,
furchtbar und kahl;
sprenge die Last meiner Ketten,
wollest mich retten.
Schrei, nur einmal
vor dem trüben Ermatten
in grausiger Schwere,
den dumpfichten Schatten
unendlicher Leere!
Zerreiße die gräßliche Öde
durch Laut, Ton, Gebrüll oder Rede.
Einen einzigen Ruf nur dem Äther!
Nichts mehr – nicht heute und später.
Endloser Schrei,
brich aus dem stickenden Brei,
furchtbar und kahl;
Schrei meiner Qual,
Schrei, mach mich frei!

Zwei Gedichte des Jugendfreundes Ernst August Born

Du warst schon da

Ich kannte dich schon, eh ich dich gesehen.
Ich sah dich oft. Eh ich dich jemals sah.
Ich sah dich oft durch meine Träume gehen.
Solang wie ich, warst du schon mit mir da.

Früh klang, was spät in deiner Stimme war.
Bist, was ich war. Wirst sein, was ich bin.
Dich suchend trieb der Sinn mich bis dahin.
In dieses letzte, längstgeahnte Jahr.

Du warst wohl jeder Stein an meiner Straße,
an den ich stieß. Und jeder Stein ward Stufe.
Das Sehnen reifte weit, auf das es rufe.
Bis daß es schwoll zu ungeahntem Maße.

Da warst du. Und ich wußte, da ich sah.
Für Leben mußt ich viele Trümmer tauschen.
Und unter mir erbrauste stark das Rauschen:
Du warst schon da.

Nachtposten

Das Dunkel rauscht. Die hohe Bläue friert.
Die Wasser stürzen brausend von der Wand.
Die weißen Sterne klirren überm Land.
Des Fjordes grünlich-schwarze Straße führt
zu toter Birkenschären Silbersand.

Grell abgesprengt in kaltes Feuer fällt.
Wie Klingen schwindet seine stumme Bahn.
Noch viel Gestirne streifen diese Welt.
Die Nacht ist lang. Noch ist es nicht getan.

Augstein-Brief aus Polen

Kulm, den 21. 1. 1942

Lieber Herr Haake!
Sitze bei Radio auf Schreibstube und verfasse diese Zeilen, die
Sie hoffentlich noch lebend erreichen werden. Man kann in die-
sen Zeiten nie wissen. Was macht der jüngst angekommene
Sprößling? Sprießt und gedeiht er? Hoffentlich ist auch seine
Mutter bei bester Gesundheit, was Sie ja in bezug auf Ihre werte
Person in Ihrer freundlichen Karte (echt Haake! Ja, ich kenne Sie!)
schon von vornherein negiert hatten. Die Butter wird knapper
und das Fleisch auch, da ist nichts zu machen. Nur nicht bei mir.
Ich bin Kantinenwirt und Postordonnanz für das 3 km entfernte
Kulm und habe es also wieder einmal gedeichselt. Aber ich bleibe
nicht mehr lange hier, weil ich zur Luftwaffe komme. Wenn's da
auch so geht, dann Prost! Von Verdummung und Verblödung kann
hier keine Rede sein, ich halte den trägen Geist hellwach mit Hilfe
von Kreuzworträtseln, die ich mit dem Truppführer zusammen
löse. Fein, was? Aber im Ernst, ich habe genug Muße zu denken,
und was will ich mehr, es sei denn etwas mehr Zeit zum Schreiben. Apropos meine Artikel! Die sehe ich manchmal gar nicht und
höre immer erst auf Umwegen davon. Habe daher zur Zeit leider
auch keinen bereit, den ich Ihnen schicken könnte, Herr Kiehn
hat ja den Anzeiger, mein Zeichen ist gst. Schönen Gruß an ihn,
dank seines Französischunterrichts verständige ich mich mit den
Polen ausgezeichnet. Vor kurzem für Artikel, der im »Reich«
gestanden hat, 35 RM gekriegt, ganz anständige Bezahlung für so
ein kleines Lumpending. Daß ich hier Musik habe, ist ganz
unschätzbar. Born will Novellen schreiben und forderte bei mir
eine theoretische Abhandlung an, die ich bereitwilligst lieferte.
Was Sie von ihm schrieben, konnte ich nicht lesen. Es scheint ihm
auch nicht schlecht zu gehen. Koch hat mich schon schriftlich
geärgert. Für Herrn Grashoff habe ich anliegendes Exemplar einer
neu- oder vielmehr wiedergegründeten Zeitung gekauft, vielleicht interessiert es ihn. Wenn er sonst etwas von mir aus Kulm
beschafft haben will, außer Fleischmarken, soll er es mir schreiben. Kultur ist hier ganz groß geschrieben (Kino und KdF!). Hier

werden unglaublich viele Polen eingedeutscht (und auch Polinnen; zur großen Freude der 500 in Kulm versammelten Arbeitsmänner). Ich bin hier der einzige Abiturient und Kriegsfreiwillige. In Kunst mache ich äußerst wenig, in Philosophie schon etwas mehr, am intensivsten aber lebe ich in den Tag hinein. Zum Abschluß noch ein kleines Gedicht:

Ich grüße dich, du wilde Zeit,
dich hartes ungerechtes Leben!
Ihr legt die Würfel uns bereit
und laßt uns selbst den Becher heben.

Zum Glücke sind wir nicht gemacht
und dürfen dennoch Glück empfinden
für einen Morgen, eine Nacht – – –
et . . .! Der Rest den Winden!

Ihr Augstein

SPIEGEL-Jahrgang 1947
Vorwort von Rudolf Augstein (Reprint)

Drei britische Soldaten in Hannover, ein Major und zwei Stabsfeldwebel, wollten die besiegten Deutschen für die menschliche
Kultur zurückgewinnen, und das Instrument, das sie sich für diesen Zweck ausgedacht hatten, waren wir.

Der Krieg war zu Ende. Entscheidende Zentren der Rüstungsindustrie, wie die Lübecker Marienkirche, der Dresdner Zwinger
und die Freiburger Altstadt, waren von den Alliierten ausgeschal-
tet worden. Der Kölner Dom, er ausgerechnet, stand noch. Was
tun? Die Briten gaben im ehemaligen Königreich Hannover die
Initialzündung. Jeder freute sich, daß es eine britische Zone gab,
nur weil die britische keine russische Zone war.

Ein »News Magazine«, ein Nachrichtenmagazin, tat not, so
meinten die drei Uniformträger 1946. Was das sei? Nun, eben ein
Nachrichtenmagazin. Sie zeigten eines vor, es hieß *News Review,*
wurde in England gedruckt und lebte nicht mehr lange. Sie über-
setzten uns einige Artikel und sagten: So etwa. Und natürlich:
Objektive Nachrichten, um der besseren Lesbarkeit willen in
Handlung eingebettet, mit Ursache, Ablauf und Wirkung. Und
unter besonderer Betonung des Persönlichen: Alter, Schlips,
Haarfarbe, verstanden? Okay, sagten wir. Lange würde der Spuk ja
wohl nicht dauern, und immerhin bekamen wir, damit wir vor
Schwäche nicht umfielen, »pork and beans«, nicht gerade
schmack-, aber nahrhaft.

15 000 Auflage, Startkapital 70 000 Reichsmark, Titel »Diese
Woche«. Es dauerte nicht lange. Die Zeitschrift – ich als einziger
ihrer Angestellten stehe heute noch im SPIEGEL-Impressum –
tanzte nur sechs Wochen. Schließlich war sie eine Publikation
der britischen Militärregierung, »British paper«. Die drei anderen
Militärregierungen spielten mit den Muskeln, sie protestierten.
Auch die Regierung in London wurde ungemütlich. Nach der
dritten Ausgabe mußte das ganze Heft Wort für Wort in Berlin zen-
siert werden, es gab Verzögerungen bis zu einer Woche.

Wir weigerten uns, so weiterzumachen. Die Briten entledigten
sich des lästigen Kuckuckskindes, indem sie es den Deutschen

abtraten und mir über Nacht eine vorläufige Lizenz gaben. Bedingung: Ein neuer Titel bis morgen früh. Mir fiel nichts ein. Ich fragte meinen Vater, was besser klinge, »Der Spiegel« oder »Das Echo«. Er sagte: »Der Spiegel.« Niemand von uns glaubte an die Zukunft dieses Blattes. Aber: »Die für die Herausgabe zuständigen britischen Behörden haben entschieden, daß die Zeitschrift nun unter unabhängiger deutscher Leitung herauskommen kann.« So steht es gedruckt im ersten Heft des ersten Jahrgangs.

Weder unsere britischen Freunde noch wir ahnten damals, was uns zwanzig Jahre danach Soziologen und Publizistik-Wissenschaftler in strenger Konsequenz und bedrohlicher Terminologie nachweisen würden – daß es so etwas wie objektive Nachrichten nicht geben könne, weil allein durch die Auswahl der Nachrichten, durch die Formulierung der Texte, durch Zusammenstellung und so fort und so fort ohnehin alles ins Subjektive, politisch oder klassenhaft Vorbestimmte gerate.

Es ist nicht einmal paradox: Wir, die deutschen Exekutoren des Unternehmens, wußten es besser. Vielleicht haben wir nach der objektiven Nachricht, nach der objektiven Nachrichtengeschichte gesucht. Daß es nicht objektive, nein: objektivere Nachrichten geben kann und geben müsse als jene, die wir zwölf Jahre lang in unseren Zeitungen zu lesen bekamen, daran hatten wir keinen Zweifel, und daran gab es auch keinen Zweifel. Wir schrieben das Jahr 1947.

Was gab es 1947?

Einen Beistandspakt zwischen Briten und Franzosen gegen einen deutschen Angriff, abgeschlossen am 4. März in Dünkirchen.

Bei der Konferenz aller deutschen Ministerpräsidenten verlassen die Regierungschefs der Länder aus der sowjetisch besetzten Zone München, weil ihr Antrag abgelehnt wird, der Frage einer politischen Einheit Deutschlands den Vorrang vor der Diskussion wirtschaftlicher Fragen zu geben (5. bis 7. Juni).

König George VI. gibt seinen Titel »Kaiser von Indien« zurück (22. Juni).

Und weiter: An einem sowjetischen Veto scheitert die Ernennung des ehemaligen Kommunisten Ernst Reuter zum Oberbürgermeister von Groß-Berlin; Charles de Gaulle gründet eine Sammlungsbewegung des französischen Volkes; die Sowjets gründen ihre Informationszentrale Kominform; in Rumänien wird König Michael zur Abdankung gezwungen; in Qumran werden die ersten Schriftrollen gefunden; Thomas Mann veröffentlicht seinen »Doktor Faustus«, Wolfgang Borchert sein so anrührendes wie schwer erträgliches Heimkehrerstück »Draußen vor der Tür«, Albert Camus »Die Pest«.

Im SPIEGEL ist nicht alles, aber von einigem und anderem zu lesen. Nicht immer das Optimale. Nach Tisch und nach dreißig Jahren weiß man so vieles besser. Hier, das habe ich mir schweren Herzens verkniffen, keine »Weißt-du-noch«-Geschichten. Es war wohl 1947 im hannoverschen Pressetempel an der Goseriede so oder so ähnlich wie auch anderswo: die Feste mit Rübenschnaps, die bis zum nächsten Morgen dauern mußten, weil wegen der Sperrstunde keine Chance war, nach Hause zu kommen (unsere Mägen im übrigen die Fähigkeit entwickelt hatten, dieses Schrekkensgetränk als Nahrung zu verarbeiten). Eine Mitarbeiterin der Briten durfte in jede unserer Wassersuppen einen Extralöffel fetthaltiger Brühe schütten; der niedersächsische Ministerpräsident Hinrich Kopf saß (wieder der Rübenschnaps!), über die Zukunft der Deutschen weinend, auf der Treppe, als wir unsere Lizenz feierten; der Wirtschaftsredakteur entdeckte die ideale Heimstatt der Zukunft: eine Laube auf zwei Rädern. Ein Volontär lief zu Fuß von Lübeck bis ins bayerische Marktredwitz für eine Reportage über die damals so genannte grüne Grenze, die heute alles andere als grün ist, nämlich tödlich, oder entdeckte, mit dem unerhörten Spesenetat von viertausend Reichsmark ausgestattet, auf einer Nordseeinsel Deutsche, die Bohnenkaffee tranken, soviel sie wollten; der Produktionsleiter, gelernter Setzer und nach heutigen Termini auf dem zweiten Bildungsweg zum Offizier der damaligen deutschen Wehrmacht (VOMAG = Volksoffizier mit Arbeitergesicht) befördert, stellte sich mit einem Lastwagen in eine Schlange britischer Militärfahrzeuge und kam wirklich mit einer vollen Kohleladung zurück, Wärme für vier Wochen; ein ehemaliger Feldwebel fuhr auf einem Handkarren die gedruckten Exemplare zu den Händlern; wir alle trugen mal mehr, mal minder gut eingefärbte Wehrmachtsuniformen. Erwähnen muß ich, daß mein Mitgeschäftsführer Hans Detlev Becker seit der Nummer 23 des ersten Jahrgangs dabei ist, ein wohl ungewöhnliches und kaum irgendwo anders nachweisbares Zeugnis fortdauernder Zusammenarbeit.

»Wir beschlossen«, schrieb nach dem ersten überstandenen Jahr der Herausgeber reichlich grün und kühn an den »Lieben SPIEGEL-Leser«, »unsere eigenen Ansichten und Autoreneitelkeiten zur Belanglosigkeit zu verdammen.« Wir baten die Leser, zum Jahreswechsel mit uns gemeinsam auf etwas anzustoßen, was uns damals wichtig war und zumindest dies auch heute noch wichtig geblieben ist: »Auf die Selbstironie!«

Brief über Anfangsfinanzierung des SPIEGEL

Rudolf Augstein   Hamburg, den 14. Dezember 1987

Lieber Leo!

Ich wußte immer, daß John Chaloner in dieser Sache ein Risiko eingegangen ist, allerdings kein allzu hohes: Er hätte ausweislich des Schriftstücks vom 29. November 1946 die Kommission ohnehin zum 1. Januar 1947 verlassen müssen. Die Rüge wird er wohl als Zivilist mit einigem Vergnügen eingesteckt haben. Unverständlich bleibt mir John Chaloners Hinweis an Martina Briggs, irgendein Absatz könne erklären, warum ich und meine Partner geheimnisvolle Schwierigkeiten gehabt haben sollten, das Kapital aufzubringen.

Es leuchtet wohl ein, daß die Frage, ob wir für eine britische Zeitschrift Kapital aufbringen konnten, am 29. November 1946 gar nicht aufgetaucht sein kann. Niemand von uns dachte daran, daß das Blatt demnächst eine deutsche Zeitschrift sein würde. Uns hatte man gesagt, aus undurchsichtigen Quellen seien RM 70 000,– zur Gründung herangezogen worden. Als ich vier Wochen später die vorläufige Lizenz erhielt, war wiederum keine Rede davon, ob ich eine Ablösesumme hätte aufbringen können. Naturgemäß hätte ich das gekonnt, denn meine Eltern waren nicht unvermögend und nicht ausgebombt. Drei Leicas hätten genügt, die gesamte Summe an die undurchsichtige Quelle zurückzuzahlen. Auch Du als einer meiner ältesten Partner hättest ja von dem Vorhaben erfahren müssen, daß wir am 29. November 1946 Geld hätten zusammenkriegen sollen. Also, dieser mysteriöse Hinweis John Chaloners bleibt mir unverständlich. Das Blatt verdiente naturgemäß vom ersten Tag an, weil jedes einzelne Exemplar uns ja aus den Händen gerissen wurde.

Nochmals herzlichen Dank,

Dein

Rudolf

Harry Bohrers Brief an Augstein wegen des angeblichen Gentlemen's Agreement über die Beteiligung am SPIEGEL

1. August 1950

Lieber Herr Augstein,

im Verlaufe unserer telephonischen Unterhaltung heute abend habe ich Ihnen gesagt, daß weder Mr. Ormond noch Mr. Chaloner oder ich die von Ihnen geplanten firmenmäßigen Veränderungen im Spiegel gutheißen können. Ich habe Ihnen auch mein Befremden darüber ausgesprochen, daß Sie bisher nicht zu unserem Schreiben vom 18. Juli Stellung genommen haben und daß Sie sich nicht bereit erklären, von einer definitiven Entscheidung bis zu unserer Ankunft am 28. ds. abzusehen.

Nach meinem Gespräch mit Ihnen habe ich mit Mr. Ormond telephoniert, und ich bitte nun um eine Antwort auf folgende Fragen:

1. Ist Herrn Jahr unsere Vereinbarung von 1947 bekannt, welche alle die Gründung und den Aufbau des Spiegel betreffenden Umstände anerkannte, und ist es ihm bekannt, daß diese Vereinbarung noch der Erfüllung harrt?

2. Sind Sie in der Lage, im eigenen und Herrn Stempkas Namen zu bestätigen, daß die seinerzeitige Vereinbarung als »Gentlemen's agreement« bezeichnet wurde und daß Sie sich der Bedeutung dieses Ausdrucks bewußt sind?

Ihr B. (Bohrer)

Kopien an:
Herrn R. Stempka,
Mr. H. L. Ormond,
Mr. J. C. Chaloner.

Brief von Augstein, Stempka und Barsch an Henry Ormond, mit dem die Beteiligungsansprüche der britischen Magazingründer am SPIEGEL abgelehnt werden.

Lieber Mr. Ormond,
wir bestätigen dankend den Empfang Ihres Schreibens vom 18. 7. 1950. Im gegenseitigen Interesse halten wir es für richtig, unseren Standpunkt ganz klar herauszustellen, und wir hoffen, daß durch diese offensichtliche sachliche Meinungsverschiedenheit unsere guten persönlichen Beziehungen nicht getrübt werden.

Wir geben unumwunden zu, daß Sie uns bei Gründung des SPIEGEL dienstlich sehr unterstützt haben. Dafür schulden wir Ihnen Dank. Als Sie dann bei einer der Besprechungen anregten, wir sollten diesen Dank auch in materieller Form abstatten, sagten wir dieses zu. Diese Zusage haben wir gehalten, soweit Sie uns um Unterstützung gebeten haben. Dazu sind wir im angemessenen Rahmen auch in Zukunft bereit.

Diese Zuwendungen erfolgten jedoch freiwillig, ohne Anerkennung einer Rechtspflicht, wie es dem Inhalt der seinerzeitigen Besprechung entsprach. Es liegt auf der Hand, daß Sie keine Mitgesellschafter sind. Dazu bestand damals und dazu besteht heute für Sie keine Möglichkeit. Hinzu kommt, daß Sie auch nicht für die Gesellschaft tätig waren.

Mit dem gesamten Geschäftsbetrieb der G.m.b.H. hatten Sie bisher nichts zu tun, er würde Sie auch in Zukunft nicht berühren. Die erbetenen Unterlagen können wir Ihnen daher nicht übersenden. Die in Frage stehende Umorganisation berührt ebenfalls ausschließlich uns.

Wir freuen uns, Sie bald wiederzusehen. Eine geschäftliche Besprechung hätte aber nur Zweck, wenn Sie unsere Auffassung als Verhandlungsrahmen anerkennen. Hierzu erbitten wir Ihre Stellungnahme. Wir sind unter dieser Voraussetzung der Überzeugung, mit Ihnen zu einer befriedigenden Lösung zu kommen.

Mit besten Grüßen,
Rudolf Augstein   Roman Stempka   Gerhard R. Barsch
SPIEGEL-VERLAG G.m.b.H. – Die drei Gesellschafter

Ormond-Brief an Augstein, Stempka und Barsch mit dem Anspruch der Briten, 30prozentige Teilhaber am SPIEGEL zu werden.

Sehr geehrte Herren,
    Ihr Schreiben vom 3. d. M., das am 9. d. M. hier einging, möchte ich nicht unwidersprochen lassen, auch wenn noch eine gemeinschaftliche Beantwortung von uns Dreien nachfolgen sollte.

1. Die Unterstützung bei der Gründung des Spiegel ging über das Dienstliche weit hinaus. Ohne den persönlichen Einsatz von uns Dreien wäre aus »Diese Woche« kein »Spiegel« geworden und die Zeitschrift mit Ihnen Dreien als Lizenzträger nie entstanden.

2. Unsere persönlichen Bemühungen unter Nichtdurchführung erhaltener Befehle waren derartig, daß John Chaloner die Sache beinahe die Stellung gekostet hätte, Harry Bohrer deshalb nicht zum Offizier befördert wurde, meine Übernahme in die CCG deshalb abgelehnt wurde und ich erst nach einem Jahr, nachdem über die Sache Gras gewachsen war, übernommen wurde.

3. Wir haben nie einen Dank in materieller Form verlangt. Wir haben dagegen der Hoffnung Ausdruck gegeben, daß, wenn einmal die rechtliche Möglichkeit dazu gegeben sei, wir Gesellschafter mit je 10% Geschäftsanteil würden. Das ist bedingungslos von Ihnen gutgeheißen und als eine Selbstverständlichkeit anerkannt worden.

4. Unterstützung wollen wir nicht! Bei der seinerzeitigen Besprechung ist von einer Rechtspflicht nicht die Rede gewesen. Die allerseits anerkannte moralische Pflicht hat zu einem »Gentlemen's agreement« geführt.

5. Wir wissen, daß wir keine Gesellschafter sind. Rechtlich bestand damals keine Möglichkeit dazu. Heute besteht sie.

Auch ich hoffe, daß wir zu einer Verständigung kommen und daß, wie dem auch sei, unsere persönlichen Beziehungen unter dieser Auseinandersetzung nicht leiden werden.

Hochachtungsvoll
(Henry Ormond)
Rechtsanwalt

Augstein-Brief an Ormond mit Zahlungsvorschlag

1. 9. 1950

Sehr geehrter Herr Ormond,

ich darf unsere Vorschläge noch einmal fixieren. Wir zahlen, beginnend mit dem 1. Oktober 50, sechs Monate lang je 500 DM an die Herren Bohrer und Chaloner, insgesamt für beide 6000 DM.

Da ich jetzt in Urlaub fahre, genügt es, wenn Sie dem Verlag Ihre Zustimmung mitteilen, das Abkommen ist dann in Kraft.

Hochachtungsvoll!
(Rudolf Augstein)
Chefredaktion

Bohrer-Brief an Ormond über die Annahme des Augstein-Vorschlags

September 30, 1950.

Dear Henry,

I am very sorry I had not been more explicit. I had thought that either John or myself had intimated that under the circumstances, whatever we may think about the Spiegel's procrastination, we had no option but to accede to their proposals. On receipt of your letter of the 26th therefore I wired you (on Thursday, Sept. 28) »Yes«, and I understand from John that he, on receipt of a copy of your letter, also expressed our agreement by wire.

Kindest regards,
Yours,
Harry (Bohrer)

Augstein-Hausmitteilung an Wolff über Rußland und den Kommunismus

Hausmitteilung/Aktennotiz

Von: Augstein
An: Herrn Wolff
Datum: 10. Juli 1961 – A/ss

Lieber Herr Wolff!
Nur noch ein schüchterner Hinweis: Nein, Rußland will nicht die Welt erobern. Es will den Kommunismus in aller Welt durchsetzen und dabei sicher auch für den nationalen russischen Anteil ein möglichst großes Stück des kommunistischen Gesamtkuchens abbekommen. Das ist ein großer Unterschied. Rußland denkt nicht daran und hat nie daran gedacht, ein stabiles Westeuropa »zu erobern«. In Berlin stehen russische und kommunistische Interessen auf dem Spiel, in Westeuropa nur kommunistische Interessen. Für russische Interessen müssen und werden sie fechten, für kommunistische Interessen würden sie das niemals tun, wie jedermann weiß. Der Westen denkt unsauber, wenn er diese Unterscheidung nicht trifft.

Mit freundlichem Gruß
Ihr Augstein

Mitteilung Dieter Jaenes an Augstein über die »Deutsche Frage«

Hausmitteilung/Aktennotiz

Von: Jaene
An: Augstein
Datum: 14. August 1962

Zu Beginn meines Urlaubs war ich aus privaten Gründen in Ostberlin und machte auch einen Abstecher in die DDR. Ich hatte Gelegenheit zu Gesprächen mit Offiziellen und Nichtoffiziellen, und diese Gespräche sowie die Eindrücke, die ich sonst noch sammelte, schienen es mir notwendig zu machen, gleich nach dem Urlaub an Sie zu schreiben und vorzuschlagen, der SPIEGEL möge doch in Zukunft wieder stärker als in der letzten Zeit mit den ihm gemäßen Mitteln die Diskussion um die Deutsche Frage beleben. Wir haben da ja aus den fünfziger Jahren eine gute Tradition.

Ihr letzter Kommentar zeigt mir, daß ich offene Türen eingerannt hätte. Aber vielleicht interessieren Sie doch noch einige Überlegungen, die ich zum Thema angestellt habe.

Man sollte in nicht zu loser Folge eine Reihe von Kommentaren (Jens Daniel, Moritz Pfeil) veröffentlichen, die überzeugend die Notwendigkeit begründen, Ulbricht jetzt mit Gewalt an die Brust zu drücken. Nachdem nun auch die strammsten West-Integrierer einräumen, daß auf dem Umweg über Westeuropa die staatliche Einheit Deutschlands bis auf weiteres nicht zu erreichen ist, muß man ihnen nahebringen, wie sehr es in dieser Lage ein Gebot primitivsten Anstandes sei, die Opfer dieser Integration, nämlich die DDR-Bewohner, nicht gänzlich im Ostblock versacken zu lassen.

Eine Bonner Bereitschaft zu Gesprächen mit der DDR-Regierung würde Ulbricht ja auch das Hauptargument aus der Hand schlagen, das Förderer und Gegner des Zonenregimes in der DDR langsam immer näher zusammenbringt: das Argument nämlich, Bonn gehe seinen eigenen Weg und kümmere sich einen Dreck um die Zone.

263

Außer Kommentaren kann ich mir SPIEGEL-Geschichten vorstellen, in denen etwa das Maß der De-facto-Beziehungen zwischen Bonn und Ostberlin untersucht wird oder in denen man irgendein anderes Problem zu diesem Komplex darstellt.

Dazu kämen SPIEGEL-Gespräche – wenn nicht anders selbst mit Mende – über seinen Vorschlag gesamtdeutscher Kommissionen. Ich meine, auch ein Ulbricht-Gespräch wäre wieder einmal möglich – zumindest sollte man es probieren, wobei ich gerne Vermittlerdienste zu leisten versuchen will.

Wir sollten, finde ich, nach möglichst vielen Anlässen suchen, den gesamtdeutschen Topf am Kochen zu halten, und wenn Sie meinen, solch ein Engagement des SPIEGEL wäre bei Abwägung aller Umstände gut, würde ich Ihnen noch ein paar Vorschläge machen wollen, wie man die Sache in den Griff bekommt.

Jaene

Aktennotiz über Besetzung der Chefredaktion während Augsteins Inhaftierung

Aktennotiz
(ausgefertigt in 12 Exemplaren)

Die Unterzeichneten kamen überein:

1. Das Impressum bleibt unverändert, soweit es Herausgeber, Chefredaktion und Stellvertreter betrifft. Herr Engel nimmt seine Arbeit wieder auf.
2. Solange Herr Jacobi verhindert ist, werden seine Rechte und Pflichten in der Chefredaktion von Herrn Brawand wahrgenommen.
3. Diese Regelung gilt, bis Herr Rudolf Augstein anders bestimmt.

Hamburg, den 4. November 1962

Brawand
Busse
Engel
Jaene
Wolff

Verteiler:
1. Herr Rudolf Augstein
2. Herr Gruner
3. Herr John Jahr
4. Herr Poppe
5. die Unterzeichneten

Brief Richard Gruners an Brawand über seine Bestellung als Gesamtprokurist

Hamburg, den 8. November 1962

Sehr geehrter Herr Brawand,

Sie sind durch Gesellschafterbeschluß der Rudolf Augstein GmbH zum Gesamtprokuristen mit Herrn Rolf Poppe bestellt worden. Sie haben davon Kenntnis, daß Ihre Bestellung zum Gesamtprokuristen geschehen ist wegen der bestehenden Aktionsunfähigkeit der Herren Rudolf Augstein und Hans-Detlev Becker als Geschäftsführer der GmbH.

Sie sind unterrichtet davon, daß Sie von Ihrer Zeichnungsberechtigung als Gesamtprokurist nur dann Gebrauch machen, wenn keiner der Geschäftsführer der GmbH zur Verfügung steht. Wir machen Sie darauf aufmerksam, daß Sie bei Ihrer Tätigkeit als Gesamtprokurist an die internen Beschränkungen gebunden sind, die nach der Satzung der GmbH vom 2. 4. 1962 für Geschäftsführer gelten, und erklärten sich damit einverstanden.

Wir danken Ihnen sehr dafür, daß Sie in dieser Ausnahmesituation des Verlages mit Ihrer ganzen Arbeitskraft und Verantwortung zur Verfügung stehen.

Mit freundlichen Grüßen
(Richard Gruner)

Brief von Rechtsanwalt Josef Augstein an Brawand über mögliche Entlassungstermine der inhaftierten SPIEGEL-Redakteure

Dr. Augstein
Rechtsanwalt und Notar   Hannover, den 13. Dezember 1962

Lieber Herr Brawand!

Gestern war ich bei Herrn Landgerichtsdirektor Dierks. Außerdem sprach ich mit Herrn Oberlandesgerichtsrat Buddenberg. Mein Bruder dürfte im nächsten Haftprüfungstermin, Anfang Januar, entlassen werden. Auch Herr Landgerichtsdirektor Dierks versicherte mir, daß Herr Schmelz und Herr Ahlers herauskämen, sobald die Ermittlungen abgeschlossen seien und er die Herren abschließend vernommen habe.

Herr Schmelz hat am 20. Dezember neuen Haftprüfungstermin. Leider hat Herr Schmelz entgegen meinem Rat auf Empfehlung seines Verteidigers, Rechtsanwalt Dr. Schmidt-Leichner, jede Aussage verweigert. Das erschwert natürlich die Haftentlassung. Ich bin sicher, daß Herr Schmelz sonst am 20. Dezember herausgekommen wäre. (...)

Dierks ließ durchblicken, daß ich zu den Scharfmachern gehöre. Aus der Rücksprache ergab sich jedenfalls, daß die Richter über die Strömungen im SPIEGEL voll unterrichtet sind. Herr Landgerichtsdirektor Dierks meinte, er wisse das aus einem Schreiben des Herrn Jacobi an meinen Bruder.

Ich sagte Herrn Landgerichtsdirektor Dierks, daß wir uns zur Wehr setzen müßten, und zwar mit aller Schärfe, falls wir angegriffen würden. Ich hielt das Verhalten der Bundesanwaltschaft für rechtswidrig. Wir müßten jedenfalls gegen solche Handlungen publizistisch Stellung nehmen. (...)

Insgesamt wollte ich nur warnen, in der Korrespondenz zu offen zu sein. Ich halte es für absolut unzweckmäßig, daß auf diesem Umwege die Außenwelt über die effektive innere Lage beim SPIEGEL unterrichtet wird.

Selbstverständlich halte ich es auch für unrecht, wenn die Richter solche Dinge zur Kenntnis nehmen und darüber sprechen. Herr Dierks war sonst aber absolut wohlwollend. Richter sind eben auch nur Menschen.

Freundlichen Gruß Ihr Augstein

Mitteilung von Walter Busse über Anweisungen Augsteins aus dem Gefängnis

Hausmitteilung/Aktennotiz

Von: Busse
An: Herren Becker / Jacobi / Engel / Brawand / Jaene / Wolff
Datum: 14. Dezember 1962

Herr Augstein läßt die Redaktion herzlich grüßen. Er glaubt, daß durch die Aktivität der Redaktion, der Verlagsangehörigen und aller Mitarbeiter der Bestand des SPIEGEL gerettet und gesichert worden ist.

In der Redaktionsführung bestätigt Herr Augstein Herrn Jacobi als Chefredakteur. Für die Beschaffung und Veröffentlichung der Beiträge, die sich indirekt oder direkt mit der SPIEGEL-Affäre befassen, soll jedoch Herr Brawand die letzte Entscheidung als Chefredakteur übernehmen.

Solche Beiträge (wie etwa der Abdruck von Rechtsgutachten, Higgins-Gespräch oder dergleichen) sollen auch in Zukunft erscheinen. Rechtswidrige oder nach Ansicht der Redaktion rechtswidrige Angriffe und Eingriffe müssen abgewehrt oder beantwortet werden. Durch – in jedem Fall wohlgemeinte – Aktivität in dieser Richtung konnte aber in Einzelfällen der Eindruck entstehen, als sollten Rechtsinstanzen unter Druck gesetzt werden. Deswegen sollen Beiträge in eigener Sache zur SPIEGEL-Affäre ausdrücklich nur nach vorheriger Zustimmung von Herrn Brawand (oder Busse) recherchiert und bearbeitet werden.

Mitteilung Brawands an Augstein über eine Beschwerde des damaligen Bundesverteidigungsministers Helmut Schmidt

Hausmitteilung/Aktennotiz

Von: Brawand
An: Herrn Augstein
Datum: 5. 2. 1970
Betr.: Schmidt

Auf dem Hamburger Presseball führte Helmut Schmidt in einem Gespräch mit mir heftig Klage über angeblich unfaire Behandlung durch den SPIEGEL. Er habe Dir einmal in einem Brief sechs Zitate aufgezählt, die ihm fälschlich zugeschrieben wurden und darauf von Dir aber nur als Antwort bekommen, daß mancher Politiker auch durch falsche Zitate richtig dargestellt worden sei.

Er könne sich nicht erklären, warum wir ihn als Zielscheibe ausgesucht hätten und fortgesetzt falsch über ihn berichteten. Auf meinen Einwand, daß die SPD, zumindest seit sie den Kanzler stelle, offenbar besonders empfindlich sei, meinte er, daß sei im Grunde richtig, treffe aber auf ihn persönlich nicht zu. In Sonderheit geärgert habe ihn die Bezeichnung »Schmidt-Noske«, die ungerechtfertigt sei und eine Erfindung des SDS. Ihm machten diese Angriffe erhebliche Schwierigkeiten, denn immerhin müsse er sich ja »in Abständen wählen lassen«.

Er bietet Dir an, Dich einmal drei Tage lang bei einem Truppenteil Deiner Wahl »umzusehen, um festzustellen, was wirklich bei der Truppe los ist«.

Brawand

Mitteilung Dr. Dieter Wilds über »linksdoktrinäre Verkrampfung« im Deutschland-Ressort I (D I)

Hausmitteilung/Aktennotiz

Von: Wild
An: Chefredaktion, Deutschland I, Herrn Brawand
Datum: 30. September 1970 K –

Ich habe bereits erklärt, daß ich es unerträglich finde, daß D I- und Wirtschaftsredakteure ein Gespräch über die deutsche Entwicklungshilfe für das Ausland allein bestreiten. Ich war dabei noch davon ausgegangen, daß es sich um ein Interview handele, nicht aber – wie sich jetzt herausstellt – um ein fast 50 Blatt starkes Grundsatzgespräch, das über Kuba, Brasilien, Peru, Mozambique, Tansania, Indien, also über das Ausland geht. Man darf vermuten, daß Auslandsredakteure hier besser Bescheid wissen als Redakteure, die sich normalerweise mit Bonn befassen.

Ein Auslandsredakteur hätte zum Beispiel kaum auf Seite 15 den mit Verlaub etwas irren Einwand gemacht: »Tansania zum Beispiel«. Mexiko ist für die Begrenzung der Fremdinvestitionen ein viel besseres, weil unverdächtiges Beispiel als das extremistische Tansania, es sei denn, wir wollen unsere Sympathien gerade für dieses Land offenbaren – wogegen ich dann aber wieder Protest erheben müßte.

Überhaupt offenbart der SPIEGEL in einigen seiner Fragen jene linksdoktrinäre Verkrampfung, gegen die wir bei Kollegen von D I in der letzten Zeit wiederholt, aber offenbar vergebens andiskutiert haben.

Ich meine damit: Der SPIEGEL gibt für meinen Geschmack in einer der Form nach platten und dem Inhalt nach nicht zu rechtfertigenden Art zu verstehen, daß die Bundesregierung ihre Entwicklungshilfe besser revolutionären Bewegungen zuzuführen habe. (...)

Meines Erachtens sollten wir auch unseren Antiamerikanismus, den wir haben und pflegen dürfen, nicht an unsinniger Stelle vorbringen. Auf Seite 10 sagt Eppler: »(Dieses System) ist

270

jedenfalls sehr viel besser als das in Großbritannien oder den USA ...« Darauf der SPIEGEL: »Die USA sollten wir uns nicht zum Vorbild nehmen.« Das aber hat Eppler gar nicht getan.

(Wild)

Antwort Dr. Alexander von Hoffmanns auf Dr. Wilds Protest

Hausmitteilung/Aktennotiz

Von: Dr. von Hoffmann
An: Chefredaktion, Herrn Dr. Wild, Herrn Brawand
Datum: 1. Oktober 1970
Betr.: Eppler-Gespräch

Was die Besetzung beim Eppler-Gespräch angeht, so hat Herr Wild selbst in der letzten Woche erklärt, er wolle die nun einmal getroffenen Arrangements nicht mehr umstoßen.

Die Terminologie des Schreibens (»unerträglich«, »irrer Einwand«, »linksdoktrinäre Verkrampfung«) wirft allenfalls die Frage auf, wer hier verkrampft ist. (...)

Wir möchten Herrn Wild empfehlen, die Serie »Da hilft nur noch Gewalt« daraufhin zu überprüfen, ob sie nicht eine einzige Rechtfertigung für den von ihm beklagten Trend des Gesprächs ist. Gerade die Frage nach der Unterstützung revolutionärer Kräfte ergibt sich nach dieser Serie von selbst ... Die Zusatzfrage »vielleicht indirekt?« bezieht sich auf den aktenkundigen Vorgang der indirekten Bonner Unterstützung der Frélimo durch die bundesfinanzierte Friedrich-Ebert-Stiftung.

Vielleicht sollte sich Herr Wild einmal mit den Auslandsredakteuren unterhalten, die »hier besser Bescheid wissen«. Die Vertreter seines Ressorts bei der Grundsatzdiskussion argumentierten immerhin aus einer Position, die Herrn Kröger zu der Bemerkung »Apo-Arschlöcherei« animierte. (...)

v. Hoffmann

Mitteilung des Deutschlandredakteurs Wolfram Bickerich an den Moskauer SPIEGEL-Korrespondenten Siegfried Kogelfranz über die Raketenstärke in Ost und West

Hausmitteilung/Aktennotiz

Von: Bickerich
An: H. Kogelfranz, RV Moskau
Datum: 8. Mai 1981
Betr.: Moskaus Raketenwaffen

Lieber Herr Kogelfranz,
es wird Sie im Ernst nicht überraschen, von mir zu hören, daß ich Ihr Manuskript zum Thema Ab-, Nach- oder Aufrüstung im SPIEGEL für undruckbar halte; mehr: daß es für mich Folgen haben müßte, wenn das Werk erschiene.

Ich möchte das begründen, nicht en detail, sondern ein bißchen prinzipiell; auf die Gefahr hin, daß ich in der Meinung der Mehrheit des Auslandsressorts weitere Klischeekonturen gewinne als spinnerter Moralist.

Ich will es deswegen nicht im Detail, weil das Zählen von Waffensystemen nicht weiterführt, weil es Sache des persönlichen Geschmacks oder Glaubens ist, auf welche Stelle der Rüstungsspirale der einzelne guckt. Soll heißen: Ich behaupte gar nicht, daß die Amerikaner die Bösen sind und die Russen meine Freunde; und ich unterstelle Ihnen andersrum keine Dummheit oder, Ihr Wort, mangelnden Verstand. Es ist persönliche Sache, mehr zu Moskau, Washington, Bonn oder, noch besser, nirgendwohin zu neigen.

Nur behaupte ich eines ganz entschieden: Ein bißchen Pazifismus geht sehr wohl, das lasse ich mir von keinem nehmen, schon gar nicht mit der infamen Albernheit, mein bißchen sei »schon Ende 1979 in Moskau geplant« worden. Vergessen wir's; für mich ist Pazifismus nicht so watscheneinfach Schimpfwort, sondern eine pure Haltung.

Zu dem, was ich für »meinen« SPIEGEL, mein Bild vom SPIEGEL halte, gehört nun allerdings, daß darin ein wenig Friedenssehnsucht mitschwingt und durchdringt – nicht als Schaum vorm Mund aufgetragen, wo wäre denn da der Kodex des Hauses; auch nicht als Wort zum Sonntag, aber – warum dies Wort vermeiden – in der Tendenz.

Da haben Sie einen Grund, wieso ich mir hier manchmal mehr gezeigte Flagge wünsche, auch dann jeweils, wenn der Name FJS beim besten Willen nicht fallen kann. Mein SPIEGEL-Verständnis trudelt schon mal, wenn es etwa zu hören kriegt, wo denn nun bitte das Blatt in der Sache Waffenexport stehen solle: Ich finde, statt umständlicher Antwort gibt es da nachgerade eine Automatik, weil Verpflichtung.

Geradezu automatisch muß mein SPIEGEL-Bild in der Außenpolitik für Entspannung eintreten, für Verständigung und Dialog. Da sollte der SPIEGEL, finde ich, auch nicht wackeln; denn aller Zynismus im Hause kann nicht darüber wegtäuschen, daß es gelegentlich auch Verantwortung gibt – gegenüber dem Leser und der Tradition des Hauses.

Neben diesem, leise zu haltenden, Prinzip – denn Moral hat in der Hamburger Zentrale so einen unmoralischen Touch – gibt es noch etwas Zweites: »Mein« SPIEGEL sollte sich nicht zum Medium der Propaganda jeweils einer Seite machen (ob das nun um den Golf von Tonking oder den Einmarsch in Afghanistan geht), er sollte vielmehr in möglichst hohem Maße tolerant bleiben. Dies muß auch gelten gegenüber den gewiß gräßlichen Erfahrungen, die der Moskauer SPIEGEL-Korrespondent sammeln mußte. Er ist dafür nicht zu beneiden.

Er hat aber, Verzeihung, die Weisheit, Politik annähernd exakt zu interpretieren, so wenig gepachtet wie umgekehrt Bonn oder die Chefredaktion oder D I.

Aber jeder von denen sollte immer eingedenk sein, daß dies so ist – und jedesmal von neuem, wenn er den SPIEGEL füllt, entsprechend zu formulieren trachten: Es gibt hier eine liberale Tradition. Die will ich nicht missen.

Gruß Bickerich

Antwort von Kogelfranz an Bickerich

Moskau, 20. 5. 1981

Lieber Herr Bickerich,

ich bin mit Ihnen in der Frage der Moral, auch in der SPIEGEL-Berichterstattung, völlig einer Meinung. Zu moralisierend, zu engagiert, das habe ich in 19 SPIEGEL-Jahren über meine Beiträge immer wieder hören müssen.

Fast immer ging es dabei gegen die USA, deren Politik in der weiten Welt ich stets dumm bis unerträglich fand. Als ich 65 zum erstenmal schrieb, die Amerikaner müßten aus Vietnam raus oder würden dort verlieren, handelte ich mir die bissige Frage von Conny Ahlers selig ein, ob ich denn gedient hätte, um dies beurteilen zu können (ich habe nicht). Als ich 70 eine Südamerikaserie schrieb, fand Herbert Marcuse (der ein Gratis-Abonnement erbat), nun könne man den SPIEGEL wieder lesen. Als ich von den faschistischen Athener Obersten bestochene deutsche Journalisten beim Namen nannte, geriet ich in juristische Beweisnot und ins Kreuzfeuer von Kollegen, denen eine solche Diskussion peinlich war (nur der Herausgeber stand mir bei). (...)

Seit gut zweieinhalb Jahren sitze ich in Moskau, wo ich keineswegs »gräßliche« Erfahrungen sammelte, wie Sie meinen. Die eher primitiven Korrigierversuche von niederrangigen KGB-Hooligans wie ein bißchen Drohen, ein bißchen Radlockern am Auto, ein bißchen Fallenstellen beeindrucken mich nicht über die Maßen. Ich bin mit einer Russin verheiratet und habe viele russische Freunde.

Aber ich habe halt als einziger vom SPIEGEL bisher dort wie hier gelebt und deswegen ist es mir völlig unerklärlich und unverständlich, wie Deutsche, dreieinhalb Jahrzehnte nach Hitler, sich mit einem Regime gemein machen können, das alle Attribute der Naziherrschaft hat: KZs und SS, elektrischen Stacheldraht nicht nur um die zahllosen Lager, sondern ums ganze Land, Irrenhäuser, in denen Andersdenkende zu Tode gequält werden, Pimpfe, HJ und BDM (mit totaler Militarisierung; die Schießausbildung beginnt bei Kindern und setzt sich über die Studienzeit fort), Bücherverbrennungen, Blockwarts, die totale Zensur und

275

staatliche Reglementierung jeder Meinungsäußerung und jeglicher künstlerischer Betätigung, Informations-, Reise- und Emigrationsverbot sowie alljährlich zweimal Reichsparteitagsaufmärsche samt Bekräftigung des systemimmanenten Welteroberungsgebots. (...)

Die Reagans kommen und gehen – nach vier Jahren, wenn sie nicht totgeschossen werden. Das amerikanische Volk hat bewiesen, daß seine demokratischen Institutionen ausreichen, mit einem kriminellen Präsidenten fertigzuwerden. Diese Gesellschaft hier konnte in sechs Jahrzehnten ihr kriminelles Regime nicht überwinden, nicht mal reformieren. Vor ihm möchte ich unsere Kinder bewahren. Wenn dies durch die Mitteilung von Fakten im SPIEGEL nicht mehr möglich wäre, dann müßte ich für mich Konsequenzen daraus ziehen.

Mit durchaus freundlichem Gruß
Kogelfranz

Kogelfranz-Brief an Augstein darüber, daß die Argumentation des SPIEGEL zur Nato-Nachrüstung »voll auf der Desinformationsschiene des KGB« laufe:

Moskau, 13. 5. 1981

Lieber Herr Augstein,

ich kenne Sie seit neunzehn Jahren und weiß daher, daß es uns beiden nicht viel bringt, Ihnen diesen Brief zu schreiben. Sie kennen mich ebensolang und wissen daher, weshalb ich ihn trotzdem schreibe.

Es geht um das Thema, das, wie ich höre, Sie persönlich sehr beschäftigt und sich demnächst in einem Titel niederschlagen soll. (...) Es geht also darum, wer uns, die Europäer, eher in den Sack haut, die Russen oder die Amerikaner. (...) und ich glaube halt nun mal, daß der Zug, den der »Spiegel« bestiegen hat, in die falsche Richtung fährt.

Ich habe meine zwei »Spiegel«-Jahrzehnte lang gegen Amerikas elefantenfüßige Außenpolitik angeschrieben, in Vietnam, in Griechenland, in Lateinamerika, in der Dritten Welt generell. Außer ein paar Scherereien mit Jacobi ging das auch immer gut, Chefs und Leser haben mir offenbar geglaubt.

Nun, da ich seit fast drei Jahren in Moskau sitze und dank persönlicher Umstände mehr über Russen weiß und sie besser kenne als andere Korrespondenten, glaubt mir offenbar zumindest der Chef nicht mehr – oder er meint es besser zu wissen. (...)

Ich bin hierhergekommen, weil ich eine Herausforderung suchte. Ich habe sie bekommen. Ich bin auch hierhergekommen, weil ich den Experten nicht traute und trotz meiner Erfahrungen von Budapest 56 und Prag 68 glaubte, an dem System müßte was dran sein. Ich betrachte mich immer noch als liberaler Sozi, der ich mein Leben lang war – aber ich kann Ihnen kompetent sagen, daß hier nichts gut ist.

Dies ist ein System, das mit dem Nationalsozialismus mehr gemein hat als jedes andere in einem Land von Bedeutung existierende. Und es reagiert auch so, nur nicht so verrückt, weil es zur Zeit keinen Schwachsinnigen an der Spitze hat. Und die Vernunft, die es zeigt, etwa in Polen, erinnert mich bloß an die von

277

Tucholsky – wer hinten nicht mehr hoch kann, wird fromm und weise. Zu gefährlich, die Polen, aber nicht, weil sie kuschen, sondern weil sie sich wehren.

Die Russen, ich spreche absichtlich immer von den Russen, weil es ihre Haltung und ihre Politik ist, nicht die der »Sowjets«, die es nicht gibt, wissen, daß sie im normalen Wettbewerb nie Nummer eins werden können, auch nie ein Gleichgewicht erreichen, dazu ist ihre Wirtschaft und die Potenz, daran etwas zu ändern, zu unbeschreiblich.

Sie können nur, was sie im Entspannungsjahrzehnt gemacht haben, militärisch große Sprünge machen, während die anderen eingelullt sind – und dann mit Einschüchterung erreichen, was sonst nicht geht.

Und dies ist, unbeirrbar, ihr Ziel, das sie verfolgen, seit es sie gibt. Es gibt in der objektiven Beweiskette keine Lücke. Wer mit ihnen nach München geht und wie Chamberlain heimkommt mit »dem Frieden für eine Generation«, der muß morgen schon zurückschießen – oder sich ergeben. Wie viele Male haben wir geschrieben, wie leicht unser Gröfaz zu stoppen gewesen wäre, hätten wir in den Dreißigern den Mahnern geglaubt – im Rheinland, in Prag, in Wien. (...)

Ich kann auch nichts gewinnen, indem ich hier immer die große Lippe riskiere, ich könnte weißgott angenehmer leben. Meine Frau, Absolventin der Prominenten-Napola des Regimes, hätte es auch sehr viel leichter, wenn sie ihr Wissen um die Lehrmeinung und die Methoden ihrer Landsleute in ihrer Brust vergraben hielte, bis sie endgültig hier raus ist – und müßte sich dann vielleicht nicht, wie gerade jetzt wieder, tagtäglich auf ärgste bedrohen lassen. Und wenn Sie, wie beim letztenmal, meinen, wir litten halt an Verfolgungswahn, dann hoffe ich nur, daß wir nicht in die Lage kommen, den Gegenbeweis antreten zu müssen.

Herr Augstein, glauben Sie mir, die hier wollen uns in den Sack kriegen, sie müssen es in ihrer Logik, um selber weiterzubestehen. Sie werden es, davon bin ich überzeugt, nie mit Krieg versuchen, denn sie wollen ja nicht unsere verbrannte Erde, sondern unseren Reichtum, aber sie werden es Scheibe um Scheibe zu erreichen versuchen, wenn es ihnen gelingt, uns zum Gegenteil der von uns verdammten Politik der Stärke zu bekehren – nämlich zu einer Politik der Schwäche, des Pazifismus, Neutralismus.

278

Sie selber haben vor fast 20 Jahren, im Oktober 62, einen Leitartikel zu Kuba geschrieben, der durch die Ereignisse widerlegt wurde. Breschnew versucht nun in Europa, was Chruschtschow damals in Amerika versucht hat. Wollen wir ihm helfen, sein Ziel zu erreichen?

Daß wir mit unserer Argumentation voll auf der Desinformationsschiene des KGB laufen, das kann einfach nicht gut für uns sein. Noch mal: Ich weiß nicht, ob wir die Nachrüstung brauchen, ich halte die Russen nicht für so stark, wie viele bei uns oder in Washington. Ich weiß nur, daß die ganze Richtung falsch läuft – aber das weiß ich ganz genau.

Und deshalb habe ich diesen Brief schreiben müssen.

gez. Siegfried Kogelfranz

Antwortbrief Augsteins an Kogelfranz

Rudolf Augstein   Hamburg, den 17. Juni 1981

Lieber Kogel!

Ihren Brief habe ich natürlich mit Betroffenheit gelesen. Ich beantworte ihn erst jetzt, weil er in den letzten Tagen vor Antritt meines Urlaubs eintraf.

Es gibt wohl kaum einen Gedanken in Ihrem Brief, den ich nicht schon selber gedacht hätte. Wir sind da im großen und ganzen einer Meinung.

Unterscheiden tun sich unsere Meinungen da, wo die echte Kriegsgefahr beginnt. Und da muß sich nun in der Tat jeder auf seine Erfahrung und seinen analytischen Verstand verlassen.

Daß Sie in Moskau Erfahrungen gehabt haben, die wertvoll waren, aber nicht unbedingt positiv sind, hat mit der analytischen Erfassung eines künftigen Kriegsgeschehens nichts zu tun. Bitte, begreifen Sie, daß es nicht die Stärke, sondern die Schwäche des Sowjet-Systems ist, seine innere Schwäche, die den Krieg wahrscheinlicher macht.

Bitte, begreifen Sie, daß die Sowjet-Union nicht nur im Inneren schwächer ist als alle ihre Gegner im Inneren sind, sondern daß sie auch objektiv, rein von der Verteidigung her gesehen, die unterlegene Macht ist. Dann müßte Ihnen eigentlich aufgehen, daß wir in einer exzellenten Kriegsgefahr leben, wenn wir diese Macht zum Äußersten treiben.

Machen Sie sich bitte klar, daß die Führer dieser Macht nichts anderes zu gewärtigen hätten, als den Strick oder die Kugel, wenn sie einem anderen, womöglich besseren Regime Platz machen müßten. Dies bedeutet: Der Untergang der Sowjet-Union ist in ihren Augen identisch mit ihrem eigenen persönlichen Untergang, mit dem Untergang ihrer Familien. Dafür kennen sie sowjetische Geistesart und russische Geistesart zu gut.

So ist es denn ziemlich egal, wie wir das sowjetische Regime beurteilen. Ich nehme an, Sie und ich beurteilen es sehr ähnlich. Wir haben objektiv auf die Gefahren für den Frieden zu sehen und darauf, daß Krieg nicht möglicher und daß er in Europa nicht möglicher wird.

Bitte, verstehen Sie mich in dieser Richtung. Es ist klar, daß in Glaubensfragen die Redaktion gespalten ist, soweit sie sich dafür überhaupt interessiert. Ich nehme an, zwanzig bis dreißig Menschen in der Redaktion sind erstklassig daran interessiert. Zwischen und unter diesen zwanzig bis dreißig Leuten eine Abstimmung herbeizuführen, halte ich für sinnlos. Dies ist eine Policy-Entscheidung. Innerhalb der aus drei Köpfen bestehenden Chefredaktion ist sie zwar noch nicht ergangen, aber doch weitgehend präjudiziert. Vorausgegangen sind ausführliche Diskussionen und Anhörungen.

Ich würde Ihnen, wenn ich mit Ihnen zusammensäße, x-beliebige Voraussagen der großen Strategen vorhalten, die auf Ihrer Linie liegen. Nur haben diese großen Strategen im Ersten und Zweiten Weltkrieg allesamt unrecht behalten. Ich vertraue der Nato-Strategie nicht im mindesten, weil es eine Nato-Strategie gar nicht gibt. Es ist immer nur die Strategie der Vereinigten Staaten. Daß Sie mir unterstellen, ich wüßte den Einmarsch der Vereinigten Staaten in Europa nicht zu schätzen, kränkt mich ein wenig.

Im übrigen ist es die Aufgabe des Journalisten, da, wo eine normale Einrede nicht mehr möglich erscheint, anzusetzen. Ich nehme für mich in Anspruch, daß ich so ehrlich nachdenke wie Sie. Ich nehme für mich in Anspruch, daß ich die Sowjet-Union nicht anders beurteile als Sie. Und trotzdem glaube ich sicher zu sein, daß die jetzige Reagan-Politik falsch ist. Sie bringt Europa dem Kriege näher.

Das Unglück zwischen uns beiden ist, oder mehr für mich, daß nur jene Tatsachen Sie und mich widerlegen können, die wir beide zu diskutieren keine Gelegenheit mehr haben würden. Bitte, sehen Sie diese Diskussion in diesem Licht.

Ihr alter Freund
Rudolf Augstein

Mitteilung Augsteins über den Nato-Nachrüstungsbeschluß

Hausmitteilung/Aktennotiz

Von: Augstein
An: s. Verteiler
Datum: 29. Juni 1981

Sehr liebe Herren,
  ich bitte Sie, doch ja nicht anzunehmen, daß die Tatsachen im Falle der Nachrüstung für sich sprechen. Sie müssen tendenziös angeordnet werden, sei es in der Tendenz der Nato, sei es in der Tendenz Bittorfs. Es ist reine Glaubenssache, für welche Tendenz man sich entscheiden will. Darum sollen die Tatsachen als solche dennoch stimmen. Es wäre viel gewonnen, wenn wir alle erkennen würden, daß eine nichttendenziöse Behandlung hier ausgeschlossen ist. Wir müssen uns entscheiden, und wir sollten uns, jedenfalls ist das meine persönliche Meinung, angesichts des Herrn Caspar Weinberger journalistisch entscheiden. Oder wir lassen die Sache fallen und begnügen uns mit den Auskünften der Nato und der Bundesregierung. Auch dies ist noch möglich. Es wäre allerdings viel Arbeit umsonst von allen Beteiligten investiert worden.
  Ich persönlich habe mich entschieden, aber d. h. nicht, daß das Blatt sich entschieden hat. Im übrigen möchte ich bezweifeln, ob wir uns von einem Kommentar durchweg einen »abseitigen provokanten Standpunkt« stets wünschen sollten. Nicht alle provokanten Kommentare, die ich geschrieben habe, halte ich für abseitig.
  Schöne Grüße von Ihrem mediterranen Kollegen und Mitredakteur

	Verteiler	Herrn F. Meyer
Rudolf Augstein	Herrn Bittorf	Herrn Dr. Wild
	Herrn Höhne	
f. d. R.	Herrn Kogelfranz	Kopien
H. Uschkoreit	Herrn Lohfeldt	Herrn Böhme
	Herrn Mallmann	Herrn Engel

Abmahnungsbrief Augsteins an Brawand wegen eines Auftritts in der Bonner Fernsehrunde

28. September 1981

Lieber Leo,

mit Mißvergnügen haben wir alle – Geschäftsführung und Chefredaktion – gesehen, daß Du in der Bonner Runde als SPIE-GEL-Redakteur aufgetreten bist. Dies halten wir für ein unmögliches Verfahren. Du bist im Augenblick im SPIEGEL nicht tätig und demgemäß auch kein SPIEGEL-Redakteur. Im übrigen weißt Du ja noch aus früherer Zeit, daß solch ein Vorhaben angemeldet und mit uns hätte besprochen werden müssen. Vermutlich wären wir zu dem Ergebnis gekommen, daß Du als SPIEGEL-Redakteur nicht hättest auftreten können. Ich bitte daher sehr, Dich künftig nach dieser Sachlage zu richten.

Mit freundlichen Grüßen
Dein
(Rudolf Augstein)

Rudolf Augsteins Ansprache zum Tode von Harry Bohrer; London, 20. November 1985

Among those who came here today to say farewell to Harry probably nobody – apart from Nita – owes him as much as I or, I should rather say, DER SPIEGEL. For I'm sure – and I said so in a recently published booklet – DER SPIEGEL as the news magazine of the Federal Republic would not exist without him. Some other news magazine maybe, maybe a better one, maybe a worse one, but probably none at all.

Who had the idea first – John Chaloner, Henry Ormond or Harry – I don't even know. But I'm sure without Harry the indispensable cooperation between the – at that time – small number of editors (Leo Brawand, by the way, was already with us) and the three military representatives necessary for its foundation – after all, DER SPIEGEL started as a British paper under the name »Diese Woche« – would not have come about.

Harry, although not a journalist, was journalistically nevertheless the motor and I, with as little journalistic experience as he, put his ideas into practice.

When, because of complaints by all four Allied Powers, the magazine had to be handed over to the Germans within twenty-four hours – the alternative would have been to close it down – Harry came with me to the Colonel in charge who, by the way, had spent most of his time in India.

Staff Sergeant Harry had to wait outside while I received the document. When I came out of the room Harry read it over and said: »It says here that they are allowed to censor you. Go back inside and have that changed.«

I told him, »I don't know any English«, and he replied, »then you must tell him with your hands and feet.«

I went back to the Colonel, put a pen into his hand and guided it to cross out the passage about censorship. That's how DER SPIEGEL was founded. All I did was to give it the name.

I think Harry and I often differed politically – at that time and right up to the end. But whenever a difficult and quick decision was necessary, whenever instant action was required, he was the mentor whose judgement was objective and precise – even quite recently in a matter of great concern for DER SPIEGEL. His sarcastic humour under these circumstances was catching, and one felt twice as strong.

That little trip I made with him to the University of Bath two years ago will always remain in my memory. Whenever he wanted to show me something, he just did it, and afterwards I was very content. What struck me then was the tact with which he treated everyone, no matter what social class he came from. And yet he was the most sincere person I ever met.

At that time a play was performed at the National Theatre, in which German soldiers, occupation troops in Florence, spoke broken German; I whispered to Harry – I, the literally monoglot – to let me know if there was something he didn't understand – he, who had been to Franz Kafka's school in Prague, even though, at that time, the school was not quite aware of it. He had the utmost difficulty not to disturb the performance by his giggling laughter.

Only once, during this last trip, we talked about those things which one cannot really talk about as a German. But thank God we did it. With Harry a part of myself has gone. To you, Nita, we give all our love. The conventional lie »we shall never forget you« is, if said by me to you, Harry, the truth.

Beschwerdebrief von Chaloner wegen eines Augstein-Interviews

24th October 1989

Dear Rudolf,

As our joint anniversary date approaches this year, I feel it is less Happy Birthday, and rather more Sad Birthday. (...)

Nothing that I have done in the beginning can possibly rival, eclipse or overshadow your own unique claim to fame and fortune. Surely you do not need to eliminate my contribution? For which I paid enough at the time. (I hope you will read those newly released Foreign Office letters in the English edition*, because they should amuse you. And I am sorry if you dislike the cover picture which includes as well as me, our joint dear and departed friends.)

Now, it could be that you remember our birthday of last year. When Klaus Korn asked me to write a few words. And some of it was caustic, in the Spiegel style. Because I said that you were probably lonely these days, on the eleventh floor, and concluded with the little known fact that Scorpions can sting themselves with their own tails (which applies to both of us).

It was earlier this year, that you gave an interview to »Lufthansa's Germany« which was not Spiegel style at all. Because it was historically innacurate, factually malicious and really very unlike you as the man I have known. You said in this English language report, that none of the British had played a part in the starting of your magazine (except, one only, who had influenced you a little) . And that we had not as much publishing experience as you, before or after the start-up. And other things. None of them true, Rudolf, nor kind, and not fair to quite a lot of people still alive.

That telegram of 1946 in which »my name was to stand for ever in golden letters over Der Spiegel's door«? The letters seem to have got a bit tarnished, Do you think – together – we could polish them up a bit?

Yours, as always, sincerely,

John Chaloner (Maj. retd).

* Chaloner bezieht sich auf die englische Ausgabe von Brawands Buch »Die SPIEGEL-Story«.

Antwortbrief Augsteins an Chaloner

Rudolf Augstein   Hamburg, den 7. November 1989

Dear John,
   es fällt mir immer schwerer, über Dinge nachzudenken, die so
lange zurückliegen und über die ich mich so vielfältig und auch
gegensätzlich geäußert habe. Ich kann wirklich nicht verstehen,
warum Dich das noch interessiert. Es ist doch gar keine Frage, daß
es den SPIEGEL ohne Dich nicht gäbe und ohne Harry Bohrer
nicht und ohne mich nicht. Dies ist nun ausführlich überall abgehandelt worden. So verstehe bitte, daß ich mich dazu auch weiter
gar nicht äußern will. Es gibt im Moment dringendere Sachen zu
tun. Und viel Zeit verbleibt uns nicht, mir jedenfalls nicht. Gib
Dir also einen Ruck, und bleibe der Freund

Deines
Rudolf

Brawand-Brief an Augstein über Maastricht und den Ersatz der D-Mark durch den Ecu

11. Februar 1992

Lieber Rudolf,

vielleicht hat Dir Johannes K. schon mal gesagt, nachdem wir beim Golfen darüber gesprochen hatten, wie sehr ich Deine Kommentare zur europäischen Währung und Bundesbank unterstütze. Sie liegen ja auch auf der Linie, die wir über Jahrzehnte im SPIEGEL vertreten haben.

Ich habe alle deutschen Notenbank-Chefs mehrfach interviewt, und auf eine Begebenheit mit Geheimrat Vocke will ich Dich hinweisen. Vockes Name stand immerhin mit unter dem Memorandum, mit dem die Reichsbank gegen Hitlers Finanzierung der Aufrüstung protestierte. Nach einem Interview nahm er mich beiseite und sagte sinngemäß: Die Notenbank kann in die Situation kommen, daß sie gegen den Unverstand der Regierung die Hilfe der Presse braucht; ich hoffe, ich kann da auf den SPIEGEL rechnen. – Das war die Zeit, in der der Finanzamateur Adenauer von dem »Fallbeildiskont« der Bundesbank sprach.

Kohl ist genauso unbedarft, und in seinem Wunsch, auch als der Europa-Einiger in die Geschichte einzugehen, läßt er sich von den Franzosen über den Tisch ziehen. Du warnst mit Recht vor der »französischen Währungsphilosophie« – ihre Notenbank war immer nur eine Unterabteilung des Pariser Finanzministeriums. Kommt der Ecu, weiß Frankreich Deutschland geschwächt, hat sogar einen »Hebel« wie einst die Sowjets mit Berlin. Und jede Ausweitung der EG nach Osten wird unsere Kaufkraft noch mehr verwässern. (Weißt Du, daß ein »Berliner« heute schon 1,40 DM kostet?)

Du schreibst, daß die gemeinsame europäische Währung, die in Maastricht beschlossen wurde, nur durch die Deutsche Bundesbank garantiert werden könne. – Nicht einmal das, lieber Rudolf, durch tausende Ritzen wird das Inflationsgift schleichen – das, weil es an ausreichenden Sanktionsmöglichkeiten fehlt, siehe die Erfahrungen mit OEEC und OECD usw.

Richtig ist: Jede Unterstützung der Bundesbank gegen Paris und die Bonner Finanzjongleure!

Herzliche Grüße Dein Leo

Brief von »Deutschland«-Redakteur Wolfram Bickerich an Augstein über Unruhe in der SPIEGEL-Redaktion

Hamburg, 15. 3. 1994

Lieber Herr Augstein,

das ist ein Hilferuf. Ich weiß nicht, ob Sie ihn hören möchten oder können; aber Sie haben in den letzten Jahren bei meinen kleinen Anfragen immer so freundlich zugehört.

Zur Sache: Es ist eine Unruhe im Hause SPIEGEL, die ich so noch nie erlebt habe, und ein Klima, das so stickig und mies noch nie war. Sie erinnern sich an frühere Problemchen: Der Wohlfahrtsausschuß – oder Club der Jakobiner trat zusammen, beredete ein Thema und trug es Ihnen zur Lösung vor. Heute gibt es nicht mal mehr besagten Ausschuß: Was sollte er erbitten? Von wem? Die Lage scheint vielen so verfahren, daß sie sich in Resignation flüchten. Sie spulen ihren Job ab und denken an ein Leben *nach* dem SPIEGEL. Früher lebte man *mit* dem SPIEGEL und freute sich auf nichts anderes.

Das liegt nicht am Alter der Ressortleitergilde. Es liegt an der Inkompetenz der Chefredaktion, mit der wir uns in schwieriger Marktlage plagen müssen. Sie suchen Autorität, aber haben sie nicht. Sie suchen Rezepte gegen den Frust, aber finden sie nicht. Sie wollen regieren und können nur reagieren. Sie leiten ein politisches Nachrichtenmagazin, dessen Tradition sich »als im Zweifel links«, jedenfalls liberal versteht, und lassen sich – etwa in Sachen Asyl, Kriminalität, innere Sicherheit, Aids – von eigenen Ansichten leiten, die mit der Kennziffer »unpolitisch« sehr positiv bezeichnet sind.

Motivation, Ansporn der Mitarbeiter sind ihnen fremd. Sie treffen Entscheidungen, die keiner versteht, nur um des Effekts willen, nicht aber wegen der Substanz. Sie treiben eine rätselhafte, weil kopflose Personalpolitik. Sie werden antworten, wir hätten – in unserer Gesamtheit – genau jene Chefredakteure gewählt. Leider (fast) wahr. Es ist ein Beweis für Ihre These, die großzügige Eigentumsübertragung damals sei ein Fehler gewesen.

Nur zeitigt der Fehler Folgen. Die Auflage mag sich im Superwahljahr halten; aber dann? Das Anzeigengeschäft, so wird getuschelt, steht vor der größten Bewährungsprobe. Focus funktioniert, jedenfalls wirtschaftlich; nun sollen Focus 2, Tiedge, Bauer/Volz und News den Markt weiter verwirbeln.

Ich und meine Gesprächspartner haben davor keine Angst; wir kennen die Stärken des SPIEGEL. Aber wir haben Sorge, die Entwicklung mit dieser Chefredaktion erleben zu müssen; wir kennen ihre Schwächen.

Wo ist die Alternative, die nicht nur Ersatz wäre? Von einem hat sich der SPIEGEL, haben Sie sich vor einiger Zeit getrennt. Was damals richtig war – die Trennung von Werner Funk –, kann heute falsch sein; und über Funks journalistische Qualifikation gibt es keine Differenzen.

Ich habe keine Ahnung, ob Gruner + Jahr ihn freigäbe. Aber, ich habe keinen Zweifel, daß er dazu bereit wäre – wenn auch Sie es sind und wenn die damaligen Probleme oder Verletzungen geheilt sind.

Viele im Haus würden aufatmend danken.

Ihr
Bickerich

Bericht der Geschäftsführer der »KG Beteiligungsgesellschaft für SPIEGEL-Mitarbeiter mbH & Co.« über die Berufung von Stefan Aust zum Chefredakteur, 30. Januar 1995

(...) Warum haben die KG-Geschäftsführer nach langen, mühsamen Auseinandersetzungen der Ernennung des vorgeschlagenen Chefredakteurs schließlich mehrheitlich zugestimmt?

In der Redaktion wurden von Anfang an Bedenken gegen Stefan Aust geäußert, die sich zum Teil auf seine mangelnde Print-Erfahrung, zum anderen auf seinen Stil und seine Führungsqualitäten bezogen. Niemand konnte aber mit Sicherheit sagen, ob Aust nun der geeignete Chefredakteur für den SPIEGEL ist oder nicht.

Die KG hat deshalb das Entscheidungspaket (Entlassung von Kilz, Berufung von Aust) aufgeschnürt und zunächst mehrheitlich der Entlassung von Kilz zugestimmt. Begründung: Das Vertrauensverhältnis zwischen dem Herausgeber und seinem Chefredakteur war offenbar so schwer gestört, daß eine weitere Zusammenarbeit keinem der beiden zumutbar gewesen wäre. (Die Begründung, die sich auf den Kommentar von Olaf Ihlau bezog, ist von der KG-Geschäftsführung nicht akzeptiert worden.)

Nach der Entlassung von Kilz haben sich die KG-Geschäftsführer zusammen mit Verlagsgeschäftsführer Karl Dietrich Seikel bemüht, neben Aust auch andere Kandidaten zu finden. Sie verständigten sich auf einige wenige Namen, die in einem Gespräch mit dem Herausgeber diskutiert wurden. Es zeigte sich, daß keiner der anderen Kandidaten durchsetzbar war. Dies hatten manche prophezeit; der Versuch mußte dennoch unternommen werden.

Die Geschäftsführer der KG standen nun vor einer Situation, in der sich nichts mehr bewegte. Sollten sie weiter nach geeigneten Kandidaten suchen und riskieren, daß der SPIEGEL auf längere Zeit immer wieder von hämischen Berichten begleitet würde? Sollten sie ihrerseits den Kandidaten Aust rundheraus ablehnen und in Kauf nehmen, daß der Herausgeber sich womöglich demonstrativ von dem Blatt abwendet?

Die Meinung im Hause war unklar; die Bedenken gegen Aust überwogen, aber einen ernsten Konflikt mit dem Herausgeber schien kaum einer wagen zu wollen.

Die Geschäftsführer der KG waren sich einig: Die Art und Weise, in der innerhalb weniger Monate ein Mann erst zum alleinigen Chefredakteur gemacht und dann über Nacht abgelöst wurde, ist ein trauriges Kapitel in der Geschichte des SPIEGEL. Geschäftsfördernd war sie sicher nicht.

Darüber jedoch, wie nun weiter verfahren werden sollte, konnte unter den KG-Geschäftsführern keine Übereinstimmung erzielt werden. Schließlich ergab sich eine Mehrheit für die Berufung von Aust – und zwar vor allem aus dem Wunsch heraus, weiteren Schaden für das Unternehmen zu vermeiden. (...)

gez. Peter Bölke   gez. Hans-Jürgen Witt
gez. Horst Görner   gez. Ekkehard Schmidt
      gez. Dieter Uentzelmann

Personenregister

Adenauer, Konrad 10, 112, 116, 121, 131–135, 142, 151 f., 154 ff., 159, 181, 200, 212
Ahlers, Conrad 10, 142, 151, 165, 267
–, Heilwig 10, 151
Ambesser, Axel von 121
Andropow, Jurij 170, 208
Augstein, Friedrich 47 f., 55
– Gertrude 47 f.
– Josef 47 f., 122, 143, 144, 148 f., 240 f., 267
Aust, Stefan 19, 21 f., 192, 195, 291 f.
Avnery, Uri 12, 51

Bahr, Egon 165 f.
Balfour, Michael 44
Barsch, Gerhard R. 108, 121, 126, 258 f.
Barschel, Uwe 18, 234
Barth, Ariane 10
Barzel, Reiner 12, 177
Bauer, Heinrich 14
Bayer, C. P. 39
Beck, Uwe 231
Becker, Hans Detlev 85 f., 121, 126, 128, 136, 144, 146 ff., 151, 162, 178, 189, 198–202, 207 f., 219, 228, 245, 266
Bergner, Elisabeth 216

Bernhard, Prinz der Niederlande 105
Bevin, Ernest 25
Bickerich, Wolfram 15, 174, 181, 273, 275, 289
Blankenhorn, Herbert 133
Blecke, Ulrich 229
Böhme, Erich 12, 18, 176, 181, 190, 205
Bohrer, Harry 23, 26, 28 f., 32, 34, 38, 41, 44, 93 f., 106–112, 120, 126, 128 f., 220, 230, 241, 257, 259 ff., 284
Bölke, Peter 17, 21 f.
Bolling, Alexander R. 81
Born, Ernst-August 48 f., 62, 70, 74, 76 f., 117, 151, 249
Born, Irmgard 61, 71, 86, 89 f., 198, 216
Brandenstein, Aloys 140
Brandt, Rut 163, 226
Brandt, Willy 163 f., 171, 177, 226
Breschnew, Leonid 159, 170, 207
Brumm, Dieter 186
Buback, Siegfried 144, 150
Bucerius, Gerd 213
Busse, Walter 208, 232, 268

Carlsson, Maria 220
Castro, Fidel 146, 186